壹卷
YE BOOK

让思想流动起来

论世衡史
- 丛书 -

梁启超启蒙思想的东学背景

郑匡民 著

四川人民出版社

图书在版编目（CIP）数据

梁启超启蒙思想的东学背景 / 郑匡民著. —— 成都：四川人民出版社，2020.12
ISBN 978-7-220-11849-4

Ⅰ.①梁… Ⅱ.①郑… Ⅲ.①梁启超（1873-1929）—政治思想—研究 Ⅳ.①D092.52

中国版本图书馆CIP数据核字（2020）第067162号

LIANGQICHAO QIMENG SIXIANG DE DONGXUE BEIJING
梁启超启蒙思想的东学背景
郑匡民 著

出 品 人	黄立新
策划统筹	封 龙
责任编辑	冯 珺
封面设计	周伟伟
版式设计	戴雨虹
责任印制	周 奇
出版发行	四川人民出版社 （成都市槐树街2号）
网 址	http://www.scpph.com
E-mail	scrmcbs@sina.com
新浪微博	@四川人民出版社
微信公众号	四川人民出版社
发行部业务电话	（028）86259624 86259453
防盗版举报电话	（028）86259624
照 排	四川最近文化传播有限公司
印 刷	成都东江印务有限公司
成品尺寸	145mm×210mm
印 张	12
字 数	300千
版 次	2020年12月第1版
印 次	2020年12月第1次印刷
书 号	ISBN 978-7-220-11849-4
定 价	78.00元

■版权所有·侵权必究
本书若出现质量问题，请与我社发行部联系更换
电话：（028）86259453

序一

耿云志

郑匡民君留学日本八九年,于1996年夏天归国,来中国社会科学院近代史研究所做博士后研究。呈献给读者的这本书,就是他博士后研究的成果。

梁启超是近代中国于政治与学术文化两方面都发生重大影响的人物。对于他的研究一直很受学界的注意。近年来国内外发表的有关梁启超的研究论著尤显增多。但国内学者对梁氏思想与日本思想界的渊源关系尚未曾做过深入探讨。梁启超流亡日本14年之久,即使将其访澳、访美及其他几次短期离日的时间除去不计,亦有13年多的时间。而这期间,梁氏先后主编《清议报》《新民丛报》《政论》《国风报》等,对国内思想舆论产生极大的影响。对于这期间,他的思想在哪些方面,在多大程度上受到日本思想家的影响,显然是一个必须提出和加以深入研究的问题。但这项研究不是随便什么人都可以胜任的,它要求两个必备的条件:(一)须对梁启超及其所依托的中国思想学术背景有较深入的了解;(二)须对明治时期的日本思想学术背景有较深入的了解。这两方面的了解都不是仅仅读一些书，查一些资料即可做到的，需要作者有相当的时间寝馈其中，反复体悟方可。我觉得，匡民君是比较具备这些条件的很难得的人选。

此书题为《梁启超启蒙思想的东学背景》。按"东学"一词，如今已很少用，作为一个学术概念也不十分精准。但斟酌再三，想不出一个更简明的提法来替代。在清末，学界曾较普遍地使用"东学"一词来指称日本的思想学术。梁启超在许多文章中，也在这个意义上使用"东学"一词。因此，将当年梁氏本人指谓日本思想学术的词语，在研究当年梁氏思想的著作中加以采用，应当是可以为学界所接受的。因为这个研究课题和书名是我与匡民君共同商定的，我负有一部分责任，故须略作交代。

此书在1998年即已写成初稿，通过专家组的评议。从那时以来，匡民君对书稿反复推敲，磨砺，对所涉诸多问题更加深入探究。故四年以来，颇多增删，书稿遂更加成熟。这种不急不躁、追求更高水准的治学态度，在今天的学术环境中实属难得。

梁启超是个知识欲极强而又学习能力极强的人，况其精力充沛异乎常人。他每天从日本学者的论著中了解和吸收西方的思想、学说。那时候，日本先已开始了如饥似渴地吸收西学的时代。身处那个氛围中，以塑造"新民"自任的梁启超，怎样急切地要把他了解到的新知识和新思想、新观念灌输给国人，这一点，我们从《清议报》和《新民丛报》中就可以看出。但这样做的结果，不免缺少分析、过滤和从容消化的工夫。就是说，梁氏宣传的西学中，渗入了不少日本思想家的思想成分。匡民君的这本书，主要用力处，就是尽量厘清和析释出这些成分，以求对梁启超的思想著述有更深入和更精确的了解。这个工夫是相当繁难的。匡民君尽量搜集到当时影响到梁启超的日本思想家的著作和他们所刊行的杂志，认真解读它们，然后再与梁氏发表的大量相关论著加以比较，从中发现构成梁氏思想的材料来源，及其在理解与表达方式上，在怎样的程度上受到日本思想家的影响。这种工作真有点像在化学实验室中做化验分析一样。社会科学之所以为科学，此其一证。只不过其精确程度会与自然科学有所区别。

不言而喻，做这样的探究，必须熟读材料，反复推寻，精密运思。这就是何以初稿成后，又用了四年的时间做修改的工作，我们不能不敬佩作者这种认真求实的态度。八百多年前，朱老夫子以"宁拙勿巧""宁繁勿略"之语训示学子，如今能坚持如此做学问的实在很难得了。

当然，任何一个课题研究都是不可穷尽的。关于梁启超的研究，关于梁启超思想渊源的研究，更具体地说，关于梁启超思想与明治时期日本思想界之间的关系的研究，仍是一个需要继续深入的课题。但匡民君此书，确是有关此一课题的最新的、最扎实和最可信的研究成果。今后凡做此项研究的学者，无论国内还是国外，他们都不能不参考、借鉴这本书。这就是此书的成功和它的价值所在。

2002年10月17日

序二

野村浩一

梁启超与其师康有为同为戊戌变法运动过程中的政治中心人物,他又以其后来丰富多彩的言论活动,成为辽阔中国近代思想上的一流思想家,这一点当然广为人知。从19世纪90年代到20世纪初,梁启超一直是带领当时思想界的一位杰出思想家。他在从事具体政治活动的同时,在思想和学术界率先引了新的思想,并在传统学术的批判性检讨及其他领域中也展开了异常活跃的活动。

然而,在梁启超的这种政治性、思想性生涯中,当时即引人注目的史实是,在变法运动失败以后直到辛亥革命的大致十余年间,他几乎是在亡命之地日本度过的。梁启超主要以横滨和东京为据点从事政治活动,展开各种言论。这样,在考察梁启超的时候,就要注意到一个不容忽视的现实和领域,这就是梁启超与日本,梁启超的东学特别是在其背景中所潜伏的近代中日关系史或者中日比较思想史的这一视点,梁启超生活在明治后半期的日本,他经历了当时日本的政治和社会,广泛地接触了在此起作用的思想和思潮,并由此编织出了他自己特有的思想。这就成为梁启超研究中的一个重要问题和近代中日文化和学术关系的研究领域。

此书的作者郑匡民氏,在中国的大学毕业之后,又多年留学日本,回国后,他更用力钻研,现在终有梁启超研究成果的问世。我相信,题为《梁启超启蒙思想的东学背景》一书,在梁启超研究中开辟了一个新的领域,对学界实为一大贡献。在此如果允许我就本书谈一下作为我个人的感想,我想举出以下两点。

第一,作者坚持"忠实于资料"这一学术正轨,尽可能广泛地收集资料。这一点,只要看看书中所显示出的庞大注释,谁都会相信无疑。在此,作者围绕梁启超启蒙思想这一主题,出示了有关当时日本诸思潮——即"福泽谕吉的启蒙思想""日本民权思想""日本国家思想"等一系列原始资料,同时对他们这些思想家的经历、活动以及环绕他们的政治和思想状况从各种角度进行了检验和说明。在这一过程中,作者吸收了日本许多相关研究成果,当然经过了作者的选择取舍。通过这种途径,可以说,作者深入地接近了梁启超的"东学背景"——即梁启超所接触到的当时的日本思想实体。同时,在更深的层次上展现了梁启超与明治日本的接触情况。这种研究,与那种随意性的"断章取义"形成了鲜明的对比。只有通过这种方法的忠实贯彻,无论在什么时代,学术研究才能常常显示出它的本来意义。

第二,作者通过这种探索,极其明畅地解读了梁启超从明治日本诸思想以及由它们所介绍和导入的欧洲思想中接受了什么而又拒绝了什么。这不仅在梁启超研究中,而且在整个中日文化关系这一研究领域中都是一项重要的成果。

思想接触无论在什么样的舞台上进行,原本就是复杂和微妙的。而且,明治维新以后的日本与中国一样,都处在近代欧洲侵入前所未曾有过的激流之中。日本寻求前进的道路曲折起伏。梁启超正是为了寻求自身国家和民族摆脱危机的道路而展开其活动和思索的。他接触了当时日本的思想和言论,并由此来吸收欧洲的思想。在此所呈现出的接受、反驳和搏斗的轨迹,可谓是一幕思想的戏剧、精神的戏剧。这里也隐含了我们思考中日关系的本质性问题。在这种脉络中,探明梁启超的"东学背景",即使对于想重新回顾近代日本足迹的日本人来说,也提供了一个宝贵的素材。

相应于梁启超这种多面性的思想家来说,此书的主题本身以及研究课题当然也是广泛的。从这种视点来看,有关此书主题还有不少尚待挖掘的地方,此外,在考察诸思想的方式上亦非完全繁简得当。另一方面,如何在梁启超研究中确定该课题的位置,并从中国近现代思想史的整体来进行俯瞰考察等,也留下一些问题。这大概就是最初出版著作的作者今后应加以研究的课题吧!

我认为此书有利于推进本领域的研究,故应作者之请,写了上边的文字作为序言。

2000年5月于东京

(王中江 译)

目 录

引 言 ··· 001

第一章 梁启超戊戌变法时期的日本观
    与流亡日本后的处境 ···································· 005
 第一节 梁启超戊戌变法时期的日本观 ······················ 005
 第二节 流亡日本谋救皇上 ······································ 025

第二章 福泽谕吉启蒙思想与梁启超 ································ 056
 第一节 福泽谕吉的身世和师承对其思想的影响 ········· 056
 第二节 福泽谕吉与西洋文明的初次接触 ··················· 065
 第三节 福泽谕吉的"以西洋文明为目的"
     与梁启超的《文野三界之别》 ··················· 071
 第四节 文明之形质与文明之精神 ···························· 084
 第五节 福泽谕吉的"一人独立，方能一国独立"
     对梁启超的影响 ·· 094

第三章 中村正直《西国立志编》《自由之理》
    与梁启超的新民思想 ···································· 107
 第一节 中村正直的生平与启蒙思想 ························· 107

第二节　中村正直翻译的《西国立志编》与《自由之理》…… 133

第三节　中村正直对梁启超的影响………………………… 145

第四章　日本民权思想与梁启超……………………………… 159

第一节　日本的民权思想与东洋的卢梭 …………………… 159

第二节　中江兆民的义理与卢梭的人民主权论 …………… 175

第三节　中江兆民积极自由观对梁启超的影响 …………… 193

第五章　日本国家主义思潮与梁启超………………………… 221

第一节　甲午战后日本国家主义的发轫 …………………… 221

第二节　高田早苗译《十九世纪末世界之政治》

与浮田和民伦理帝国主义思想对梁启超的影响 …… 234

第三节　加藤弘之《强者の権利の競争》对梁启超的影响 …… 259

第六章　国家有机体论与梁启超……………………………… 295

第一节　梁启超与平田东助、平塚定二郎译的《国家论》…… 295

第二节　伯伦知理和他的《国家论》以及对日本的影响 …… 303

第三节　伯伦知理学说对梁启超的影响 …………………… 326

第七章　结　论……………………………………………… 347

参考文献………………………………………………………… 366

一、中文 ………………………………………………………… 366

二、日文 ………………………………………………………… 368

引 言

19世纪中叶以来,中国社会陷入了严重的危机之中,随着列强对中国侵入的深入,中国闭锁的大门被逐渐打开,在政治、经济、思想等各个领域中,发生了重大的变化。为了找到一种适于生存的资源,中国的知识分子开始走上了一条向西方学习之路。自魏源的"师夷长技以制夷"和冯桂芬的"采西学议"以来,中国"师法西方"的范围越来越大,始而技艺、器物,继则政法、思想,最后发展到对整个文化的改造。至19世纪末,甲午战争的失败更给了中国的知识分子以极大的刺激,他们认为,日本之所以骤强,是在于其成功地学习了西方,变法图强所致,而且他们又认为中国与日本同处亚洲,同文同种,情势风俗相近,易于仿行。所以,学习日本的成功经验,再通过日本来学习西方,在当时被认为是事半功倍的选择。在他们的提倡下,使得中国在"师法西方"的道路上产生了一个巨大的变化,即走上了一条以日本为中介的"师法西方"的道路。而梁启超正是这条道路的倡导者和实行者。

梁启超(1873~1929)是我国近代史上维新运动的领袖,是最有影响力的启蒙思想家之一。中国近代现代著名的政治家和文学家从毛泽东、陈独秀、鲁迅到胡适、郭沫若、周作人等都受到过他极深的影响。从这种意义上说，梁启超几乎影响了清末民初以后的中国。由于梁启超所处的重要位置，所以，关于梁启超的研究一直成为中外学界关心的一个焦点。

梁启超在戊戌变法时曾倡导通过日本的译著来学习西方，但是，他真正地走上治"东学"的道路，是在戊戌变法失败他流亡日本后才实现的。当时，他与同门罗普在日本箱根读书，经过几个月的研索，创制出一种读日文书的方法，叫"和文汉读法"。用这种方法，梁启超声称能在很短的时间内读懂日文。当然，梁启超所谓的读懂日文自有他自己的含意，他的着眼点并不在于知道某个单词的读音，而仅是理解日籍的内容。由于当时梁启超所读的日本书籍绝大部分都是用汉文体的日文写的，以梁启超的才能和汉学素养，于短期内大体读懂这些日籍应不成问题。当时，梁启超正是利用其"和文汉读法"来广泛阅读日本书及日译西籍，才走上了治东学的道路。而正是"东学"使他通过东籍，假途日本以了解西方，缩短了和西方的距离，拓宽了视野，"脑质为之改易"。在他流亡的十数年间，为了摄取价值观完全不同的西方文化，他几乎涉足了当时日本各个流派的领域，阅读了大量日籍，其中的思想，已深入了他的思想的"知层"，经其所办《清议报》《新民丛报》《新小说报》等刊物向国内广泛传播，产生了深远的影响。

由于梁启超是在日本的土地上通过日本人的译著或著作来了解西方的，所以梁启超所接受的西方思想，是一种被"日本化"了的西方思想，因此也可以这样说，中国近代所受到的西方思想的影响，在某种程度上，是一种受到了"日本化"的西方思想的影响。

近年来，国内学界对梁启超的研究，已取得了长足的进展，大家已开始注意到上述问题,在梁启超所介绍的西方新思想和新观念乃是受到日本影响的问题上达成了共识,但是在对梁启超具体受到日本何种流派的何等影响方面还缺乏研究。而在思想史的研究中,对思想家进行追本溯源地研究,海外学者已做出了可观的成果,仅就笔者有限所知,日本京都大学狭间直树先生所领导的五十人小组自1993年即进行着《梁启超——关于他以日本为中介接受西方近代文明的过程》课题的研究。法国的巴斯蒂先生也在进行类似方面的研究,其论文《中国近代国家观念溯源——关于伯伦知理〈国家论〉的翻译》,就是一篇力图探索日本人吾妻兵治所著《国家论》对梁启超及中国近代所产生影响的论文。此外,还有大量的海外研究者也都在着手进行这方面的探索和研究,并已取得了相当可观的成果。这样的研究,不仅对深入认识思想家的历史地位和价值有很大的帮助,而且对加深两种文化的沟通理解,以便取长补短也极具参考价值。

笔者在十余年前曾留学日本,在十年的留学生涯中曾涉猎过一些日本政治思想史方面的著作,一直想进行此方面的研究。在博士课程期间,曾得到高田昭二、滨久雄、沟口雄三、近藤邦康诸师的指导,对梁启超在日本的情况作过一些初步的探索。但由于梁启超当时所涉足的领域十分广泛,他所读过的日籍,篇帙浩瀚,加上年代既久,搜集不易,因此当时对梁启超受日本影响方面,仅开了一个头绪,未能做深入研究。两年前归国后,入中国社会科学院近代史所博士后活动站,在耿云志师的指导下,又重新进行此课题研究。为搜集资料,又重返日本,受到古岛和雄、狭间直树、宫村治雄等先生的悉心指点,临行先生们又将所写著作与论文馈赠于我,使我能在他们研究的基础上有所前进。归国后,我即独处一室,闭门著述,时正值炎夏,挥汗如雨,对照日文原著,兼取材于各书中,极为艰辛。由于课题限以时日,而梁启超所涉及日文原著又浩如烟海,以浅学如鄙人者,自思疏漏谬误之处在所难免,但又思鄙人乃一介书生,对养育自己的祖国,无以报效,唯有不断砥砺,不断钻研而已。故虽自知驽钝,不敢自弃。当时又值家中多事,故历尽艰难,至1998年10月,方告杀青。此书虽不甚成熟,想学界诸前辈必恕鄙人之力所不逮,许鄙人之心所欲赴,若使此书能得为我国中日关系史研究上的一块垫脚石,则鄙人一定会感到无限荣幸。

第一章　梁启超戊戌变法时期的日本观与流亡日本后的处境

第一节　梁启超戊戌变法时期的日本观

甲午一战，一向以万邦宗主、天朝上国而自居的清帝国，竟败给了"蕞尔三岛"的小国日本，此事件使中国朝野上下均受到了极大的震动。在割地赔款的奇耻大辱面前，中国的知识界，不得不把自己的目光，更多地投向东洋。随着对日本关注的深入，效法日本明治维新，变法图存的思想忽焉勃兴，一种借途日本、学习西洋的途径，被普遍提倡。这种主张不仅表现在康有为、梁启超等维新志士的思想中，就连清廷的一些高级官僚如张之洞等也持相同观点。他们之所以持这种主张，主要是认为日本之所以强盛，在于其成功地学习了西方，中国如欲学习西方，不如直接效法日本，因日本与中国同文同种，易于模仿。效法日本，可以收到事半功倍的效果。在这些人的提倡下，使中国在对外国文化思想受容的取向上，产生了一个划时代的变化，一种以日本为中介来摄取西洋文化的所谓

"东学"应运而生。

梁启超说:"戊戌政变,继以庚子拳祸,清室衰微益暴露。青年学子相率求学海外,而日本以接境故,赴者尤众。壬寅癸卯间,译述之业特盛,定期出版之杂志,不下数十种。日本每一新书出,译者动数家,新思想之输入,如火如荼矣。"①在这种新思想输入运动中,梁启超又是其中之执牛耳者。他留亡日本时,以其所办《清议报》《新民丛报》《新小说》等为宣传阵地,执其如椽巨笔,向国内介绍新思想。当时,这些杂志,"国人竞喜读之,清廷虽严禁,不能遏,每一册出,内地翻刻本辄十数"②。它们对中国的近代,产生了深远的影响。

梁启超这些文章的素材,多取自日本人的著作,或翻译的日文西籍。台湾学者张朋园氏称之为"日文西知"③。正由于梁启超是以日本为媒介来接受西洋文化的,因此在其长达十数年的受容过程中,日本,这个岛国的文化,必然在他的思想上打上深深的烙印。所以厘清明治中后期的日本文化对梁启超思想的影响,将成为研究梁启超以及中日关系史的一个重要课题。梁启超亡命日本之前究竟对日本有何种程度的了解,这些了解又对他产生了何种影响,换言之,戊戌变法时期的"东学"之来源及梁启超对其态度的问题,学界中论文不多,本节试从此方面作一些分析。

梁启超获取日本方面的知识,主要是通过他的老师康有为;康有为的著作《日本变政记》和《日本书目志》均对梁启超产生了很大的影响。梁启超曾多次提到,康有为在万木草堂讲学时,曾开设

---

① 梁启超:《清代学术概论》,《饮冰室合集》(以下及各章均简称《合集》)专集之三十四,中华书局,1989年,第71页。
② 同上书,第62页。
③ 张朋园:《梁启超与清季革命》,"中研院"近代史研究所专刊第十一册,1981年6月,第3版,第39页。

过一门课叫《万国政治沿革得失》，那时，他把《日本变政记》作为授课内容①。梁启超在写《变法通议》时，与其师持相同之论，提倡效法明治维新，与此书的影响有很大关系。另一部书《日本书目志》给梁启超的影响更深远，此书最初由上海大同译书局于光绪二十四年（1898）春梓行。书中大约收集了日本明治二十年（1887）左右的日本书籍7100多册。康有为在其弟子欧矩甲和长女同薇等人协助下，将其分为生理、理学、宗教、图史，政治、法律、农业、工业、商业、教育、文学、文字语言、美术、小说、兵书等十五门类。日本学者村田雄二郎氏认为：这样庞大数目的日本书籍，康有为不可能全部过目，但如从按语上来分析，康有为曾读过其中相当一部分，这点，是毫无疑问的②。戊戌变法时期，梁启超曾经在《时务报》上发表《读日本书目志书后》一文，介绍他老师的这部书和通过日本译著来学习西洋的好处。不单如此，梁启超通过读《日本书目志》，还知道了许多日本名著与译著，如平田东助和平塚定二郎合译的德国伯伦知理（Bluntschli Johann Caspar）的《国家论》，中江笃介所译的法国阿尔夫来特·扶伊埃（梁启超译为阿勿雷脱）的《理学沿革史》（*Histoire de la philosophie*，Alfred Fouilée），中村正直所译英国斯迈尔斯的《西国立志编》（Smiles Samuel, *Self-Help*, 1859），小野梓的《国宪泛论》，伊东已代治的《法律命令论·命令编》，穗积陈重的《法典论》，阪谷芳郎所译意大利人科莎的《经济学史讲义》（Luigi Cossa, *Guide to the study of political economy*, London, 1880）等。当然，梁启超在戊

---

① 陈华新：《康有为与〈日本变政考〉的几个问题》，《论戊戌维新运动及康有为梁启超》，广东人民出版社，1985年，第274页。
② 村田雄二郎：《康有为と"东学"—〈日本书目志〉をめぐって—》，东京大学教养学部外语科编，外国语科研究纪要，中国语教室论文集，1992年第四十卷第五号，第6页。

戊变法时期固然不可能全部读过这些书,但是书经康有为撰写过提要,无疑会给梁启超留下深刻的印象,后来梁启超流亡日本以后,重新拿起这些书仔细阅读,并将其思想融入自己的文章中,从而对中国的近代化产生了深远的影响。关于这点,笔者将在本书以后的章节里逐步讨论到。由此可见,梁启超通过《日本书目志》以及在万木草堂中的耳濡目染,自然会得到很多有关日本的知识。

此外,梁启超于日本方面的知识,亦来源于甲午战争前后他所接触的翻译书。

此期间他有两次大量接触翻译书籍的机会,其一是他在结婚后南归途中,其二是他为强学会书记员之时。

关于第一次是在光绪十八年壬辰(1892),这年,20岁的梁启超已在康有为的门下学习了一年多。是年春二月,梁启超入京会试,顺便完婚。虽未中,但在南归的途中,接触到江南制造局和英人傅兰雅(John Fryer)所辑的《格致汇编》等书。梁启勋在其《曼殊室戊辰笔记》中记载着此事:

> 二十岁壬辰,正月二十,先王父见背。春闱乃李苾园为总裁,欲通一关节,伯兄却之,是年夏,偕伯嫂李夫人南归,乡居一年有奇。斯时于国学书籍之外,更购江南制造局所译之书,及各星轺日记,与英人傅兰雅所辑《格致汇编》等书。①

当时梁启超所购西籍,其中能有多少日本方面的知识,不得而知,但我们可以从他后来所写的《西学书目表》及《西学书目表

---

① 梁启勋:《曼殊室戊辰笔记》,丁文江、赵丰田:《梁启超年谱长编》,上海人民出版社,1983年8月,第28页。

后序》等文章中找到线索,关于这点,我们将留在后边叙述。光绪十八年壬辰除夕,梁启超在给其同年汪康年的信中说:"启超半载以来,读书山中。"①山中所读之书,理应包括其新购置的翻译西籍,可以说,这一年应为梁启超自修西籍(亦包括日本方面的知识)之始。

梁启超第二次大量接触翻译书,是在他为强学会书记员时。强学会是《马关条约》签订后,康有为在北京创办的。强学会除康有为、梁启超、麦孟华等维新人士之外,还得到了当时的官僚层的支持,据康有为《自编年谱》言:

> 七月初与次亮约集客,若袁慰亭世凯、杨叔峤锐、丁叔衡立钧、沈子培、沈子封兄弟、张巽之孝谦、陈□□,即席定约,各出义捐,一举而得数千金。……刘坤一、张之洞、王文韶,各捐五千金,乃至宋庆、聂士成咸捐数千金。②

此外一些英美人士亦予以支持,据《自编年谱》:

> 时英人李提摩太亦来会,中国士夫与西人通,自会始也。英美公使愿大助西书及图器,规模日广。③

翻译西籍以及和英美人士的接触,自然会使梁启超的西方和日本知识有所增长。据李提摩太的回忆录载,梁启超在此时一度

---

① 梁启超:《致汪穰卿同年书》,《汪康年师友书札》第二册,上海古籍出版社,1986年,1828页。
② 康有为:《康南海先生自编年谱》,蒋贵麟主编:《康南海先生遗著汇刊》第二十二册,宏业书局有限公司,1986年6月再版,第34~35页。
③ 同上书,第35页。

成为李提摩太的私人秘书①。张朋园氏认为：（梁启超）"很受李氏器重，彼此两年间的交往，任公耳濡目染，自必得闻一些西方的常识，及李氏翻译麦肯西（Robert Mackenzie）的泰西新史览要（*Nineteenth Centry—A History*），任公从旁参与中文意见，无意中亦接受了若干西方的政治历史见识。"②但是强学会成立不到三个月，即为清政府所忌，会遭查禁，梁启超以强学会书记员之身份，得"居会所数月"，而"会中于译出西书购置颇备"，他"得以余日尽浏览之，而后益斐然有述作之志"③。据梁启超说，当时中国所译之书可分为两类，其一类为江南制造局所译之西书，"数年之间，成者百种"。其二为西洋教会同文馆所译西籍，"至今二十余年，可读之书，略三百种"④。这些翻译书，"中国官局所译者，兵政类为最多"。因为"昔人之论，以为中国一切皆胜西人，所不如者，兵而已"。西人教会所译之书"医学类为最多，由教士多业医也"。"惟西政各籍，译者廖廖［寥寥］。""官制学制农政诸门，竟无完帙。"⑤

那么在这样的翻译西籍中，究竟有多少日本方面的知识呢？关于这点，我们可以在梁启超所著的《西学书目表》中找出线索。

据《西学书目表序例》，梁启超写《西学书目表》的目的乃是为了回答其弟子陈高第、梁作霖以及其弟梁启勋问其应读西书，及其读法先后之序而作。梁启超当时乃为表四卷，札记一卷⑥。梁启

---

① 李提摩太：《留华四十五年记》。翦伯赞主编：《戊戌变法》第三册，神州国光社，1953年，第554~555页。
② 张朋园：《梁启超与清季革命》，第36页。
③ 梁启超：《三十自述》，《合集》文集之十一，第17页。
④ 梁启超：《西学书目表序例》，《合集》文集之一，第122页。
⑤ 同上书，第124页、122页。
⑥ 同上。

超《饮冰室合集》中并未收入《西学书目表》一文，笔者一时找寻不见，故现在所凭借的是日本学者增田涉氏的《中国文学史研究一〈文学革命〉と前夜の人々一》中的附卷。从其附卷中可以看到，梁启超把当时他所见到的翻译西书分为算学、重学、电学、化学、声学、光学、汽学、天学、地学、全体学、动植物学、医学、图学、史志、官制、法律、农政、矿政、工政、商政、兵政、船政、游记、杂志、格致一般、西洋人议论之书、类别不能分之书等各类。除去通商以前已在《四库全书》中著录、丛书中有刻本者，以及最近方译未及印者和已经散佚之书外，《西学书目表》中所录入书共达352种。梁启超对这些书大部分可能涉猎过，有些书他还加以评论。他看了广学会出版、李提摩太著的《列国变通兴盛记》后评论说："列国变通兴盛记其名甚动人，然书中惟记俄罗斯日本二篇足观，其它则亡国之余，而以为兴盛，于名太不顺矣。"①他在看过广学会出版的《泰西新史揽要》后，用西方历史和中国对照，鼓吹变法："自法皇拿破仑倡祸以后，欧洲忽生动力，因以更新，至其前此之旧俗，则视今日之中国无以远过。英人李提摩太近译《泰西新史揽要》言之最详。惟其幡然而变，不百年间，乃勃然而兴矣。"②

他在读过李提摩太的《八星之一总论》后，反驳中国人口过密说，主张采用"西国农学新法经营"农业。"近师日本，以考其通变之所由，远摭欧墨，以得其立法之所自。追三古之实学，保天府之腴壤。"③

由此可见，梁启超确是认真地读过这些书的。在甲午战败的

---

① 梁启超：《读西学书法》，翦伯赞主编：《戊戌变法》第1册，第455页。
② 梁启超：《变法通议》，《合集》文集之一，第6页。
③ 梁启超：《农会报序》，《合集》文集之一，第130~131页。

刺激下，一些日本方面的书籍，则更容易引起其重视。其中《史志门》中有广学会出版林乐知（Young John Allen）与蔡尔康合著的《中东战纪本末》，其内容记载了中日甲午战争的情况。《学制门》中广学会出版林乐知著的《文学兴国策》一书（上下二卷一册），是由明治初年的日本驻美公使森有礼，以及如耶鲁大学校长、阿曼斯特大学校长、普林斯顿大学校长以及其他13名美国教育界知名人士的书信编辑而成的。森有礼为了振兴日本，曾就日本的教育方面的问题向他们请教，并把他们的回信编成书，书名为 Education in Japan，明治六年在纽约出版，此书由林乐知翻译，任廷旭笔述后，于光绪二十二年即中日甲午战争结束的次年出版。此书和甲午战争的实录《中东战纪本末》为姐妹篇，是一组试图以甲午战败为契机，对中国进行教育，从而促进变法的书籍[①]。梁启超自然会从这些书籍中得到不少日本方面的知识。此外在中国人的著书中，还有黄遵宪的《日本国志》《日本杂事诗》，傅云龙的《日本图经》，姚文栋的《日本志》，姚文林的《日本地理兵要》，顾厚锟的《日本政变考》等。当时梁启超正是根据这些书籍，对日本有了进一步的了解。

第三，梁启超日本方面的知识来源还来自黄遵宪及在《时务报》工作的日本朋友。

梁启超初交黄遵宪，在光绪二十二年（1896），时黄遵宪49岁，已历任过日、英、美各国参赞官，周游海外20余年，其年总署拟以黄遵宪为出使英国大臣，总税务司英人赫德，以其任新加坡总领事时，曾与抗辩，因中以蜚语，使不得行，是月十九日以道员带

---

① 参阅增田涉：《中国文学史研究——〈文学革命〉と前夜の人々》，岩波书店，昭和四十二年七月二十五日，第373～374页。

卿衔授出使德国大臣①。后虽不果行，但黄遵宪的才能早为当时士大夫所推重。据徐子静《保荐人材折》言，遵宪是"于各国政治之本原，无不穷究，器识远大，办事精细，其所言必求可行，其所行必求有效"的人物②。当时，他对日本已有很深的研究。其于光绪四五年间，即已着手《日本国志》的写作③。书成后，一送总理各国事务衙门，一送李少荃，一送张香涛，一自存④。梁启超在看了他的《日本国志》后，对其书大加赞赏，并恨见其书太晚：

中国人寡知日本者也，黄子公度撰日本国志，梁启超读之，欣怿咏叹黄子，乃今知日本，乃今日本所以强，赖黄子也。又苾愤责黄子曰：乃今知中国，知中国所以弱，在黄子成书十年久谦让不流通，今中国人寡知日本，不鉴不备，不患不悚，以至今日也。⑤

虽然5年后，梁启超在日本重新回忆起他当时读黄遵宪的《日本国志》的情况时认为，当时实在是"无于据明史以言中国之时局"⑥，但那已是梁启超到日本多年以后的事了。戊戌前的梁启超

---

① 吴天任：《清黄公度先生遵宪年谱》，台湾商务印书馆，1984年7月，第105页。
② 徐致靖：《光绪二十四年四月二十五日保荐人材折》，《戊戌变法》第二册，第336页。
③ 吴天任：《清黄公度先生遵宪年谱》，台湾商务印书馆1984年7月，第53页。
④ 同上。
⑤ 梁启超：《日本国志后序》，《合集》文集之二，第50页。
⑥ 梁启超：《新民说》，《合集》专集之四，第55页。

还是认为"据此可以书知东瀛新国之情状"①。后当戊戌变法之前梁启超写《西学书目表》时,将黄遵宪之《日本国志》《日本杂事诗》列为必读之书。湖南时务学堂中之分月课程表,无论涉猎书与专精书,均须读《日本国志》②,可见梁启超当时对此书的重视。

光绪二十二年丙申(1896),黄遵宪因强学会为御史杨崇伊劾,遭清政府查禁,便倡议续其余绪,共振维新实业,筹划另创新报。三月,他写信召梁启超到上海,共创《时务报》③。七月初一日(8月9日)《时务报》开,馆址设在上海四马路石路。据《时务报》中《本馆办事诸君名氏表》所载,当时总理为钱塘汪康年,撰述为新会梁启超,英文翻译为桐乡张坤德,法文翻译为宛平郭家骥,日文翻译为东京古城贞吉,理事(管理印书兼银钱事物)为番禺万黄春芳。其中日文翻译古城贞吉,字坦堂,1866年生于日本熊本市,从6岁起即入竹添进一郎的汉学塾研修汉学,19岁上京,入

---

① 梁启超:《新民说》,《合集》专集之四,第55页。关于《日本国志》的评价,狄子平在其《平等阁诗话》中说:"《日本国志》书,海内奉为瑰宝,由是诵说之士,抵掌而道域外之观,不致如堕五里雾中,厥功伟矣。"王仲厚在其《黄公度诗草外遗著佚闻》中说:"不但为我国人编纂日本外纪之创举,且亦开日本人编纂其本国完善史志之先河。"戴季陶在其《日本论》中说:"中国到日本去留学的人,也就不少了,除了三十年前黄公度先生著了一部《日本国志》外,我没有看见有甚么专论日本的书籍。"傅斯年在其《傅孟真先生集跋人境庐诗草》中说:"其日本国志成于甲午之前,今五十余年,不闻有书可代之也。"周作人在其《论人境庐诗草》(见《逸经》二十五期)中说:"其中学术志卷,礼俗志四卷,都是前无古人的著述,至今也还是后无来者,有好多极好的意思,极大的见识。"梁容若在《文学十家传黄遵宪评传》中说:"甲午战后,此书乃大流行,康有为光绪帝等,都曾经详读是书,受刺激而热心于变法运动。"黄延凯在其《岂凡随笔》中说:"先生所撰《日本国志》充称我国有外交史以来驻外使节人员向主管机关述职之唯一著作,谓之空前绝后,不为过也。"以上均转引自吴天任《清黄公度先生遵宪年谱》。
日本学者增田涉也对《日本国志》所表现出黄遵宪惊人的学习外国文化的热情和努力大加赞扬。参阅增田涉:《黄遵宪について》,增田涉《中国文学史研究——〈文学革命〉と前夜の人々》。
② 吴天任:《清黄公度先生遵宪年谱》,第54页。
③ 梁启超:《三十自述》,第17页。

第一高等学校，因病中途退学，以后以自学方式继续深研汉学，入东京《日日新闻》社，旋赴任上海，结识汪康年，为《时务报》日本翻译。《汪康年师友书札》中《各家小传》，称其在《时务报》中"始终其事"，《时务报》中所译日本《民友报》《读卖新报》《日本新报》《东京日日报》《国民新报》等翻译文章，多出自其手。梁启超识古城贞吉，是在他为《时务报》主笔期间，他和古城贞吉的关系，现存资料不多，但从一些零星的材料中，我们还是可以窥见一斑。光绪二十三年丁酉（1897）正月初十，康有为到桂林，住在风洞，与唐景崧、岑春煊商议开圣学会。当时，康有为曾连函梁启超，商议在广西开设学校、译书、办报、筑路等事，梁启超在给其师的回信中，提到古城贞吉，他说：

> 日本书同文几半，似易译于西文，然自顷中国通倭文者不过数人，皆有馆地领厚薪，安能就桂中之聘，然则其势是必觅之于日本。日本维新三十年中，读中国书者几绝（华人疑倭人通汉文甚易者，非也。倭人正以汉文之难通故，创伊吕波等代之。伊吕波行，通汉文者希矣。）其有一二，则皆守旧之徒，视新学如仇敌，必不肯翻我欲翻之书。此是古城所述情形，如此则觅之日本亦不易也。①

从梁启超的信中可以看出，他的一些关于日本明治维新后，日本学界对待汉学的态度，确是来自古城贞吉。同时还可以看出，他与古城也比较熟悉，在日常的交往中，梁启超会从他们那里得到不少日本方面的知识。

---

① 梁启超：三月三日《致康有为书》，《梁启超年谱长编》，第78页。

日本人除古城贞吉外，藤田丰八也极有可能和梁启超有过交往。藤田丰八，号剑峰，生于明治三年，死于昭和四年（1870~1929），长于梁启超3岁，阿波人，是日本明治、大正时期著名东洋史家。毕业于日本帝大汉文科，是东京骏河台东亚学院之创始人，后创办刊物《江湖文学》。明治三十年（1897）与古城贞吉同为罗振玉、蒋黼所创办《农学报》日文翻译。仅光绪二十三年一年就发表文章12篇。《农学报》中《东报选译》多出其手。他与汪康年交情不错，汪康年曾聘其为上海东文学社之教习。此时梁启超正在上海主持《时务报》，与罗振玉等有过交往，曾为《农学报》写过序，并于光绪二十三年四月（1897年5月）为《农学报》第二册所载英国人康发达的《蚕务条陈》一文写过序。在此期间，藤田丰八正把日本人松永伍作所著《桑蚕实验说》逐章翻译在《农学报》上，梁启超或出于对养蚕学之兴趣，或出于古城贞吉等介绍，都极有认识藤田之可能，而通过藤田，或藤田的翻译文章，深化对日本的了解。

此外，当时《时务报》中有所谓《东文译编》一栏。其中从《日本新报》《东京日日报》《大阪朝日报》《东京经济杂志》《读卖新报》《地球杂志》《太阳》等日本报纸杂志上翻译过来大量的文章，梁启超在主持《时务报》笔政的同时，也从这些翻译文章中汲取营养，使其对日本的了解逐步深化。

日本杂志《日本》及编辑之一佐藤宏经常寄送《日本》及《日本人》等报纸杂志给《时务报》馆和黄遵宪、康有为等人，用以联络感情[①]，通过这些途径，也使梁启超加深了对日本的了解。

---

① 佐藤宏：《致汪穰卿书》，《汪康年师友书札》第四册，上海古籍出版社，1986年2月，第3326~3327页。

如此看来，梁启超的"东学"之来源有三：其一来自他的老师康有为；其二来自他的朋友黄遵宪和其他的日本朋友；其三则靠自己的努力自修而成。既然梁启超戊戌变法时期已经对日本有了一定的了解，那么，他对日本的态度又如何呢？上文已经说过，由于甲午战争的刺激，日本的骤然兴盛，已经引起了中国知识界的强烈关注，但中国多数士大夫，尚未能彻底觉悟，多持"夷夏之论"，以为"中国政教之美，世无其匹，历史上唯有用夏变夷，未有用夷变夏者也。采用夷法、则非圣人之道、非圣则为不道、变法则为不孝"①。

梁启超认为应首先反驳这种理论，他指出当此万国并立之时，当时的区分华夷、尊己卑人之说毫无理论根据，中国、夷狄本无定名，应当根据本国的行为，或被称为夷狄，或被称为中国。他在为徐勤《春秋中国夷狄辩》作的序中说："自宋以后，儒者持攘夷之论日益盛，而夷患而日益烈，情见势绌，极于今日，而彼嚣然自大者，且日哓哓而未有止也。叩其所自出，则曰：'是实春秋之义。'"但是，为什么越"攘夷"而夷患日益烈呢？梁启超认为，这些人是不懂得春秋三世之义。他说：

> 孔子之作春秋，治天下也，非治一国也，治万世也，非治一时也。故首张三世之义、所传闻世、治尚麤觕，则内其国而外诸夏，所闻世，治进升平，则内诸夏而外夷狄。所见世，治致太平，则天下远近大小若一，夷狄进至于爵。故曰有教无类。又曰洋溢乎中国，施及蛮貊。凡有血气，莫不尊亲，其治之也，有先

---

① 陈恭禄：《甲午战后庚子乱前中国变法运动之研究》，中华文化复兴运动推行委员会主编：《中国近代现代史论集》第二十一编，《戊戌变法》，台湾商务印书馆，1985年3月，第216页。

后之殊，其视之也，无爱憎之异，故闻有用夏以变夷者矣，未闻其攘绝而弃之也。今论者持升平世之义，而谓春秋为攘夷狄也，则亦何不持据乱世之义，而谓春秋为攘诸夏也？且春秋之号夷狄也，与后世特异，后世之号夷狄，谓其地与其种族，春秋之号夷狄，谓其政俗与其行事。①

梁启超指出，"中国"与"夷狄"因"三世"不同，只有治之先后的区别，而没有视之爱憎的差异。春秋时所谓的"夷狄"与后世的"夷狄"也有不同，春秋时判断其是否为"夷狄"的标准是根据其政俗和其行事，后世判断其是否为"夷狄"的标准是根据其地域与种族。按梁启超的理论，保守势力所谓的攘夷之论实际上并不符合孔子的原意，如果要说"攘"，则应当攘那些不符合"中国"之行的政治风俗及其不符合世界大势的行事。他进一步指出：

夫晋郑邾卫，中原之名国也，鲁者尤春秋所托焉，以明王法者也，而其为夷狄，又何以称焉？董子云：春秋之常辞也，不予夷狄而与中国为礼。至泌之战，偏然反之，何也？曰：春秋无通辞，从变而移。今晋变而为夷狄，楚变而为君子，故移其辞以从其事。大哉言乎。然则春秋之中国夷狄本无定名，其有夷狄之行者，虽中国也，靦然而夷狄矣，其无夷狄之行者，虽夷狄也，彬然而君子矣。然则藉曰攘夷焉云尔，其必攘其有夷狄之行者，而不得以其号为中国而恕之，号为夷狄而弃之，昭昭然矣，何谓夷狄之行，春秋之治天下也，天下为公，选贤与能，讲信修睦，禁攻寝兵，勤政爱民，劝商惠工，土地辟，田野治，学校昌，人

---

① 梁启超：《春秋中国夷狄辨序》，《合集》文集之二，第48页。

伦明，道路修，游民少，废疾养，盗贼息，由是乎此者，谓之中国，反乎此者，谓之夷狄，痛乎哉，传之言也。曰：然则曷为不使中国主之，中国亦新夷狄也。①

依梁启超的理论，"中国"与"夷狄"不是一成不变的，它根据本国的行为而发生变化，只要有夷狄之行的国家，虽然为"中国"，也会成为"夷狄"；而那些无夷狄之行的国家，虽然为"夷狄"，也会因彬然君子之行，而变为"中国"。所谓攘夷，是攘那些有夷狄之行者，不论这些行发生在中国或国外。这样，梁启超根据春秋之义，把区别夷夏的标准从强调民族与地域方面，转换到强调政俗与行事的方面。他在《论中国宜讲求法律之学》中进一步阐明这个观点：

泰西自西腊罗马间，治法家之学者，继轨并作，赓续不衰。百年以来，斯义益畅。乃至以十数布衣，主持天下之是非，使数十百暴主戢戢受绳墨，不敢恣所欲。而举国君民上下，权限划然，部寺省署，议事办事，章程日讲日密，使世界渐进于文明大同之域。……有礼义者谓中国，无礼义者谓之夷狄，礼者何？公理而已。义者何？权限而已。今吾中国聚四万万不明公理不讲权限之人，以与西国相处，即使高城深池、坚革多粟，亦不过如猛虎之遇猎人，犹无幸焉矣，乃以如此之国势，如此之政体，如此之人心风俗，犹嚣嚣然自居中国而夷狄人，无怪乎西人以我为三等野番之国，谓天地闻不容有此等人也。②

---

① 梁启超：《春秋中国夷狄弁序》，《合集》文集之二，第49页。
② 梁启超：《论中国亦讲求法律之学》，《合集》文集之一，第93~94页。

梁启超认为，泰西各国自希腊、罗马以来即重视法律之学，以法律规定君民上下之权限，限制暴君专制，所以使世界日趋文明，而中国不明公理，不讲权限，依然是一种野蛮的政体。在此万国竞争的时代，自称是"中国"而实际属于"夷狄"之行的国家是不能见容于国际社会的。

梁启超利用春秋中的微言大义，反驳了保守势力的攘夷理论，同时提出了"中国亦新夷狄也"的观点。指出值此千邦并列、万国荟萃世局中，清政府如不纡尊降贵，革故鼎新，那么此三等野番之国将不容许存在乎天地之间也。从而成为其变法理论的张本。

由于梁启超具有这种想法，使他对西洋列国乃至日本一直无甚恶感，在他未到西洋和日本以前，对那里更是有一种理想主义的色彩，他说："西方全盛之国，莫美若，东方新兴之国，莫日本若。"①他企慕日本的明治维新，更崇拜明治时的维新志士。他认为明治维新开始之时，"不过起于数藩士之议论"，随后则"一夫倡，百夫和，一夫死，百夫继"，以致使维新声浪遍于全国，至"安政庆应之间，日本举国甚嚣尘上矣"②。他在读过冈千仞的《尊攘纪事》和蒲生重章的《伟人传》后，浮想联翩，不能自已。志士们的言论丰采，一一像在耳目。他认为当时日本不仅有吉田松阴、佐久间象山、青川八郎、牟田尚平、中山忠爱、平野国臣、真木保臣、小河一敏等一批声名赫赫、建功立业的志士，"乃至僧而亦侠，医而亦侠，妇女而亦侠"。在他的眼里，明治维新之前，日本举国不论老弱妇孺，都是维新志士。他这样描写道：

---

① 梁启超：《变法通议》，《合集》文集之一，第43页。
② 梁启超：《记东侠》，《合集》文集之二，第29页。

日本荆、聂肩比，朱、郭斗量，攘夷之刀，纵横于腰间，脱藩之绔，络绎于足下。呜乎，何其盛欤！龙蛇起陆，惊前劫之杀机，燕雀处堂，哀尸居之余气，书其微者，而显者可以概矣。①

他认为日本的明治维新之所以成功，正是由于日本民族具有这种豪侠之气。他分析道：

　　中国日本，同立国于震旦，划境而治，各成大一统之势，盖为永静之国者，千年于兹矣。日本自劫盟事起，一二侠者，激于国耻，倡大义以号召天下，机捩一动，万弩齐鸣，转圜之间，遂有今日。后之论者，悼诸君所志之未成，而不知其所成盖已多矣。我国自广州之役，而天津，而越南，而马关，一耻再耻，一殆再殆，而积薪厝火，鼾声彻外，万牛回首，邱山不移。呜呼，岂外加之力犹未大耶？抑内体之所以受力者，有所不任也。②

他认为，中日两国，同样面对西洋的侵略，在国耻面前，日本"机捩一动，万弩齐鸣"，取得了明治维新的成功；而中国却"一耻再耻，一殆再殆"，至今还是"万牛回首，邱山不移"的麻痹状态。看着邻国的昌盛，对照自己政府的腐败，梁启超发出了"抚王室之蠢蠢，念天地之悠悠"的叹息。

这里，他心目中的日本，虽然面积只是区区三岛，但已丝毫无"东夷"的意思，而是使"西方之雄者，若俄，若英，若法，若

---

① 梁启超：《记东侠》，《合集》文集之二，第29页、31页。
② 同上。

德,若美,咸屏息重足,莫敢藐视"的"豪杰之国"①。

后来,梁启超在读了黄遵宪的《日本国志》后说:

> (日本)三十年间以祸为福,以弱为强,一举而夺琉球,再举而割台湾。此士学子鼾睡未起,睹此异状,挢口咋舌,莫知其由。故吾政府宿昔靡得而戒焉。以吾所读日本国志,其于日本之政事人民土地及维新变政之由,若入其闉闍而数米盐,别白黑而诵昭穆也。②

字里行间,流露着对日本明治维新的仰慕之情,正是由于变法维新使日本由"古之弹丸"而变成"今之雄国"③。他希望中国人学习日本,特别是日本人的侠义精神,鼓励中国人效法明治维新,而不仅仅认为它是"小夷"。他认为,中国只要变法图强,也会像日本那样转弱为强。梁启超受的是中国传统式教育,他热爱自己的祖国,但是他虚心地学习邻国的经验,在他的身上,看不到那种自高自大的华夷意识,反而表现出虚心学习邻国所长的宽广胸怀。戊戌变法时,他继承了康有为的公羊三世说,并用它来解释华夷理论,并把其发挥得更加精彩。从他的言论中,反映出当时的知识分子在追求救国救民过程中价值观念的变化。

日本既然在梁启超的眼里充满了理想主义的色彩,那么通过日本来师法西方,自是义无反顾之事。戊戌变法时期,梁启超在他的《变法通议》中极力宣传这种方法的好处,他说:

---

① 梁启超:《记东侠》,第29页。
② 梁启超:《日本国志后序》,《合集》文集之二,第50页。
③ 同上。

日本与我为同文之国，自昔行用汉文，自和文肇兴，而平假名片假名等，始与汉文相杂厕，然汉文犹居十六七，日本自维新以后，锐意西学，所翻彼中之书，要者略备，其本国新著之书，亦多可观。今诚能习日文以译日书，用力甚鲜，而获益甚巨。计日文之易成，约有数端，音少一也。音皆中之所有，无棘刺扞格之音，二也。文法疏阔，三也。名物象事，多与中土相同，四也。汉文居十六七，五也。故黄君公度谓：可不学而能，苟能强记，半岁无不尽通者。以此视西文，抑又事半功倍也。①

当时梁启超深受其师的影响，他主张通过日本书来学习日本，了解西洋，并引为借鉴，以变法图强。他在读过其师的《日本书目志》后，抑制不住激昂的感情，他写道：

启超既卒业，乃正告天下曰：译书之亟亟，南海先生言之既详矣。梁启超愿我农夫考其农学书籍，精择试用，而肥我树艺。愿我工人，读制造美术书，而精其器用。愿我商贾读商业学，而作新其货宝贸迁。愿我人士读生理、心理、伦理、物理、哲学、社会、神教诸书，博观而约取，深思而精研，以保我孔子之教。愿我公卿读政治、宪法、行政学之书，习三条氏之政议，究以返观，发愤以改政，以保我四万万神明之胄。愿我君后，读明治维新之书，借观于寇雠，而悚励其新政，以保我二万万里之疆土，纳任昧于太庙，以广鲁于天下。庶几南海先生之志，则启超愿鼓歌而道之，跪坐而进之，馨香而祝之。②

---

① 梁启超：《变法通议》，《合集》文集之一，第76页。
② 梁启超：《读日本书目志书后》，《合集》文集之二，第54~55页。

他希望上至帝后、公卿、人士，下至商贾、工人、农夫，均读日本翻译之书，那么，康有为的"以泰西为牛，日本为农夫"的日本模式的变法蓝图就会很快实现，中国即会免受瓜分之祸，转弱为强。应当指出，梁启超的这种通过翻译日本书来了解西方，同时效法明治维新的想法虽然充满了理想主义的色彩，但却表现出了他的爱国感情，同时也展示出当时一代知识分子虚心学习外国所长的胸怀。

戊戌政变后，梁启超逃亡日本，条件使他更不得不利用日本这块中介地来学习西方。他著《论学日本文之益》，大声疾呼：

> 日本自维新三十年来，广求知识于寰宇，其所译所著有益之书，不下数千种，而尤详于政治学、资生学、智学、群学等，皆开民智、强国基之急务也。吾中国之治西学者固微矣，其出各书，偏重于兵学艺学，而政治、资生等本原之学，几无一书焉。夫兵学、艺学等专门之学非舍弃百学而习之，不能名家。即学成矣，而于国民之全部，无甚大益，故习之者稀，而风气难开焉。使多有政治学等类之书，尽人而能读之，以中国人之聪明才力，其所成就，岂可量哉？今者余日汲汲将译之以饷我同人，然待译而读之缓而少，不若学文而读之速而多也。此余所以普劝我国人之学日本文也。①

其师还仅仅是提倡译日本书，他却认为"译而读之缓而少"，索性学日本文，这样就会"速而多"。他到日本后，与罗孝高互相

---

① 梁启超：《论学日本文之益》，《合集》文集之四，第80~81页。

研索,著《和文汉读法》,使学者利用此可以粗读日本书①。而他自己,也走上了一条借途日本、学习西方的道路:

> 通语言文字而不读其书,则不过一鹦鹉耳,我中国英文英语之见重,既数十年,而除严又陵外,曾无一人能以其学术思想输入于中国,此非特由其中学之缺乏而已,得毋西学亦有未足者耶?直至通商数十年后之今日,而此事尚不得不有待于读东籍之人,是中国之不幸也,然犹有东籍以为之前驱,使今之治东学者得以干前此治西学者之蛊,是又不幸中幸也。②

梁启超为了变法维新,鼓励中国的知识分子以日本为中介,接受西学,而他自己也恰恰走上了这一条道路。所以他所介绍的"西学",也不可能不受"东学"的影响,蒙上一层日本的色彩。

第二节 流亡日本谋救皇上

戊戌变法运动失败后,梁启超在日本政府的援助下逃上了停在大沽的日舰大岛号。其师康有为也在英国军舰的保护下逃到了香港,随后康有为也被日本政府接到了日本③。但是仅隔3个多月,康有为被日本政府逐出了国门,日本态度转变如此急剧,令人觉得不可思议,以致有人说日本民族乃是一个"以义始而以利终的民

---

① 罗孝高:《任公轶事》,参阅丁文江、赵丰田:《梁启超年谱长编》,第175页。
② 梁启超:《东籍月旦》,《合集》专集之四,第82页。
③ 此方面资料较多,《日本外务省记录》中的上野季三郎给大隈重信的第十八、十九、二十等号密信中言之甚详。

族"①。康有为被驱逐的真正原因是什么；康、梁到日本后的这短短几个月中，这岛国中究竟发生了什么事情；初到日本的梁启超又受到了些什么影响？本节试从这几方面作些探讨。

梁启超去日本的目的十分明确，这就是想利用日本的力量来救出光绪帝，以完成其变法的事业。梁启超逃到大岛舰上之后，立即便给伊藤博文上了一书，请其"与英美诸国公使商议，连署请见女后，或致书总署，揭破其欲弑寡君之阴谋，诘问其幽囚寡君之何故"。书中依靠日、英两国的意思十分明确：

> 寡君现在闲居南苑一室，名瀛台者，四周环以水，行坐饮食皆有人看管，命在旦夕。一二志士妄思援手者，皆以计穷力竭，呼吁无由，若贵邦及诸大国不救之，则为绝望矣。启超等明知他邦干预内政，非本邦之福，然日暮途远，不得不倒行逆施。彼女后及满洲党执国权则亡也，诸邦群起干预内政亦亡也，其为亡一也。宁藉日本、英、美之维持，不甘为露西亚之奴隶，敢披沥心腹，陈于执事，惟衷而察之。②

此书写于光绪二十四年八月十二日（1898年9月27日），也就是他逃上大岛舰的第二天。当时，大岛舰还停泊在中国的大沽口上，在大岛舰上，梁启超又过了一段难熬的时光，直到八月十八日（10月3日）大岛舰才接到日本总理兼外务大臣和海军大臣西乡从

---

① 毛以亨：《梁启超》，华世出版社，1975年，第68页。
② 参阅《伊藤博文文书》八，塙书房，1980年2月28日版，第414页。

道令其立即起航,将梁启超等载送到日本军港吴港的命令①。当大岛舰航行在茫茫的大海上时,梁启超望着渐渐远去的祖国,百感交集,一行热泪,不禁潸然落下。他想着被囚的国君,生死不明的师友,破碎的祖国河山,再也抑制不住悲郁愤激的感情,挥笔写下了著名的《去国行》:

> 呜呼,济艰乏才兮,儒冠容容,倭头不斩兮,侠剑无功,君恩友仇两未报,死于贼手毋乃非英雄,割慈忍泪出国门,掉头不顾吾其东,东方古称君子国,种族文教咸我同,尔来封狼逐逐磨齿瞰西北,唇齿患难尤相通,大陆山河若破碎,巢覆完卵难为功,我来欲作秦廷七日哭,大邦犹幸非宋聋。却读东史说东故,三十年前事将毋同,城狐社鼠积威福,王室蠢蠢如赘痈,浮云蔽日不可扫,坐令螻蚁食应龙,可怜志士死社稷,前仆后继形影从。一夫敢射百决拾,水户萨长之间流血成川红。尔来明治新政耀大地,驾欧凌美气葱茏,旁人闻歌岂闻哭,此乃百千志士头颅血泪回苍穹。吁嗟乎,男儿三十无奇功,誓把区区七尺还天公。不幸则为僧月照,幸则为南洲翁,不然高山蒲生象山松阴之间占一席,守此松筠涉严冬。吁嗟乎,古人往矣不可见,山高水深闻古踪,潇潇风雨满天地,飘然一身如转蓬,披发长啸览太空,前路蓬山一万重,掉头不顾吾其东。②

这首长诗,气势磅礴,金声玉振,以一泻千里的气概,抒发着

---

① 参阅十月三日《大隈外务大臣ヨリ清国驻扎林代理公使宛(电报)附十月三日附海军大臣通牒》,日本外务省编:《日本外交文书》第三十一卷·第一册,财团法人日本国际联合协会,昭和二十九年九月三十日,第670页上~页下。
② 梁启超:《去国行》,《合集》文集四十五(下),第2页。

他强烈的爱国情怀，表达出他的志气和抱负。在他看来，戊戌变法虽然失败了，但在君恩友仇两未报的情况下，自己不能作无谓的牺牲。他要效法中国古代申包胥赴秦乞师、援楚复国的故事，赴日本乞师，救出光绪帝，完成未竟的维新事业。他认为，日本自古称为东方君子之国，与我国同文同种，唇齿相依，在沙俄的扩张前面，和中国有患难与共的利害关系，倘若中国一旦被侵，日本也会像覆巢之下的卵一样，难以保全。所以，日本帮助中国是完全有可能的。他认为当时中国的戊戌变法运动，就像30年前的日本在明治维新以前一样，需要维新志士前仆后继，用鲜血换取，所以他发誓要像日本的月照和尚、西乡隆盛、高山彦九郎、蒲生君平、佐九间象山、吉田松阴等维新志士那样，不顾抛头颅洒热血，为祖国的维新事业，而建功立业。

从这首长诗看，梁启超是怀着"欲作秦廷七日哭"的心情前赴日本的，他当时是想说服日本政府，借用日本政府的力量，来帮助光绪帝复权，从而达到他变法图强的目的。但是，他的这种愿望是否能够实现，主要还是要取决日本的执政府与日本社会对中国所持的态度。为了搞清这个问题，在此不得不兼述一下当时执政的大隈内阁的情况。

大隈内阁是以自由、进步两党合并而成的宪政党为基础而成立的。自由、进步两党都是明治初期自由民权派的后裔，是属于和政府藩阀相对立的民党范围。甲午战争时，民党曾采取与政府合作的态度，政府与政党关系发生了根本性变化。政府开始意识到不能无视议会和政党来推行政治，于是，政府开始与民党靠近。1895年11月22日，自由党宣布与伊藤内阁互相提携，接着，在1896年9月18日，松方正义与以大隈重信为首的进步党联合组成内阁，史称"松隈内阁"。明治三十一年（1898年）第三次伊藤内阁成立时，伊藤开始时试图与大隈相互提携,但大隈除了要求自己担任内务大臣之外,还要求伊藤给予进步党3个阁臣的位置。结果,交涉破裂。伊藤无法,又去找板垣退助,板垣虽在以前曾支持过伊藤,但在此次总选举前也向伊藤提出了内务大臣位置的要求,当然,此要求也为伊藤所拒。

按甲午战后的经验来说,若缺乏政党的支持,政府很难驾驭议会,这已是十分明了的事实。幸运的是自由党当时并没有和伊藤内阁作战的勇气,于是由伊东已代治从中撮合,自由党与伊藤言归于好,表示与当局"朝野和衷"共渡难关。但是,总选举揭晓,自由党获得胜利,成为日本第一大党。于是旧案重提,自由党强烈要求板垣入阁。在这种情况下,内阁意见开始分裂,极端讨厌自由党的藏相井上馨,对板垣入内阁问题持断然拒绝的态度。伊藤考虑再三,认为战后在处理财政问题上井上是一个不可缺少的人物,于是,取消了与自由党相互提携的计划,内阁以超然之姿,君临议会。伊藤这样做,其结果是十分清楚的,自由、进步两党联合起来,否决了政府最重要的增税法案,六月,议会被解散,伊藤内阁宣告解散[①]。

以上的情况清楚地表明,民党在和藩阀政府的斗争中,变得愈来愈强大,使得藩阀政府不能无视民党的存在。但是,当时由于民党自身内部的矛盾,以及藩阀政府对民党实行分化利用政策,以致在两派的斗争中,藩阀政府依然占有优势。自由、进步两党与当局断绝关系之后,两党联合的意识更加强烈,他们认识到,对已往之事,应尽释前嫌,言归于好,携手合作,共同掌握国家的政

---

① 隅谷三喜男:《大日本帝国の试炼》,中公文库,1991年3月25日第十九版,第145~146页。

权。就这样,在双方的共同努力下,于明治三十一年(1898)六月二十一日,两党各自召开临时大会,通过协议,宣布解党,并于翌日结成新党,是为宪政党。六月三十日,以大隈重信和板垣退助为首领的宪政党重新组阁,这便是大隈内阁,史称"隈板内阁",这样政权便由藩阀政府手里转到民党手里。由于大隈内阁是由自由、进步两民党支持而成,而两党的政治纲领都是"对内要打倒藩阀政府,树立民主政治,对外期待朝鲜、中国能早日解脱封建的政治体制,成为近代民主国家"[1]。所以,这种政治主张自然成为大隈内阁的政治纲领,而在外交上,大隈主张"日英同盟"和"中国保全论"[2]。在他看来,中国开化最早,圣贤豪杰,代出不穷,其国民绝非英国统治下的印度与俄国统治下的西伯利亚人可比,若想征服中国而长期统御之,乃至难之事……只是因清国政府之腐败,才使近世政纲废弛,绝不能因其政府而抹杀其人民。因此,他认为,必须先提高日本国民的素质,进而诱导同文同种的中国国民,使之与日本同化,在其天生强健的身体内,注入掌握世界文明智慧,鼓吹其义勇奉公之精神,则庶几可奏中国开导保全之效也[3]。当然,大隈所谓的"中国开导保全"自有其他目的,此属另外一个问题,但若光就其政治主张来看,他非常期待中国的维新事业能够成功,所以他同情中国之维新派乃顺理成章之事。特别是中国维新派所提出的学习西方文明,以及联英日拒强俄等主张更会与其产生共鸣。因此,大隈在执政期间,对中国维新派持支持态度。基于以上的理

---

[1] 彭泽周:《关于康、梁亡命日本的检讨》,中华文化复兴运动推行委员会主编:《中国近代现代史论集》第十二编《戊戌变法》,第542页。
[2] 野村浩一:《近代日本の中国認識—アジアへの航跡》,研文出版社,1981年4月25日,第6~15页。
[3] 大隈重信:《去来両世紀に於る世界列国と日本との位置》,《太陽》临时增刊,第六卷,第八号。

由，政变发生后，他即多次对清朝的总理衙门和庆亲王提出忠告，积极营救维新志士。康有为、梁启超被救往日本，就是出于他的命令。当时，日本的报纸上报道了日本政府的态度，其文云："我政府遵守世界之通义，期待极温和的，循序渐进的，逐步成功的改革，并且我政府遵守人道之大义，尽全力解救将被清廷处以极刑的改革者。"①由此可见，从当时日本执政内阁的情况来看，形势显然对康、梁有利。

梁启超到日本后是由东亚会接待的，所以，在这里不得不先简单地介绍一下东亚会的情况。东亚会属于大隈系，它成立于明治三十年（1897）春，由进步党系人在日本桥偕乐园组织而成的，陆实、三宅雄二郎、犬养毅、池边吉太郎、平冈浩太郎、江藤新作、安藤俊明、香川悦次、井上雅二、埴原正直、小幡酉吉、原口闻一、村井启太郎、佐藤宏等都是该会会员②。东亚会因与明治三十年成立的同文会其纲领基本相同，加之犬养毅、陆实、池边吉太郎等同时兼任两会的会员，所以，同年十一月二日在芝公园红叶馆举行大会，合二会为一会，即为东亚同文会。东亚同文会会长是近卫笃麿，其会纲领共四条：

一、保全中国。

二、助成中国与朝鲜的改革。

三、期成研究中国及朝鲜时事之实行。

四、唤起国论。③

其会长近卫笃麿更是大力提倡"日清同盟"论，他说：

---

① 《清国の改革と我日本の态度》，见明治三十一年十月十五日《日本新闻》。
② 东亚同文会编：《对支回顾录》上卷，原书房1981年6月25日版，第679~680页。
③ 同上书，第681页。

> 东洋者，东洋之东洋也，处理东洋之问题，固属东洋人之责任，夫清国之国势，虽大为衰落，其弊在于政治而不在于民族，若直能启发利导之，则偕其携手从事保全东洋之事，敢曰非难事也。①

先是，政变发生后，东亚会的江藤新作、池边吉太郎、陆实、三宅雄二郎等人即在万世俱乐部内集会，发起了营救康、梁的活动。会议决议由安藤俊明、村井启太郎、佐藤宏为代表，上书大隈重信，要求日本政府出面，阻止清政府迫害梁启超、康广仁等维新志士。随后，他们又访问了鸠山和夫外务次官，对其也提出了相同的要求②。

可见，东亚会也对中国的维新派持支持态度。由于该会此种背景，所以在梁启超来日后，该会即自然担负起照顾梁启超的责任。

梁启超乘着大岛舰，于十月十六日抵达日本吴港③。二十日下午到达日本东京，当天下榻于麹町区平川町四丁目三番地三桥常吉的旅馆里，当时东京的警视总监西山志澄为防止意外，特派警察严加警戒④。梁启超在三桥常吉旅馆中休息了两天，二十二日，梁启超、王韶（王照）以及梁启超的仆人张顺在东亚同文会干事中西正

---

① 东亚同文会编：《对支回顾录》下卷，第888页。
② 参阅《东亚会救护に起つ》，明治三十一年十月四日《东京日日新闻》。
③ 狭间直树：《梁启超来日后对西方近代思想认识的深化——尤其在"国家"与"国民"方面》，载 Conference on European Thought in Chinese Literati Culture in the Early 20th Century, Garchy, France, September 12～16, 1995.
④ 缩微胶卷，《大隈文书》A887号，日本大东文化大学藏，大正十一年四月，大隈侯爵邸寄赠。此外又据缩微胶卷《外务省记录》各国内政关系杂纂，支那の部，革命党关系，中国社会科学院近代史研究所藏，440016号（甲秘第155号，以下只注明号码）。

树的陪同下，来到牛込区市谷加贺町一丁目二番地的住所。这所房子据说属于柏原文太郎，柏原是文部大臣犬养毅的左右手，是东亚同文会的创始人之一。

先是，还在梁启超未到东京之前，犬养毅曾把照顾梁启超的事托付给他。柏原得知梁启超到达东京的消息后，即派中西正树去迎接，并把梁启超安排在自己的房子里，但可能是嫌房子过于狭小，当天又把梁启超等安排到同区早稻田鹤卷町四十番的高桥琢也的房子[①]。据日本学者坂出祥伸考证，此处房子是柏原文太郎的另一处住所[②]。当天，当地的华侨和梁启超的同志林北泉、徐勤、罗孝高、毕永年等前来看望梁启超，日本政府及学界的一些头面人物也前来拜访。据警视总监西山志澄给大隈的报告中载：梁启超自搬到鹤卷町新居后即闭门谢客，但是尽管如此，还是有大量的日本友人前来，以文部大臣犬养毅为首，鸠山和夫外务次官、高田早苗、中西正树、大内畅三、高桥桥三郎、吉田俊雄、西乡吉义、平山某（周）、小林某（？）等日本人士均来拜访[③]。

梁启超自政变以来，一直是在极度紧张的情况下度过的，前文已提过，他在搭上大岛舰的翌日（9月27日），即与王照一同给伊藤博文和林权助发去一封信[④]，要求救助光绪皇帝和谭嗣同等其他维新志士。此信虽没有回音，但他并不气馁。到日本后，他立即开始运动，于10月26日给当时的日本的总理兼外务大臣大隈重信上了

---

① 缩微胶卷《外务省记录》，440016号。
② 坂出祥伸：《康有为ユートピアの开化》，《中国の人と思想》第十一册，昭和六十年四月二十四日，第243页。
③ 《外务省记录》，440016号。
④ 《伊藤博文关系文书》之八，塙书房，1980年，第413页。

一封长书①。

　　作为给日本政府的求救信，梁启超的这封信说得十分透彻。他先指出政变之原因是帝、后两党之争，帝党之主张在联英日以效法明治维新，后党在联沙俄以求保护。其次比较了中日的条件以说明改革之困难，最后又论述了中国改革失败与否与日本的利害关系，合情合理，的确很有说服力。日本自三国干涉还辽以来，国内仇俄情绪十分高涨，在外交政策上，主张与中国亲善提携，联合英国以钳制沙俄，因此对中国的维新派表示同情。戊戌政变后无论是伊藤或大隈，均在营救维新派事情上尽了极大的努力。伊藤除营救梁启超出险外，还对黄遵宪和张荫桓等其他维新派加以营救②。大隈也曾数次致电日本驻清公使林权助，要他去总理衙门给清政府施加压力，以使缓和对维新派的处罚③。伊藤与大隈的种种行动，也给梁启超等造成了一种印象，即日本政府十分同情中国的改革事业，因此，他们只要对日本政治家晓以利害，自然会得到他们的帮助，从而达到他营救光绪帝继续变法的目的。但是，同情和营救维新派，并不能说明日本政府就会依照康、梁的意见对清政府加以干涉，从而进一步做出营救光绪帝的行动。日本政府是否能依照梁启超的意见，而采取救光绪帝的行

---

① 日本外务省编：《日本外交文书》，十月二十六日梁启超ヨリ大隈外务大臣宛《梁启超书ヲ大隈伯ニ致シテ清皇ノ为メ救援ヲ乞フノ件》，第696页上。

② 同上书，参阅九月二十六日清国驻扎林代理公使ヨリ大隈外务大臣宛（电报）《政变情报ノ件》和十月十日清国驻扎林临时代理公使ヨリ大隈外务大臣宛（电报）《伊藤侯黄遵宪ノ为メニ救解ノ件》以及林权助：《わが七十年を语る》第二十八话《深夜に李鸿章を说落す话》。

③ 同上书，参阅《日本外交文书》九月二十七日大隈外务大臣ヨリ清国驻扎临时代理公使宛（电报）《政变ニ关シ总理衙门ヘ忠告スル件》以及十月十一日大隈外务大臣ヨリ清国驻扎林临时代理公使宛（电报）《改革派ニ对スル处刑缓和斡旋ニ付训令ノ件》。

动，还要根据日本国家利益来作出判断，并不是梁启超的一番说辞所能奏效的[①]，而且，即使是作为总理兼外务大臣的大隈，其权力也有一定的限制。但初到日本的梁启超对这些还缺乏了解，他还经常用中国的眼光来看待日本的事情，当时，在梁启超的心目中，"国家""政府""朝廷"等概念还比较模糊[②]。而对这些概念的进一步了解，则是在他"稍能读东文"受日本书籍影响以后的事情了。

梁启超到达日本数日后，其师康有为一行在宫崎滔天的陪同下，也于10月25日抵达日本神户，随后前往东京，平山周等前往

---

① 当时康有为与梁启超均希望日本政府能出面干预，帮助救出光绪帝，但那几乎是不可能之事，日本浪人宗方小太郎在其明治三十一年（1898）十月三十一日日记中，也提到了日本政府不会轻易出兵一事，代表了当时一般民间人士的看法，其日记如下：

三十一日共柏原同去加贺町访康有为，时湖南代表唐才常亦在座，唐才常者，湘中之志士也，以欲举义兵而来日本，借兵而兼以为声援也。时康有为频乞援助，予曰：日本政府绝不会轻意出兵，若时会一到，不求亦会相助。为今之计，尽我辈之所能帮助义军，以期全诸君之志望。康曰：南学会员约一万二千名，皆上流之士子，前任湘抚陈宝箴为其会头，徐仁铸、黄度为其头领，湖南之势力实在此会，一旦事发，直进而略武昌，下江而占南京，移军而欲北进，官军能战者袁世凯、聂士成、董福祥之三军，合计不过三万人，义军若进湖北，张之洞有应之之约云云。谈话自至上午十一时至深夜十二时。随后归宅。

宗方小太郎是日本浪人，甲午战争之际，明治天皇将其唤至广岛行营，破格召见。大正十二年（1923），因病客死上海，死后赐正五位勋三等，实为日本浪人界稀有之特典。

宗方小太郎与梁启超、麦孟华等在戊戌以前即相识，那时梁启超正在主持《时务报》，光绪二十三年（1897）二月二十八日他曾与梁启超、麦孟华等人至四马路一品香会饮，讨论日清两国志士互相提携之事。梁启超亡命日本后，十月二十六日他曾与柏原文太郎共去鹤卷町四十番地看望梁启超与王照。

② 梁启超在光绪二十四年九月十五日的《与蕙仙书》中说："吾在此受彼国政府之保护，其为优礼，饮食起居一切方便。"在同年十月十三日的《与蕙仙书》中又说："吾在此乃受彼中朝廷之供养，一切丰盛，方便非常，以起居饮食而论，尤胜似家居也。"随后在同年十月二十七日《与蕙仙书》中又说："在此一切起居饮食，皆日本国家所供给，未尝自用一钱，间有用者，惟做衣服数件，买书数种耳。"由此可见，当时在梁启超那里，"国家""政府""朝廷"等概念的区别还不十分明确。

新桥车站相迎。并于10月28日下午1时18分,在弟子梁铁君、康同照、李唐、梁炜、桑湖南(叶湘南?)、何易一等陪同下,搬到鹤卷町四十番地梁启超的寓所①。政变之前,师弟北京分别,彼此生死不知,这次东京再次聚首,可以说是不幸中的大幸。康有为特为这所房子起名曰"明夷阁",取《汉书》"贤者居明夷之世,知时而伤"之意②,以表达他不为暂时遭受的艰难挫折所屈服,决心以不忍之心拯救时艰的愿望。就在他们师弟聚首东京,准备借助日本政府的力量营救光绪帝时,一件意想不到的事情发生了。康有为到日本后的第四天,即10月29日,以大隈为总裁的宪政党分裂了。前文已介绍过,宪政党是由进步、自由两党联合而成的,大隈的民党内阁也正建立在两党联合的基础之上,但是,自大隈内阁一开始执政,危机就已经伏下了。危机之一是来自藩阀政府方面。当大隈组阁时,公爵山县有朋便在军部大臣由谁指定的问题上发表意见,说为了避免陆、海军大臣由总理大臣选择的形式,陆、海军大臣的任命应由天皇的敕命决定。当时,天皇即下诏曰:"陆、海军两大臣之选叙。朕自裁之,勿以为念。"这样一来,山县的心腹,陆军大臣桂太郎和海军大臣西乡从道便被留任,进入大隈的新内阁,从而为民党内阁留下了隐患③。危机的另一方面是宪政党内部自由、进步两派之间的对立,大隈内阁中除了陆、海军大臣之外,由以下人员构成:

---

① 缩微胶卷《外务省记录》,440020号。
② 参阅班固:《汉书》卷二十七,中之上,第1371页;京房《易传》曰:"贤者居明夷之世,知时而伤,或众在位,厥妖鸡生角。鸡生角时主独。"又曰:"妇人颛政,国不静;牝鸡雄鸣,主不荣。"中华书局,1990年12月,六版。
③ 隅谷三喜男:《大日本帝国の试炼》,日本太阳杂志社编辑,第150~151页;胡源汇、张恩绶编:《明治维新四十年政党史》,光绪三十三年五月,第282页。

总理兼外务大臣	大隈重信（进步党）
内务大臣	板垣退助（自由党）
大藏大臣	松田正久（自由党）
司法大臣	大东义彻（进步党）
文部大臣	尾崎行雄（进步党）
农商务大臣	大石正巳（进步党）
邮信大臣	林有造（自由党）

从阁臣的席位上来看，进步党占有四席，自由党只占三席。自由党本来是由九州、土佐、关东三大势力所组成。但自由党中三派所占的议席并不平均，与土佐派的板垣退助和林有造、九州派的松田正久相比，关东派没有位置。当时身为日本驻美国大使的自由党关东派领袖星亨得到宪政党组阁的消息后，不待政府许可，擅自归国，向大隈要求大隈兼任的外务大臣的席位。此事为大隈所严拒。于是两派斗争立起，当然，这种事情对藩阀派来说是再高兴不过了。

此时发生的另一件事也对进步党十分不利，这就是文部大臣尾崎行雄的"共和演说事件"。进步党的尾崎曾在帝国教育会中发表演说，对日本当时盛行的拜金主义加以批判。其实他不过是拿美国做比喻，用即使像在美国那样拜金主义盛行的国家，无论哪位总统，归根结底还是穷人的事实来攻击日本的拜金主义，从而反过来批评当时教员改善待遇的要求。但是由于他在演说中打了共和主义的比方，当时引起舆论界大哗，此事立刻被躲在一旁等待机会的陆相桂太郎抓住辫子，他说："即使是假定，说日本将成为共和主义也是一派胡言。"自由党也认为，这是扩张势力的机会，于是对进步党展开了攻击，尾崎被迫引咎辞职。此事对藩阀派来说，同样是再高兴不过了。事实像藩阀派预想的那样，阁臣位置之争，终于使宪政党分裂了。自由党派于10月29日临时召开协议会议,并以此代替党大会,决定宪政党解党,同时组成了只含自由党派的宪政党,几乎与此同时,芝山内的宪政党本部为自由党三多摩壮士占领,这真是名副其实的"政变"。此"政变"的指挥者不是别人,正是自由党关东派领袖星亨①。当时的东京城内情景,我们可以从日本《东北新闻》的《杀气满全都》一文中窥见一斑:

> 政界之形势急转直下,东京市内几乎无处不见暴徒横行,尤其是进步派的壮士以内幸町十三州会为其总部,每人手中携带棍棒洋杖,相机而动。自由派壮士对其防备毫不懈怠,其大本营宪政党总部戒备森严,为加强警戒,又在各处配置了宪兵和警察,局势极为不稳,人人自有不安其堵之概。盖两派壮士同欲争夺其意所属之宪政党总部。若将自由、进步两派之争比为细川、山名之东西割据,其总部应有当年相国寺之观,于是,该总部一时为进步派壮士所占领,而倏忽又复归于自由党之手也。②

可见当时大隈内阁已是风云变色,天翻地覆了,自己阁臣的位置尚且不保,哪里还顾得上康有为和梁启超这样的海外逐臣呢!而这一切日本政海翻云覆雨斗争的来龙去脉,又岂是刚刚踏上日本国土六天的梁启超所能梦及的?自由、进步两党分裂的翌日,梁启超还以新党某君的名义,上书日本政府、会社论中国政变。此书曾载日本《东邦会报》,书中除了寒暄套语不同外,内容基本与上大隈重信书相同,当然,大隈内阁此时正值多事之秋,无暇他顾,自

---

① 隅谷三喜男:《大日本帝国の试炼》,第150~152页。
② 参阅《杀气全都に满つ》,明治三十一年十一月三日《东北新闻》。

然不会有什么结果。也就是在自由党发动政变的当日,板垣等自由党派阁僚纷纷提出辞呈,大隈曾一时有过进步党单独组阁的梦想,但随即意识到那是不可能的,只好宣布内阁倒台。就这样,日本第一个民党内阁,自1898年6月30日成立以来,到同年11月7日为止,只经过短短的4个月又8天,就在内外夹击下破产了。由于隈板内阁执政时间短暂,所以被称为"短命"内阁①。于是,政权又从民党手中转到藩阀政府手中。积极救助康、梁的大隈内阁的倒台,对梁启超的依靠日本政府救助光绪帝的计划来说,无疑是一个重大的打击,自此他的"欲作秦廷七日之哭"的想法,变得越发不可能了。

接替大隈的是山县有朋第二次内阁,这是站在大军备扩张政策最前列的内阁。为了扩充军备,山县内阁实行了地租增收,严密了镇压劳动运动的法网,制定了治安警察法。此外,更允许军部介入政治,接着,山县内阁又依次制定了"军部大臣现役武官制"(限定陆、海军大臣必须是现役的大将、中将)等政策,为日本以后急速地走向帝国主义、军国主义铺设了轨道。

山县内阁对康有为和梁启超可并不那么感兴趣,不但如此,陆军方面还认为,日本政府帮助康、梁,对中国当局没好感,从而影响亲华政策②。日本政府的这种态度,也可以从张之洞致总署的电报中看出端倪:

> 昨奉密寄,拿康有为、梁启超、王照及附和邪说,显为党羽之人,自当钦遵密缉。查康、梁、王并未在中国。前于未奉廷

---

① ジョージ・アキタ著,荒井孝太郎、坂野润治译:《明治立宪と伊藤博文》,东京大学出版会,1971年11月25日,第363页。
② 林权助:《わが七十年を语る》,第一书房,昭和十年三月五日发行,第95页。

寄之先，十月十七日（12月19日），日本总领事小田切来鄂，之洞当与详言康学种种邪僻悖乱。中东两国现在极敦和好，诸事联络，而康党得罪中国朝廷，闻现逃至贵国。东洋距中国太近，必至造言煽惑，勾串我内地奸民，变乱是非，滋生事端。若贵国容留，于中东交谊，大有不便，以后岂敢深信，倘能交出或驱逐，方显中东亲好实据。小田切云：日本政府及该总领事并不以康为然，惟彼既逃往，西例不能不加容纳，若中国明行文索取及驱逐，该国势难照办，转多窒碍。该总领事为中东大局起见，当即密电政府商之，必可令其去东。①

日本驻上海总领事代理小田切万寿之助所说并非推脱之词，当时，山县内阁已准备派人劝康有为离开日本，而康有为与梁启超似乎并未觉察到这点，他们还希望利用日本的力量，来达到救光绪帝的目的②。而也就是在此同时，日本领事已将日本政府的意图转告了张之洞，而张之洞又将这一消息报告总署：

小田切十月二十四日（12月7日）接该国外部大臣青木密电，令其转告之洞，其文云：康党所为本国政府无所不知。伊等现自来寓，本国政府并无庇护伊等之意，惟因万国公法有例，

---

① 张之洞：《张文襄公全集》卷八十，光绪二十四年十一月初七日致总署电报，第13～14页；《海王村古籍丛刊》，中国书店影印本第二卷，1990年10月，第362～363页。
② 梁启超在明治三十一年（1898）十二月五日的日本杂志《日本人》上发表《论中国政变》（寄东亚同文会）的文章，在论述了中国政变的原因后，梁启超写道："敝邦今日，如一羊处于众虎之间，情形之险，百倍贵国，大患既追于外，则亦不能不借友邦之力，以抵御之。此仆等所以不能不为秦廷之哭，呼将伯之助，而深看望于同洲同文同种之大日本也。至于其如何相助之处，则秩秩大猷，槃槃宏译，诸君子自有成竹在胸，非远人所敢致词矣。"参阅《日本人》第八十号，第24页。

不便强令伊等去国，若强令出洋，日本被背法之名，而取群国之笑，然即承推嘱，本国政府自应相机设法，令伊等去国等语。当令人密问小田切，何法令其去东？小田切云：令人讽伊自去赴美国，日本政府助以川资。问其日期，小田切云：难定。近或一两礼拜，远亦不过两月。此语已十数日，当已办有端倪。①

小田切所言并非虚言，果然，一星期后，日本外务省的翻译官楢原陈政②背着大隈派于12月16日以私人的身份访问梁启超③，力劝康有为离开日本。对于这种举动，梁启超大为不解，他写信给柏原

---

① 张之洞：《张文襄公全集》卷八十，光绪二十四年十一月初七日致总署电报，第14页。
② 楢原陈政。文久二年（1862）九月二十五日生于日本江户，少年时曾在清国驻日本大使馆中从公使何如璋、参赞官黄遵宪、副使张斯桂等人学习汉学。后随何如璋来中国，何氏解职后，拜在俞樾门下，俞樾《曲园自述诗》中有"门生注籍逐年多，已愧无功效切磋，谁料竟成萧颖士，执经请业有新罗"一诗，其自注云"甲申岁，日本东京大藏省留学生井上陈政字子德，奉其国命，游学中华，原受业于余门下，辞之不可，遂留之。其人颇好学，能为古文"，井上陈政即为楢原陈政。当时盛传俞樾"门下之士，不下数千人"。但他好楢原十分喜爱，其自述诗中云："曾闻海外有樱花，竟自东瀛寄到华，莫惜移民栽未活，也曾一月尝奇葩。"其自注云："余前年选东瀛诗，见其国诗人无不盛赞樱花之美，思一见而不得，乙酉春，井上陈子德，以小者四树，植瓦盆中，由海舶寄苏。寄到之时，花适大开，颇极繁盛，历一月之久始谢，移植地下，则皆不活。"由此可见。当时其师弟关系，十分融合。楢原于明治二十八年归国，甲午战争后，马关谈判时曾为伊藤博文的翻译。同年九月为日本驻华使馆一等翻译，明治三十年为使馆二等秘书。梁启超亡命日本时，楢原正巧归国，娶海军大臣西乡从道二女西乡政子为妻。明治三十二年十一月后就任于日本驻清使馆，义和团事件时，受伤患破伤风身亡，享年39岁，其生前著有《禹域通纂》上下二卷，分为政体、财政、内治、外交、刑法、学制、兵备、通商、水路、运输、物产、风俗等十二部，详细地记载了中国的情况。由于其精通中国事情，所以劝说康、梁离日的事情就落在他的身上。详见《楢原陈政传》，《对支回顾录》所收。
③ 十二月十六日楢原陈政以私人身份访问梁启超，力劝康有为离日，当时他曾数次叮嘱梁启超，万勿将其来访之事，告与大隈派知道，由此可见，当时山县派出大隈派不想让大隈派知道他们迫使康有为离境之事。东亚同文会编：《续对支回顾录》下册《列传》，《柏原文太郎》，《明治百年史丛书》第212卷，原书房，1981年7月25日，第650页上~下。

文太郎，询问此事的原因：

> 昨日，梁钺公来横滨，传足下之言，为之释然，唯今日楢原亦来力劝速行，且举贵国政府限金玉均八小时出境之例相告，度其意贵国政府似有难以处置之事情，弟深虑右例是否实行，心实为不安所驱，隈伯、犬君及足下诸君子深厚之待遇，弟等不堪感激，唯若贵政府实不能容弟等，则不能不见机而作，康先生游欧美，弟等留此地为最初之意，弟等抱东亚联合之志，然而被阻，至不得籍手，是乃一大憾事，前日遇品川子爵，同子相待殷勤，想山县侯亦必能容弟等，然今观此始末，此中之疑团实不可解，敢质之足下与犬君，望足下去外务省，察其实情，弟等好决定行止。①

梁启超来日本后，受到大隈派热情的接待，日本的一些政界和文化界的人士，慕其才名，也经常拜访他和他的老师。他们经常在一起饮酒赋诗，谈论中日联合共抗西洋之事。由于当时受日本方面的影响，梁启超认为与日本互相联合以抵抗西洋列强并非不可能之事，以致他在他的《清议报》的发刊词中提出了"交通支那日本两国之声气联其情谊"，"发明东亚学术以保存亚粹"的主张②。而正当他为联合日本营救光绪帝多方奔走之时，楢原陈政的突然拜访，对梁启超来说无疑是一个重大的打击。

楢原陈政与梁启超的一次会面似乎并没有达到目的。据当时日本神奈川县知事浅田德则给外务大臣青木周藏的报告书，12月18

---

① 东亚同文会编：《续对支回顾录》下卷，第650页。
② 参阅光绪二十四年十一月十一日《清议报》之《宗旨》。

日,他又赶到大同学校去找梁启超,恰巧梁启超不在,他又找到横滨居留地一百六十一番地的林北泉询问梁启超的下落。林北泉是大同学校协理,他得到消息后立即前往东京梁启超寓所向梁启超报告。此时楢原陈政也赶到梁启超寓所。于是,楢原即说明来意:现今日本帝国各大臣已经变更,不能充分保护清国之亡命者,住在帝国版图之内甚为危险,所以,及早出发去美国方为得策,若旅费等不足可给三千日元,假如还嫌不足,需要多少,尽可商量云云。梁启超听到后,不禁大怒,断然拒绝了他的要求,于是端茶送客。此后楢原再三访问,梁启超则闭门不见①。

但是,梁启超闭门不见,并不等于事情结束。对于楢原的不断来访,梁启超似乎并不能置之不理,于是,12月20日午后7时30分,梁启超不得已又在寓所中接见楢原。楢原告诉梁启超说,伊藤博文访问中国时,李鸿章曾对伊藤说过,日本保护清国的亡命者,将会在外交上产生不愉快之事。所以日本政府最近可能会有驱逐亡命者的命令,因此最好在命令下达之前往美国或者英国,旅费由楢原提供。并说日本政府对朝鲜亡命者朴永孝(1861~1939)一行也将驱逐云云②。其言语中已露出威逼之意。和上次一样,梁启超断然拒绝了他的劝告。

楢原并不罢休,他于20日和22日两日又连续写信给梁启超进行威逼,其20日之信云:

梁先生大人览:
　　现经面商,除此实无便计,寄身异域,他人操权,见机而

---

① 缩微胶卷《外务省记录》,《清国亡命者ニ关スル报告》。
② 缩微胶卷《外务省记录》,乙秘第922号。

作，想在高鉴之中矣，危机已逼，晏然安之，洵为非策，仆已辱知友，敢为尽言，若徒稽留以贻悔，仆亦不能再为力也，阁下谅之，即颂

日安

陈政顿首　20日晚[①]

此信无异是逐客令，22日的信甚至连轮船的日期都为对方想好了，其云：

据报，念八有船，由神户开往香港，想阁下决计由是南游为妙，徒为稽留，无益于事，不过贻悔而已，不知已接康君确信否，幸为速报。

即颂

日安

陈政顿首　22日[②]

对于楢原陈政的种种举动，当时确使康有为、梁启超等人大为不解，康有为也写信给柏原文太郎询问此事，现节录其中一节：

楢原既为外务官，何以有此举耶，甚可怪诧，彼云仆等在此有碍贵国之邦交，然孙文久在此于邦交有碍乎，究竟仆等之去，与楢原有如何之利，不烦日日奔走经营，又其费百千金，真怪事也。[③]

---

① 东亚同文会编：《续对支回顾录》下卷，第650页、651页上。
② 同上。
③ 同上。

当时驱逐康、梁之事虽是日本政府方面的意思,但按国际公法,政府不能出面行动,因此由楢原陈政以个人的名义秘密地行事,而康有为和梁启超并不知其中奥秘,所以楢原这种举动在康、梁看来就是十分奇怪的事情了。

以上只是山县内阁的态度,那么曾经营救过梁启超出险的伊藤博文此时的态度又如何呢?先是,戊戌政变时,当梁启超逃到日本使馆时,伊藤曾向日本驻中国临时代理公使林权助表示了他的态度:"这是件好事啊!救他,让他逃到日本去吧,到了日本,一切由我来照顾,梁君是中国珍贵的国魂啊!"①

事后,李鸿章以为康有为已逃往日本,他曾向伊藤要求将康有为引渡回国,跟随伊藤访问中国的大岗育造记下了这段对话:

> 傅相问伊藤曰:"康有为一人恐逃往贵国,倘果有其事,贵侯必能执获送回敝国惩办。"
>
> 伊藤侯曰:"唯唯否否不然,康之所犯,如系无关政务,或可遵照贵爵相所谕。若干涉国政,照万国公法,不能如是办理,当亦贵爵相所深知。"②

几句话将李鸿章顶了回去。由此可见,当时伊藤对营救中国维新派的态度有多么坚决。

但是,自从康有为和梁启超来到日本后,伊藤对他们的看法开始发生了变化。日本外务省1898年11月30日的秘密报告中说:"伊藤侯已看穿康有为乃是年少气盛,轻率短虑而不足以托大事之人,

---

① 林权助述、岩井尊人著:《わが七十年を语る》,第一书房,昭和十年三月五日发行,第93页。
② 参阅光绪二十四年九月十八日《昌言报》。

因而开始对其采取敷衍的态度。"①并且，在公开场合中，伊藤也开始批评中国的戊戌变法运动，12月10日，在宪政党的招待宴上，他谈到了中国的变法运动：

> 惟仆察彼所谓革新党者之所为，其划策未可谓尽得其当，窃料其事难成，果不出数月，其党立败，进锐速退，自然之理。然遽于以数千年所继承之文物制度，以及土风民俗，一旦革故鼎新，此岂一朝一夕之所能哉。②

康有为、梁启超的保护人之一伊藤博文是这种态度，那么，他们的另一个保护人，下野的大隈对他们的看法又如何呢？据日本外务省的秘密报告来看，大隈虽对康、梁表示同情，但却对康有为的接连失败，既不能致力于国内政治，而又不能抑制其名利心之事表示遗憾③。

在野的保护人持这种态度，康、梁的结局也就很清楚了。

日本政府既然有了迫使康有为出境的想法，所以不论是梁启超闭门不见，还是严词拒绝，此事终不会结束。楢原陈政的威逼劝说没有效果，日本政府又通过梁启超的保护者进步党派的人士来说服梁启超。据12月28日犬养毅致柏原文太郎的信来看，先是日本外务大臣青木周藏将使康有为等离开日本之事委托伊藤博文，而伊藤博文又将此事交给犬养毅，而犬养毅无法，只好采用折中的办法，即给康有为配置翻译并赞助旅费7000日元，使其去别国，而让梁启超

---

① 缩微胶卷《外务省记录》，乙秘第677号《清国亡命者ノ举动ニ付キ》。
② 参阅《清议报》第一册，《伊藤侯论支那》。
③ 缩微胶卷《外务省记录》，乙秘第677号。

与王照继续留在日本①。当日犬养毅又把他的想法写信报告给大隈重信②。柏原文太郎可能向康有为和梁启超透露了犬养毅的意思,面对山县内阁暗中的压力,康有为与梁启超等大概觉得这样拖下去也不是办法,他们到日本的目的,原是"欲作秦廷七日哭"以取得日本政府的支持,帮助他们解救光绪皇帝的。但是到达日本不久,他们寄以希望的大隈内阁倒台了,这事使他们失去了依靠。如上所述,新上台的山县内阁对康、梁十分冷淡,不仅如此,而且康有为也开始对山县持不信任态度③。所以,他们不得不放弃说动日本当局的计划,由康有为赴英、美等国寻求帮助。

除去上述来自政府方面的压力之外,还有另一种来自社会方面的压力。

这就是日本一些人士不理解康有为和梁启超所领导的戊戌变法运动,不单如此,日本的一些报纸甚至批评"中国变法过于急激,致误大事"④。并且,一些报章也对康、梁等人物肆加褒贬:

清国亡命者康有为无以死殉事之决心,其于此次政变前已得

---

① 东亚同文会编:《续对支回顾录》,第649页上~下。有关康有为离日问题,详细请参阅狭间直树:《梁启超来日后对西方近代思想认识的深化——尤其在"国家"与"国民"方面》,载 Conferece on European Thought in Chinese Lilerati Culture in the Early 20th Century, Garchy, France, September 12~16, 1995.
② 缩微胶卷《大隈文书》,B150—5,日本大东文化大学藏。
③ 据《外务省记录》载:康有为曾与柏原文太郎笔谈·笔谈记录的前后文皆佚,故无法得之事情的来龙去脉,但从只言片语中可以看出康有为对山县所持不信任之态度。现摘录如下:
康有为笔问:
山县昔有移金之事,公谓今日不能为此举,行此数年事耳,彼昔能为之,公安得谓其今不能为之,岂有说乎?(下略)
缩微胶卷《外务省记录》,440056号。
④ 吴天任编:《民国梁任公先生启超年谱》第一册,台湾商务印书馆发行,1987年7月,第311页。

知消息，但不与其同志相议，而率先由北京逃出，在其同党中评价不高。

梁启超乃康之弟子，虽尚年轻，但其改革之意见甚有条理，在对处此次政变的态度上，尚有并不卑下之好评。

又，无怪乎王照为礼部主事，此次来日之亡命者中，以此人气品最高。王照离开北京之前，其同志虽频劝其避难逃亡，但其挂念皇帝之安危，从容不迫，大有臣子为王事而死之意。劝说王照并非易事，最后乃至强行拉扯，才使其渐渐离开京城。①

在国内时，康有为与梁启超一向把日本视为自己变法的样本，没想到刚一踏上这块国土，却在报纸上看到了这样令他们扫兴的意见，心理的滋味可想而知。这种意见，并不仅仅限于报章，连他们视为楷模的明治维新功臣也认为戊戌变法是一种轻率之举。当康有为携梁启超拜访日本海军之祖胜海舟时，胜海舟曾告诫康有为不要为世界上外形之文明所幻惑，而搞急剧的变革。康有为听后勃然大怒，踢翻座椅，率梁启超拂袖而去，胜海舟送至大门，说："望公等再仔细玩味予今日之言。"可见他们来到日本后，在变法问题上，与当时日本的明治维新人物之间存在着很大的分歧②。在日本照顾康有为、梁启超等生活的东亚同文会副会长近卫笃麿更是对急剧变法持反对意见，11月12日，康有为和梁启超曾给近卫写信，希望日本"仗义赴难"，"急辅车之难，拯东方之局"③，但12日近卫会见康有为时，他则把明治维新的长期准备与百日维新的仓促施

---

① 参阅注《来朝せる清国亡命者》，明治三十一年十月二十五日《时事新闻》。
② 东亚同文会编：《对支回顾录》列传《中西重太郎君》，第633页上。
③ 近卫笃麿：《近卫笃麿日记》，鹿岛研究所出版会，昭和四十三年六月三十日，第185页上。

行作了一番对比，而劝康有为实行渐进的改革。这无疑是不赞成救光绪帝①。对于这些说法，梁启超当然不能赞同，他曾在致子爵品川弥二郎的信中，用日本吉田松阴的话来为自己辩护，其信云：

> 近闻贵邦新报中议论，颇有目仆等急激误大事者，然仆又闻松阴先生之言矣。曰：观望持重，今正义人比比皆然，是为最大下策，何如轻快直率，打破局面，然后徐占地布石之为愈乎？又曰：天下之不见血久矣，一见血丹喷出，然后事可为也。仆等师友共持此义，方且日自责其和缓，而曾何急激之可言？敝邦数千年之疲软浇薄，视贵邦幕末时，又复过之，非用雷霆万钧之力，不能打破局面，自今日以往，或乃敝邦可以自强之时也。②

此番堂堂正正的议论虽能为自己辩解，但是，来自日本社会上的这些压力，无疑为其"欲作秦延七日哭"的计划蒙上了一层阴影，使康、梁不得不放弃依靠日本政府以救出光绪帝的幻想，而另作打算。

打算之一，即是和英国政府取得联系，以取得支持。据《日本外务省记录》中神奈川县知事浅田德则给外务大臣青木周藏的报告书载，1月24日下午5点8分，康有为携梁启超、康同照来横滨拜访英国人柏丽斯·福特，可惜未能见到，三人在横滨宿了一夜，次日（25日）晨8时，康同照与康有为、梁启超告别，乘英国轮船前往

---

① 马里乌斯·詹森：《日本与中国的辛亥革命》，《剑桥晚清中国史 1800～1911》下卷，中国社会科学出版社，1985年，第415页；狭间直树：《梁启超来日后对西方近代思想认识的深化——尤其在"国家"与"国民"方面》，载 *Conferece on European Thought in Chinese Literati Culture in the Early 20th Century*, Garchy, France, September 12～16, 1995, 第3页。
② 吴天任编：《民国梁任公先生启超年谱》第一册，第312页。

香港①。从报告中所载的康、梁等行动来看，因求助于日本政府的计划已成泡影，使得他们不得不改变方向，而转求于英国政府，他们此次来横滨找柏丽斯·福特，就是想通过英国有势力者来运动英国政府，帮助推翻西后政权，扶助光绪皇帝，以达到他们变法图强的目的。

打算之二，是依靠大隈等进步党的力量，办好大同学校，为维新事业培养力量。大隈内阁虽然倒台，但是在日本还有一定影响，所以康、梁在依靠其救不成光绪帝时，使他支持办学校还是绰绰有余的。所以，康、梁到日本后，即积极着手进行大同学校的建设工作，并争取大隈派的支持，让犬养毅担任了大同学校的校长。先是，康、梁亡命日本以前，横滨即已开办了一所大同学校，它是由横滨华商邝汝磐、冯镜如发起创办的，聘康有为门人徐勤为校长。据冯自由《中华民国开国前革命史》：

> 丙申冬邝汝磐、冯镜如等有组织学校，以教育华侨子弟之议。欲由祖国延聘新学之士为教员，以此就商于中山，中山乃荐梁启超充任，并代定名曰中西学校。盖兴中会会员从事于教育界者绝少，而康有为则讲学二十年，徒侣广众，中山既与康同任国事，则办学延师自不能不假助于康也。邝持中山介绍函至上海，谒康于旅次，康以梁启超方任《时务报》记者，荐徐勤为代，并助以陈默庵、陈荫农、汤觉顿，且谓中西二字不雅，更为易名大同，亲书大同学校四字门额为赠。②

---

① 缩微胶卷《外务省记录》，440055号。
② 冯自由：《中华民国开国前革命史》第一册，世界书局，1983年8月三版，第41页。

康、梁亡命日本后，康有为对孙中山避而不见①。梁启超则曾多次前往大同学校与林北泉、冯镜如等商议②，所谈内容已不可知，大概与筹办《清议报》与大同学校校委员会选举有关。光绪二十五年（1899年）1月19日夜，大同学校举行选举，自总理以下全部为康有为一派③，自此大同学校之领导权全部由康、梁派所掌握。在选举之前，1月14日，康有为在柏原文太郎的陪同下亲访大隈重信④。会谈之内容已不可知，如以此后一系列事情来分析，大概是希望大隈派能对大同学校有所支持。3月18日，横滨大同学校举行开学典礼，兼庆祝犬养毅就任大同学校校长，与会者有梁启超、全校教职员及当地华侨百余名，日本方面则以大隈为首，还有犬养毅、高田早苗、望月小太郎、大石鲭吉、中西正树、宫岛大八、宫岛寅吉、柏原文太郎等。日方人士从东京乘火车于上午11时40分赶到横滨，大同学校职员前往迎接，相见毕，先由犬养毅率大同学校教职员参拜孔子像，次由大隈率同来之人参拜孔子像，随后在众人的陪同下，大隈等参观校园。参观完毕，众人来到操场，由

---

① 宫崎滔天：《三十三年の梦》，平凡社，1992年5月25日，第134页。
② 缩微胶卷《外务省记录》，440028号等。
③ 据《外务省记录》第440045号载选举结果：

总理	局留地	二百九番	李瑞芜
副总理		同三十番	郑席儒
同		同五十番	郑雅亭
同		同百九十三番	卢兰衰
同		同百二十六番	刘杏村
同		同一番	鲍芳照
同		同百三十一番	卓漫坡
以上新任			
协理			林北泉
同			冯镜如
同			卢基庚
同			阮翘生
以上再任			

④ 缩微胶卷《外务省记录》440057号、440062号。

犬养毅发表就职演说，大意是：

> 他极赞成侨居日本国诸君在日本设立学校，教育子弟以谋清国文明之举，对众人委以其校长大任，深感荣幸，他说他原奉孔子之教，孔夫子之教者，以"仁"为修身、齐家、治国、平天下的基础，所以"理义"为经万世而不敢渝之真理。清国是古来文明之国，目下之所以劣于欧洲，是由于背离了治国平天下的方法。若改变正了这种态度，则毫无疑问会成为堂堂文明之国。而欲导其入文明之途，则视其教育如何等。①

可见，犬养毅的意思是，中国之所以落后，是由于违背了先圣之道，而要改变此种状态，还要先恢复先圣之教，从教育人做起。

会后，众人又移坐于中华会馆，由大隈发表演说，他在演说中也提到了孔子之教：

> 今日横滨诸缙绅及有力诸君请余所最亲爱之良友犬养君为大同学校校长，余亦受诸君之邀请得预兹盛会，何幸如之。尤可喜者，因此得瞻仰孔子圣像，高山景仰，愈增钦慕。犹记四十年前，余在乡校修学，其时校中规模，亦与此略同，校中亦奉祀孔子，余当时年仅十余岁，日夕瞻礼，距今已数十寒暑矣。今复谒圣，颇增感想，余历游欧美，遍观各国，察其盛衰之故，见其国民勤奋勇进者无不强；其国民偷安守旧者无不弱。因念我东方支那日本两国当三十年前，风气未开，专守旧学，因此日渐积弱，致远落西人之后。我日本同人知其根由，急速变通，故文明

---

① 缩微胶卷《外务省记录》，440057号、440062号。

亦以颇进。夫我两邦同被孔子之教，孔子之教有体有用，以三纲五常为体，以利用厚生为用，其义本属周备，但降及后世，失其本意，于利用厚生之学，阙而不讲，非孔子之意也。今日之要，惟当勤奋勇进，共厉于实学，如地理学、植物学、动物学、矿物学、政治学、经济学（即理财学——原注）等，一一习之，以增进国民之智慧，助国家之文明，追孔子之本旨，是余所厚望也。①

在大隈看来，中国和日本之所以远落后于西洋，除偷安守旧之外，乃是因近世失去孔子之教本意，于孔子利用厚生之学阙而不讲。所以，若想使国家进入文明之域，就必须追孔子之本旨。大隈认为，孔子之教"其义本属周备"，地理学、植物学、矿物学等等实学，乃属于孔子之教里利用厚生部分，它与孔子之教的另一部分如鸟之双翼，车之两轮，并行而不悖，缺一而不可。西洋之学问，与孔子之教，并无扞格，摄取西洋文明只是补足孔子之教的利用厚生部分。大隈这种看法与康、梁的变法理论有极大的不同。众所周知，梁启超在戊戌变法期间基本的思想取向是"变"，用他自己的话来说是，"中国自汉以后的学问全要不得的，外来的学问都是好的"②。在他那里，中学和西学存在着某种程度的对立，所以他要"变"。而大隈则不然，在大隈眼里，东洋与西洋的学问并不存在对立，西洋学问对日本的传统学问的关系并不那么紧张，日本只需对其吸收以补自身的不足，自可以进入文明之域，因此大隈基本思想取向是"摄取"而不是扬弃。明治期间，此种思想取向也反映在其他的日本启蒙思想家身上，因此日本在近代化的过程中，未出现

---

① 梁启超：《大同学校开校记》，参阅光绪二十五年二月二十一日《清议报》。
② 梁启超：《亡友夏穗卿先生》，《文集》之四十四（上），第22页。

过重大的动荡，从而表现出一种不同于中国的模式。

犬养毅与大隈的演讲，并未具体涉及清朝的改革等问题，只是用日本的经验来反证中国背离孔子之教，并强调教育与国家兴衰的关系。他们的这种主张，对当时一心想救出光绪帝，进行自上而下改革的梁启超来说，无疑产生了一定影响。如果说犬养毅和大隈等人对梁启超后来的思想起过潜移默化的作用，也并非牵强之谈。

康有为与梁启超做完了这一系列的事情以后，在救光绪帝的事上，于日本方面似乎已无事可做，康有为不得不踏上新的旅途，去欧美等国寻求援助。1899年2月22日，康有为在日本人中西重太郎等人的护卫下乘和泉丸出发了[①]。而梁启超则留下来，以《清议报》为阵地，开始了他的宣传工作。从他踏上日本国土到其师康有为离开日本赴加拿大，短短的四个多月的时间过去了。在他登上大岛舰时，他是怀着君恩友仇两未报的心情赴日本"欲作秦廷七日哭"的。谁知在他到后不久，执政的进步党与自由党便分裂，随之他所寄予希望的大隈内阁也倒台，遂使他们失去了救光绪帝的凭借。新上台的山县内阁不但对他们十分冷淡，甚至在清政府的要求下迫使其师离开日本。尤其令梁启超感到不愉快的事，是在他和其师以之为维新样板的日本，一些人士对他和其师所领导的戊戌变法竟不以为然，他和其师认为是惊天地泣鬼神的壮举，日本的一些人士却认为是急激误事。对这些意见，梁启超虽认为不能苟同，并予以驳斥，但不能不在其心中引起震动。他在到日本后所写的《南海康先生传》中，将他的老师比作先时人物，他说："先时人物者，实过渡人物也，其精神专注于前途，以故其举动或失于急激，其方

---

① 缩微胶卷《外务省记录》，440066号。

略或不适用，常有不能为讳者。"①梁启超到日本后能这样地评价他的老师，不能不说是受到日本方面的影响。尽管梁启超在初到日本的日子里遇到很多挫折，但是他并没有灰心，他办《清议报》斥后保皇，为光绪帝复权做好宣传工作，同时借助日本进步党的力量，加强大同学校建设，为维新事业培养新生力量。而其师则离开日本，赴欧美寻求新的帮助，继续其帮助光绪帝复权的活动。

在此后的日子里，梁启超又和他的老师康有为一起组织了一次试图以武装营救光绪皇帝的行动，这就是著名的自立军之役，为此事梁启超倾注了全部精力，奔走于南洋、上海和日本等地，积极向海外华侨募饷。可惜因起义多次延期，事机泄露而失败，梁启超的好友和学生多人惨遭杀害。这次失败对梁启超的打击实在太大，曾一度使他一蹶不振，心灰意冷。但他在痛定思痛之余，认识到要改造中国，并不能仅依靠一个光绪皇帝，而应该走自下而上的道路，从教育人民做起。于是，他在日本的土地上，通过日本人的著作和译著，摄取西方学说，开始了他的新民工作。

---

① 梁启超：《南海康先生传》，见光绪二十七年十一月十一日《清议报》，第2页。

第二章 福泽谕吉启蒙思想与梁启超

第一节 福泽谕吉的身世和师承对其思想的影响

梁启超与日本的福泽谕吉分别为中国和日本的启蒙思想家,他们各自都为自己国家的启蒙事业做出了卓越的贡献,但在思想形成上却各有不同的经历。福泽谕吉比梁启超大37岁,梁启超亡命日本时,福泽谕吉早已成名。那年《福泽谕吉全集》五卷本正在刊行,他已是63岁的老翁,因患脑出血,躺在病床之上。

梁启超与福泽谕吉身世不同。梁启超的先祖迁居新会后,虽世代务农,自耕自食,但自其祖父时已发生变化。据梁启超说,梁家到其祖父梁维清时已"肆志于学"[①],其祖父考中秀才,做过一县的教谕,后辞官归乡,梁家过的已是"田可耕兮书可读,半为农者半为儒"的生活。其父莲涧虽屡试不第,但也教授乡里,是一位很有威望的乡绅。梁启超更是少年得志,他童年时即受过良好的

---

① 梁启超:《哀启》,《合集》专集之三十三,第27页。

家庭教育，又加上天资聪颖，勤奋好学，自小被称为"神童"。12岁去广州参加府试，考中秀才，补了博士弟子员。后又入广州著名的学海堂读书，17岁时参加广州乡试，一举考中，成了一名年轻的举人。主考官李端棻看上了梁启超的才干，主动托副考官王可庄做媒，把自己的堂妹李蕙仙许配给他，这样，梁启超以少年科第，又加上尚书大人与他攀亲，可以说是前途似锦。

福泽谕吉不像梁启超那样幸运。他于天保五年十二月十二日（1835年1月10日）出生在日本大阪的堂岛。他的父亲叫福泽百助，是丰前（现在的大分县）中津藩的一个小禄的下级藩士。其年俸仅有13石，按地位说，比一般士兵（足轻）稍高，在士族中属于最下层。当时社会上门阀等级制度十分森严，等级地位一旦确定，数代沿袭不变。所以，百助虽勤勤恳恳，奋斗终生，而家境并无丝毫改变。据谕吉回忆，其父当时虽有数次机会可以离开大阪，但考虑到无论到了哪里，也逃不出这种门阀制度的牢笼，所以一生委曲求全，忍辱负重，直到去世。福泽谕吉共兄弟5人，上边还有1个哥哥3个姐姐，谕吉出生那年，他的父亲43岁，母亲31岁。家境虽然不好，但因生了个男孩，谕吉的父亲十分高兴。谕吉出生时，身体虽然瘦弱，骨骼却十分粗壮，产婆说，这孩子只要喂养好了，将来一定会成为一个了不起的男子汉。按日本习俗，财产是长子继承，百助已把自己的财产留给了谕吉的哥哥，而打算等谕吉长大了送他到庙里去做和尚。他的决定自有其理由，因为当时日本的门阀制度根深蒂固，数百年不动，龙生龙、凤生凤的信条乃是天经地义，小藩士的儿子则永远是小藩士。而送到庙里则不然，不论何种出身，只要皈依佛祖，刻苦修行，最后成为方丈等的例子却屡见不鲜。后来谕吉长大后，每当想起他那束缚在门阀制度下悒郁不得志的父亲的爱子苦心，常常一个人暗暗落泪，同时也更加痛恨封建门阀制度。谕吉的名言"门阀制度者家父之仇雠也",即是他少年时痛苦经历的反映。天保七年(1837年)六月,其父不幸病死,孤儿寡母,无依无靠。在无可奈何的情况下,其母只好携带谕吉兄弟5人,回到了故乡中津,当时谕吉最大的哥哥只有11岁,而谕吉还未满2岁①。

谕吉少年时代很聪明,且以手巧闻名乡里,年稍长,即在家里从事木屐的制作及刀剑的细加工等事,帮助母亲维持生活。母亲性格恬静,从不过多责怪谕吉。但谕吉家的家风极为谨严,由于父亲的遗风和母亲的感化力,福泽家非常和睦,兄弟之间从未吵过架。他们经常有一些有趣的问答,从中我们可以看出谕吉的志向,据《福翁自传》载:

有一次谕吉的哥哥问谕吉:
"你将来准备干什么呢?"
谕吉回答说:
"啊,干什么呢?对,我想先成为日本第一的大富豪,大把大把地花钱。"
对这样的回答,谕吉的哥哥只有苦笑。
"那么哥哥想干什么呢?"谕吉反问道,
"一生唯有孝悌忠信而已。"谕吉的哥哥只回答了一句话。
"欤?"
谕吉表示极不理解,就这样结束了这次谈话。②

---

① 福泽谕吉:《福翁自传》,《现代日本思想大系》第二卷《福泽谕吉》,筑摩书房,1966年7月25日,第62页上~63页上。
② 同上书,第66页。

这种志向贯穿了福泽谕吉的一生，以致他到了成年也经常好谈论金钱的重要性，所以他被同时代人视为功利主义者或物质主义者，称其为"拜金宗之开山"①。福泽的这种志向，当然与少年之时即把"淑身与济物"作为自己立身大道的梁启超有很大的不同。

谕吉不像梁启超那样，四五岁起即就祖父和母亲膝下授以《四子书》《诗经》，谕吉读书较晚。据谕吉自己说，他像天下所有的孩子一样，小时候并不喜欢读书，所以他十四五岁时才去私塾读书，当时和他一样大的孩子都已读《诗经》《书经》。他却从《论语》《孟子》和《蒙求》开始，由于他天资聪明，能举一反三，所以每晚大家讨论时，往往能胜过先生，解先生不能解之义。当时附近的私塾里村师俗儒居多，因不能满足谕吉的求知欲，他便多次更换地方，辗转曲折，最后来到汉学家白石照山的门下。

梁启超一生学术和事业的基础，应当说是起于万木草堂的教育，用他自己的话来说是："平生知有学自兹始。"②若论谕吉之学术基础，亦应说是自于白石照山。谕吉在照山门下共学习四五年，此期间，他深受照山的影响，尤其照山的国权思想对他影响最大，所以，若想清楚谕吉思想之渊源，便不得不对照山的学统作一番简要的介绍。

据渡边澄夫《大分县之历史》载：近世使大分县的儒学大放异彩者共有三家，他们是三浦梅园、帆足万里、广濑淡窗的汉学，当时，他们被称之为"丰后学"。在小藩林立的政治风土中，他们三家不只停留在儒学研究之上，而是把西洋思想，尤其是兰学之精华与儒学研究熔为一炉，形成了具有独特性的哲学思

---

① 松本三之介：《明治精神の构造》，岩波书店，1995年4月20日，第36页。
② 梁启超：《三十自述》，《合集》文集之十一，第17页。

想和学问体系①。

梅园比万里和淡窗早约五十年,他于享保八年(1723年)生于国东半岛的富永村,一生除了几次短期的旅行以外几乎没离开过藩地。元文四年(1739年)师事杵筑藩的绫部纲斋,翌年师事中津藩的藤田敬所,随后独自钻研西洋的天文历法,穷究天地之真理,在自己的"反观合一"基础之上,创造了他自己独立的体系"条理学"②。

万里晚于梅园,于安永七年(1778年)出生在日出藩家老之家。其父帆足通文与梅园相友善。最初万里在小浦的胁兰室里学习汉学,随后又游大阪的中井竹山和皆川淇园之门,享和年间访日田的广濑淡窗,最后拜在筑前博多的徂来学者龟井南溟的门下。享和三年,他在其乡开稽古堂收徒讲学,创立一个新学派,即"穷理学"学派。"穷理学"相当于现在的物理学和哲学,是一种包括哲学和自然科学的广泛的学问体系。这种学问可以说是对梅园的西洋科学思想体系的批判地继承。

对于梅园和万里的中西合璧的"条理学"和"穷理学"来说,淡窗只是继承了龟井南溟、昭阳父子的学问,对兰学等西洋思想并未加以吸收。这点他与梅园和万里存在着很大的差异③。

当时,所谓"丰后学"特别是梅园的"条理学"与万里的"穷理学"对大分县的儒学产生了巨大的影响。以中津为中心,丰前的思想界也被其波及。据《福翁自传》论载,福泽谕吉的哥哥即深受帆足万里学风的影响,对"算盘学"有很高的造诣④。万里的弟子野本

---

① 渡边澄夫:《大分县之历史》转引自今永清二《福泽谕吉の思想形成》,劲草书房,1979年5月25日,第12页。
② 今永清二:《福泽谕吉の思想形成》,劲草书房,1979年5月25日,第8页。
③ 同上书,第9页。
④ 福泽谕吉:《福翁自传》,第67页下~68页上。

白巖在中津藩藩校里执教，隐退后在宇佐开馆授徒，在此种意义上说，丰前特别是中津、宇佐之汉学，也深为梅园、万里学风所被。

梅园、万里学问除了把西洋的科学思想与自身的儒学相结合之外，还有一个共同的特色，那就是极讲究经世致用。比如梅园著《价原》，从经济学的角度论述富国之术；万里的代表作《东潜夫论》，则针对幕末日本的内政与外交问题展开讨论，从而阐述他自己的政治与经济理论。

梅园和万里经世致用思想最好的继承者是万里的高徒野本白巖。白巖名珵，字伯美，通称武三，号真城山人。他极重视其师的海防论，即《东潜夫论》，并加以发扬。他于嘉永四年上京，向提倡对外强固论的德川齐昭上《海防论》，当时由于欧美列强对亚洲诸国的侵略，日本的国际环境发生了巨大的变化，此种变化使日本的知识界产生了深重的危机感，而《海防论》正是这种危机感的产物。据日本学者今永清二氏的研究，《海防论》共分为四部分：

（一）海防论提出之理由。

（二）大舰论之提倡。

（三）海外发展论之展开。

（四）大舰主义海外发展论之实践。

第一部分，海防论提出的理由分为两条：

（1）由于时势的变化，西洋列强的入侵而造成的国难。

（2）国内的人心离反。

要而言之，是针对国际和国内形势而提出的海防策。

第二部分是提倡大舰论，它包括两部分，其一是建造近代的军舰和大炮，建立近代的海军。其二是确立封建制下的国防体制。

第三部分是海防发展论之展开。用造成之战舰的半数防卫周边海洋，而以另外一半从事海外调查，周游列国，有时也从事实战训练,但不排除劫掠,赤裸裸地宣扬侵略论。此外还强调事物不进则退,要求改变幕府消极外交政策,实行"船坚炮利"即大舰论的海防政策,强调"南进""北进"之膨胀主义方针的必要性。

第四部分是海外发展论之实践,白巌认为,《海防论》的实践是为了天下万民,所以他希望德川齐昭"唯有决行"此种政策①。

由此可见,白巌这种由西洋列强侵略产生的危机感而形成的《海防论》,其最初目的也许是为了维护民族的独立,但若论其本质,乃属于一种积极的海外发展之策,可以说是一种不折不扣的侵略理论。

福泽谕吉的老师白石照山师事野本白巌时,正是白巌在中津藩校进修馆为儒官之时,因此他深受白巌影响。作为幕末维新时期思想家,照山和其师白巌一样,在越来越深刻的民族危机面前,对日本的前途怀有深深的忧虑,主张谋求国权的确保与伸张。他不满幕府与西洋列强缔结的不平等条约,用诗来表现他的强烈愤懑之情:

初与膻夷为兄弟,条约一切任他情。
吾国荡荡自神武,不战怪为城下盟。

又云:

皇国永传神武风,从来天地一无穷。
膻夷莫谄胡元辙,万里长城有水公。②

---

① 今永清二:《福泽谕吉の思想形成》,参照《野本白巌の海防论》一段,第17~44页。
② 白石照山诗,转引用今永清二氏《福泽谕吉の思想形成》,第64页、68页,68页词原为汉文。原文:"はじめて膻夷と兄弟となり、条约一切他情に任す。わが神武より荡荡たる国、战わずして城下盟をなすを怪む。"

照山的遗稿中有《赵鼎论》和《备鲁西亚策》，颇能代表他的国权确保和伸张主张。日本学者金井清二氏指出，照山《赵鼎论》的执笔动机，乃是用南宋的历史来影射幕府政府。在照山看来，南宋面对当时北方强国金的侵略，未能国论一致，使攘夷运动顺利展开，以克服国家和民族危机。而现在日本的情况正与南宋相同，在欧美列强侵略的危机重重的国际环境中，幕府政府就好像秦桧，而幕府的批判势力也未能团结一致，招致了日本国势不振。这从而表现出照山在民族危机面前，要求集结国内舆论，克服外交危机的强烈愿望[①]。

《备鲁西亚策》是照山为了对付北方沙俄的武力威胁而写的国防策，他主张把虾夷（北海道）的土地分给奥羽的地方诸侯，使他们半年从事自己封地的藩政，半年负责北方国土的防务。它与《赵鼎论》一样，也是民族危机下的产物。日本学者小野精一氏认为：照山对于藩镇体制的重视，与白巖在国防上实现封建制理想的海防策是同等性质的东西[②]。

由以上的师承关系可以看出，幕末的所谓"丰后汉学"从梅园的"条理学"、万里的"穷理学"、白巖的《海防论》到照山的国权思想，都贯穿着一种强烈的经世致用的精神，这是幕末日本知识分子在西洋列强侵略面前的一种危机意识的反映。随着民族危机日益加深，一些忧国之士深感忧虑，他们殚精竭智，希望用自己的学说使大和民族免于灾难，这自然可以说是十分正常的事情。但是也应当注意到，在防备外患的基础上如过分地强调国权的确保

---

① 今永清二：《福泽谕吉の思想形成》，第65~66页。
② 小野精一：《野本白石遗芳》，第188~190页，转引自今永清二：《福泽谕吉の思想形成》，第68页。

与伸张，就很容易走到反面，而形成一种侵略性的理论。丰后的汉学对当时的中津、宇佐一带产生了巨大的影响，福泽谕吉青少年时代正是在这种学风熏陶下成长起来的。从福泽的思想上可以明显地看出照山和白巌的影响，这表现在福泽谕吉以后的"亚洲改造"论和"脱亚"论上。福泽谕吉的《脱亚论》一文是明治十八年（1885年）发表在《时事新报》上的一篇论说，文章并不太长，其主要的意思是要脱离亚洲，而进入到欧洲资本主义列强的队伍中去。他认为现在文明开化像麻疹一样流行，是一股不可抗拒的潮流，而中韩两国还违背着这种被传染的自然规律，强闭居于一室，绝空气之流通，窒塞其中，奉行着古风专制、无法可恃的制度。由于三国地利相接，在西洋人眼里，也把日本当成是还没有法律的国家，因此在外交上间接地造成了很多障碍，此事应该说是日本国的一大不幸。在他看来，虽然日本对中韩两国有辅车唇齿及邻国相助等义，但是为今日日本而谋，日本不应对其进入文明社会，从而共兴亚洲之事抱有希望，而应脱离它们，与西洋文明国共进退。他强调虽然与恶友亲近者不与之共担恶名，但对日本人来说，应谢绝东亚之恶友[①]。对于福泽谕吉这种由国权论演变到"脱亚"论的过程，日本的丸山真男氏曾把它概括为亚洲连携→改造亚洲→分割亚洲的三个阶段。今永清二氏也曾对其"脱亚"论有过专门论述，他说：

> 从明治十四年政变后可以看到福泽谕吉之国权论的正式展开，这是一个从"东洋盟主"论向"脱亚"论的发展过程，它最后的结果落实在追赶西洋文明、近代化了的日本的前进方向上，即日本指导那些引进西洋文明迟缓，还停留在野蛮状态的亚洲

---

① 福泽谕吉：《脱亚论》。

近邻诸国,并把它们殖民地化。对福泽谕吉而言,文明开化即意味着一国独立。在一国独立完成基础上建造的"东洋盟主"论和"脱亚"论这正是照山、白巖所拥有的国权思想发展的产物。①

由此可见,照山、白巖等的国权思想,在福泽谕吉的身上得到了充分的发展,并使之走上了极端化的道路。因此,也可以这样认为,福泽谕吉的思想在把日本引上了现代化道路之后,又把这种现代化引上了歧途。

第二节　福泽谕吉与西洋文明的初次接触

据《福翁自传》记载,福泽谕吉在照山门下一学就是四五年,其教材大部分是汉籍,他尤其喜欢《左传》,曾经通读过11遍,一些有趣的段落,他甚至能够背下来②。福泽的学问虽然从汉学入门,但是,他对西洋学,特别是英国的学问很早就加以注意,随后其一生都对儒学展开了彻底的批判③。

他真正地接受西洋学问是在去长崎游学时。据《福翁自传》载:

安政元年(1854年)二月,那年福泽谕吉刚好21岁,当时中津藩地里的知识人,不仅没有能读横排版书(西洋文)的人,甚至连西洋文见都没见过。虽然大都会里百年以前就有洋学,但由于中津属于乡下,一时未受波及,所以中津的学者连西洋原典都没有见过。那时正好是贝利来航之时,美国的军舰到了江户一事已家喻户晓,学习炮术极为盛行。当时学习炮术的人都学荷兰流的炮术,

---

① 今永清二:《福泽谕吉の思想形成》,第76页。
② 福泽谕吉:《福翁自传》,第64页上~下。
③ 今永清二:《福泽谕吉の思想形成》,第3页。

大家经常提到原典。当时,连什么叫原典都不知道的福泽谕吉问他的哥哥:"为什么研究荷兰炮术不读原典不行呢?原典是什么意思呢?"其兄回答说:"原典就是荷兰出版的横排版的书,现在日本虽然有记载西洋事情的翻译书,但是真正要了解事情的时候,不读大部头的荷兰原典还是不行的。怎么样,你真想读原典吗?"福泽谕吉说:"只要是人读的,不管什么横排版还是什么版的都能读的。"①

就这样,他来到长崎,从abc开始学习荷兰文,这是他正式接触"兰学"之初。

福泽谕吉在长崎大约学了一年的"兰学",因与中津藩家老的儿子奥平壹岐不和,遂离开长崎,前往大阪,入绪方洪庵的适塾继续深研"兰学"。安政五年(1858)十月,福泽为藩命所召,成为江户藩邸的"兰学"教师。在江户,他住在筑地铁炮洲藩的中屋敷里,在那里,他开私塾招弟子,教授"兰学",这即是庆应义塾的前身。

翌年(安政六年,1859年)福泽谕吉去开港后的横滨游玩,面对西风渐兴的海港,他感慨万端,认为对新时代来说,荷兰语远不及英语。从此以后,他抛弃"兰学",转而从事"英学"。当年冬,为了交换日美通商条约的批准书,日本将派出使节团乘咸临丸赴美。福泽谕吉听到这个消息后,特别提出请求,要以军舰奉行木村摄津守的从仆身份,成为使节团的一员,前赴美国。美国之行,成为福泽人生的一个重大的转折点。福泽回忆他初到美国时的情景说:

> 我生来并没有做过新娘,但新娘刚住进陌生的婆家,被卷入

---

① 福泽谕吉:《福翁自传》,第73页上~下。

一群为自己不熟悉的人中，不断地被奉承着，在有说有笑的众人面前，拘谨地修饰仪表，以免为人所笑，新娘那种红着脸，不知如何是好的痛苦和难堪，可以说是深刻地体会到了。未离日本之时还是天下独步，旁若无人，无所恐惧，威风凛凛的磊落之士，一到了美国，竟变成了一个腼腆的新娘。这些事，自己想起来也觉得很可笑。①

福泽谕吉在美国碰到了很多他难以理解的事情，他为女尊男卑的风俗所惊奇②，废铁像垃圾一样被扔掉也使他感到不可思议③，异质文明的刺激使他眼花缭乱。有一次，当他向别人询问华盛顿的子孙现在如何时，那人回答说："华盛顿的后代大概是个女人，现在究竟如何也不太清楚，可能成了谁家主妇吧。"④这种漠不关心的冷淡态度，使福泽大为不解。在他的头脑中，华盛顿在美国的地位，应当像源赖明、德川家康在日本的地位一样，他的子孙在美国一定是一个十分不得了的人物。但事实上并非如此，美国人竟会对这样的事很冷淡，这是福泽无论如何也想不通的。

德川幕府时期的社会是身份社会，它以人的出身和家庭来作为衡量人的价值的尺度。但在近代市民社会，人的价值并不是由出身和家庭决定，而是由其自身之行为和业绩决定的。美国之行，使福泽为自己与此社会最基本的价值观的距离而感到困惑。可见，福泽的美国之行，无论是对其学问，还是对其思想，都给予了一个新的刺激，并使其获得了一个新的视点。归国后，他把在旧金山得到

---

① 福泽谕吉：《福翁自传》，第111页下～112页上。
② 同上书，第112页上～下。
③ 同上书，第113页下。
④ 同上书，第113页下。

的清朝人的著书加以翻译，取名《增订华英通语》，于万延元年（1860）出版，这是他最初出版的著作。他在此书的凡例中写道："宜译此书以回答国家之急务"，从而明确道出了他译此书的意图，是要解答开港后日本出现的各种问题。也就是说，他已十分自觉地把解决当时国家出现的问题当成了他治学的目标①，从此也可以看出照山等经世学风在他身上的体现。

文久二年（1862年），福泽谕吉作为幕府遣欧使节的随员，访问法、英等欧洲诸国。这次访问在他思想形成上是更重要的一环，据《福翁百余话》载：

> 弱冠时即志在洋学，游学长崎大阪，来江户时，年二十五岁。随后游美国，然后又去欧洲，与学业渐进之同时，亲接欧美文明之活剧，无限钦慕，特别是其注重人权一事，为呼吸着封建门阀制度空气之日本人游梦未及。目睹眼前之事，唯有使人茫然心醉而已。在法国巴黎书店买书时，当听到书店主人是当时某国务大臣之亲弟时，那就好像是听到日本江户的书店须原屋茂兵卫是御老中大人的亲弟一样。当然，不可理解之事还有很多，向同行之人谈起，大家都惊奇且感动。②

自幼年始即已对门阀制度万分痛恨的福泽谕吉，大为欧美社会的平等精神所感动，在他看来，若要想让日本进入文明社会，与欧美国家并肩，只有走"文明开化"之一途。因此，他反对当时的"尊王攘夷派"，认为由"尊攘派"引起的内乱"会予外国势力介

---

① 松本三之介：《明治精神の构造》，第29页。
② 福泽谕吉：《福翁百余话》，《现代日本思想大系·福泽谕吉》，第149页下～150页上。

入以口实"①。他在庆应二年（1866年）上给幕府的建议书中说，"由于世间尊王攘夷等妄说之流行，使国内生出多少混乱"②。在他看来，无论是"勤王攘夷"派，还是"佐幕攘夷"派，若究其实质，都是地地道道的"攘夷派"。他们对国家的前途持一种不负责任的态度，假使将国家变焦土也不能不攘夷。在他看来，这些攘夷家们实际上乃是一群祸国之徒，"若将国家交给这样一群愚蠢而野蛮人之手，则亡国就在眼前"。这样，福泽谕吉一方面批判日本国中的"攘夷"论，一方面大力宣传他的"文明开化"主张。庆应二年，他的著作《西洋事情》开始发行，这是福泽谕吉几次访问欧美的总结。此书分（政治）税法、国债、纸币、外交、兵制、文学技术、学校、报纸、医院等25章，将西方政治制度、外交准则、社会设施等广泛地作了介绍，"此书在幕末至维新的一段时间里产生了惊人的影响，启蒙思想家福泽谕吉也因此名声鹊起"③。

此后，福泽谕吉以幕府军舰接受委员随员的身份去美国一次。这次去美国，福泽谕吉从幕府里领到的钱比前几次多，又加之旅费全部是官费，他就将领到的钱大部分用于购置英文原典，从大中小各类词典，到地理、历史、法律、经济、数学等各个门类，几乎无所不包。当时，这些书是最早被带进日本的原典④，通过这些西洋书，使福泽谕吉加深对西洋的了解，对其西学的进步，起了很大的作用，成为他日后鼓吹近代精神的精神食粮。福泽回到日本后，大力鼓吹近代精神，《福翁百余话》云：

---

① 丸山真男：《丸山真男集》第五卷《福泽谕吉》，岩波书店1995年11月，第330页。
② 家永三郎：《福泽谕吉の人と思想》，《现代日本思想大系》第二卷，第17页。
③ 丸山真男：《丸山真男集》第六卷，第119页。
④ 福泽谕吉：《福翁自传》，第141~142页。

回来后，在翻译和著述方面，虽比以往更忙，但为全体社会而打破门阀制度的信念却更加强烈，此事在师友的谈笑间被当成极热门话题。提起殿大人则为暗弱任性之异名，说起国家老（藩家臣的头目）则意味着老聩昏庸，自德川将军开始被称作旗本八万骑（江户时代直属德川将军，可以直接动员的兵力），被当作八万个只会作威作福的柔弱无骨的武夫来加以嘲弄。我们虽然对他们极为厌恶，但是由于身居学者社会，多少还有些头脑，同时也没有直接冒险攻击社会的胆略和勇气，因此只是暗中危言耸听，教唆变乱，然后袖手以待。那时，世中演成维新之局，维新之后，立开废止门阀之端绪，真是千载之快事，当时可以这样形容洋学者们的心情，那无异是坐在剧院中看自己亲自创作的戏剧一样。①

明治维新以后，新政府发表了《五条御誓文》，阐明了新政府的基本方针。明治政府的新的目标即是"富国强兵"与"文明开化"。从口号的性质来说，"富国强兵"反映了大和民族抵抗西洋侵略的愿望，而"文明开化"又是达到"富国强兵"的重要途径，这与当时日本一部分洋学者的思想基本一致。于是，明治七年（1874），日本当时指导启蒙思想家的文化团体明六社成立了。社长为森有礼，成员有西村茂树、中村正直、加藤弘之、西周、津田真道、福泽谕吉、箕作麟祥、杉亨二等人。明六社于同年三月创刊的机关杂志《明六社杂志》，成为这些洋学者的舆论阵地。这样明治初期的启蒙运动便轰轰烈烈地展开了。

---

① 福泽谕吉：《福翁自传》，第150页上。

第三节 福泽谕吉的"以西洋文明为目的"与梁启超的《文野三界之别》

福泽谕吉的《文明论之概略》和《劝学篇》,是福泽谕吉的代表作。据说,福泽谕吉写《文明论之概略》时,参考最多的书是伯克尔①的《英国文明史》(Buckle, Henry Thomas, *History of Civilization in England*, 2卷, 1857~1861)和基佐②的《欧洲文明史》(Cuizot, *General History of Civilization in Europe*, 1828)。我们若将《文明论之概略》卷三《智德之辩》一章与土居光华、萱生奉三共译的《伯克尔氏著英国文明史》(1879年)相对照,则会很清楚地看到伯克尔在何等的程度上影响着福泽谕吉。而且,伯克尔对《劝学篇》的影响也十分明显。比如,这种影响在《劝学篇》的第十五编中就能清楚地表现出来③。

---

① 伯克尔(1821.11.24~62.5.29)英国历史学家,伦敦富商之子,因病未受到过学校的教育,20岁前后成为国际象棋名手。父亲去世后,随其母去欧洲大陆旅行,其后(1840~1844)立志研究文明史,他的 *History of Civilization*(1857年,第一卷)出版后使他声名大振。他极重视土地、气候、食物等自然条件对人类文化发展的影响,提倡一种唯物论的历史哲学。明治前期,他的著作被介绍到日本,对日本的思想界产生了巨大的影响。
② 基佐(1787.10.4~1874.9.12)法国政治家、历史家,生于新教家庭,父亲在革命中被处刑。1805年,他来到巴黎,学习法律学,后又转学文学,曾翻译过吉本(Edward Gibbon, 1737~1794)《罗马帝国衰亡史》(*The History of the Decline and Fall of the Roman Empire*, 6卷, 1776~1788)。1847年至1848年为法国首相,波旁王朝复辟期间在巴黎大学任教,为反对派,七月王朝期间历任内政大臣、教育大臣、外交大臣,二月革命后亡命英国,归国后长期从事写作。著书有《英国革命史》(*Histoire de larevolution d'Angleterre 1826~1856*)、《法国文明史》(*Histoire de lacivilisation en France*, 4卷, 1829~1830)等多种,而《欧洲文明史》即是其代表作之一。他用社会学的分析方法,使文明史的概念在历史学中得到确立,被称为法国近代史学的发轫。
③ 家永三郎:《福泽谕吉の人と思想》,《福泽谕吉》所收,第27页。

对于这点，福泽谕吉自己也并不讳言，他曾将西洋人的著作比作食物，说："食物虽为身外之物，但一经摄取消化之后，便不得不谓我体内之物。"所以，"如谓本书理论有可取之处，此并不因为余之理论高明，而是因为食物良好而已"①。此外，板仓卓造氏将韦兰德的《伦理科学原理》（Wayland, *Elements of Moral Science*）与福泽谕吉的《劝学篇》相对照，发现福泽谕吉《劝学篇》是以韦氏的《伦理科学原理》为蓝本而写成的。板仓氏指出，《劝学篇》的第二编、第六编、第七编、第八编乃是由韦氏著作演变而来②。但家永三郎氏则认为：福泽谕吉的著作虽以西洋人的著作为蓝本，但众所周知，他并不简单地留在生硬的改编和祖述上，而是完全融化在他自己的思想之中，变为他解决现实问题的思想武器，从而发挥了十二分的威力，此只能说明思想家福泽谕吉的思考力的强度而已③。尽管他们的意见多少存在着分歧，但都承认西洋人的著作对福泽谕吉产生了很大的影响。福泽谕吉在《文明论之概略》《学问のすすめ》《劝学篇》等书中，提到最多一词就是"文明"（civilization）。当时，在他的宣传下，"文明"一词像长了翅膀一样，飞遍了日本全国，对日本的"文明开化"运动产生了巨大的作用。日本学者石川祯浩在评论日本明治前期情况时说："19世纪乃是文明的全盛时期、是人们戴上'文明'眼镜来观察和认识世界潮流的时代。"④

---

① 福泽谕吉：《文明论之概略·绪言》，中公パックス《日本の名著》第三十三卷《福泽谕吉》，中央公论社1995年9月20日再版，第152页。
② 板仓卓造：《学问のすすめとWaylend's moral Science》，参阅家永三郎：《福泽谕吉の人と思想》，第27页。
③ 参阅家永三郎：《福泽谕吉の人と思想》，第27页。
④ 石川祯浩：《近代中国的"文明"与"文化"》，载 *Conference on European Thought in Chinese Literati Culture in the Early 20th Century*, Garchy, France, Septemher 12~16, 1995，第2页。

福泽谕吉启蒙思想最本质的东西，若用一句话来概括的话，那就是"文明主义，也可以说是对文明尊重的精神"①。

那么，"文明"的含义究竟是什么呢？

福泽谕吉认为，要讨论文明的问题，首先必须明确文明的含义，在他看来，文明的含义应有广义与狭义两种。所谓狭义的文明，是指"徒以人力改善人类的物质所需，或增加衣食住行的外表虚饰"。而广义的文明，那就不仅只追求衣食住行的安乐，而要"砺智修德，将人类引导向高尚之境界"②。他认为"文明只是一个相对的名词，其内涵之大，无涯无涘"。因此，只能说它是使人类"摆脱野蛮而逐步前进之物"③。福泽谕吉说：

> "文明"一词是英语civilization一词的翻译，而civilization是由拉丁语civitas演变来的。有"国"的意思。所以文明一词是形容人们之间的交际逐渐改善而奔赴一个良好的境界的词语，与野蛮无法之独立完全相反，有逐渐形成一种国家体制之意。④

那么具体来说，什么才能称之为文明呢？福泽谕吉认为，所谓文明是指"人的身体安乐，心灵高尚"，或"衣食饶足，人品高贵"。但是仅仅身体安乐就能称之为文明吗？福泽谕吉认为不是那样的，在他看来，"人生并不仅以衣食为目的，若仅以此为目的，人将与蚂蚁蜜蜂无异，而不合天理"；或者，仅以心灵高尚就能称之为文明吗？福泽谕吉认为也不是，如果那样，"天下之人都将成

---

① 松本三之介：《明治精神の构造》，第36页。
② 福泽谕吉：《文明论之概略》《文明の本旨老论守》，永井道雄：《福泽谕吉》，中央公论社，1984年7月20日，第180页。
③ 福泽谕吉：《文明论之概略》，第180页。
④ 同上书，第180页下、182~183页。

为身在陋巷、箪食瓢饮之颜回,此也不应谓之天命"①。所以福泽谕吉说:

> 如果不能使人之身心二者各安其所,则不能谓之文明,而且"人之安乐不应有限,人心之品位也不应有极"。所谓安乐,所谓高尚,是指"正在发展与进步之时"而言,所以"文明应谓人之安乐与精神之进步"。而且,"人之安乐与精神之进步乃是依靠人之智德而来"。因此,归根结底,文明应谓人类智德之进步。②

换言之,人类之智德越进步,人类就应愈文明。那么,人类的智德是如何进步的呢? 福泽谕吉说:

> 草昧时代人皆尚膂力,支配交际之物皆以膂力为准,交际之权不得不偏于一方。用人才能之处可谓极狭,文化稍进,世人精神逐渐发展,智力自然占有权力,且与膂力相对,智力与膂力互相制约,互相平衡,足可防止权威稍偏。可谓用人才能之区域稍增,然而,膂力专用于战争,社会无暇他顾,如求衣食住等物唯用战争之余力。是所谓尚武风俗也。当时智力虽勉强得到些地位,但因忙于维持野蛮人之人心,不能将其才能施于和好平安之事,而专用于治民制人方便之处,且与腕力互相依赖而智力无独立之地位。今试观世界诸国,不仅野蛮之国,即使是半开之国,智德者必以各种关系从属政府,唯治其依赖体力生活之人,或偶有为自身谋者,也不过是单修古学,或耽于诗歌文艺之中,可谓

---

① 福泽谕吉:《文明论之概略》,第180页下、182~183页。
② 同上。

尚未充分发挥人之才能。至人事渐次繁多，身心之需用次第增加之时，世间发明倍出，研究大起，工商繁忙，学问之道也多端并进。亦不可安于昔日单一之局，战争、政治、古学、诗歌等也仅成为人事中之一项目，而失其独霸之权威，千百之事业，并立发生，以相竞争，结局止于彼此同等平均之境，互相逼迫互相推进，逐渐人之品行不得不进于高尚之域，于此时智力方始居上位，以此可见文明之进步也。①

显而易见，在福泽谕吉看来，文明是随着德智的发展而进步起来的，而德智的发展，又是随着文化和社会的进化、武力与智力地位的逐渐转化而前进的。福泽谕吉将人类社会分为三个不同的进化阶段，他认为三个阶段乃人类进化的必经阶段，也可以称之为文明的发展过程。他说：

居无常处，食无常品，虽逐便利而成群，便利一尽，瞬间散去，而不留其痕，或定一处以事农渔，虽非谓不足衣食，但不知研制器械。虽非无文字，但不能成为文学，恐自然之力，依赖人为之恩威，唯待偶然之祸福，而不能从事研究，此名之为野蛮之人，可谓与文明相去甚远。

第二，农业之道大开，衣食亦非不具。建其家而设其都邑，其形虽成一国，而探其内实不足之处甚多。文学虽盛而务实学者少，就人间交际而言，虽猜疑嫉妒之心甚深，而谈事物之理时则无有发疑之勇，模拟之细工虽巧，而新物制造之功夫甚乏。知修

---

① 福泽谕吉：《文明论之概略》，《现代日本思想大系》第二卷《福泽谕吉》，第215页下～216页下。

旧而不知改旧,人之交际虽非无规则,而为习惯所压,规则不成体系。此名之为半开,现未达文明之境也。

第三,虽笼络天地间之事物于规则之中,于规则内则敢于自逞其精神,使风气活泼,不惑溺于旧习,能自支配其身而不依赖他人之恩威,自修其德自研其智,不追慕古亦不满足今,不安于小安而时谋未来之大成,有进无退,有达而无止,学问之道,不尚虚而开发明之基,工商之业日盛,而日深幸福之源,人智已为今日所用,以所余几分为后日之谋,此谓之今之文明,可谓与野蛮、半开相去甚远。①

如此看来,福泽谕吉是将他的文明论完全放在进化论的理论框架之中的,他认为人类社会的历史是一个由"野蛮"到"半开",最后达到文明的不断发展变化的历史。按他的逻辑,既然文明是发展变化的,所以"文明""半开化""野蛮"等名称自然就是相对的。在他看来,"在未达文明之时,不妨以半开化为最高之阶段,此种文明对半开化而言,固然应谓之文明,而半开化对野蛮而言,也不能不谓之文明"。一般而言,西洋各国虽有朝文明发展之趋势,但"绝不应认为其目前已达到尽善尽美之境"②。他说:

今后数千百年间,世界人民之智德大进,达到太平安乐之极,返观现在西洋诸国之状况,应愍然而叹其野蛮,以文明无限之角度观之,不应以西洋诸国为满足,西洋诸国之文明亦不足以满足。③

---

① 福泽谕吉:《文明论之概略》,第210页下、211页、212页上。
② 同上。
③ 同上。

那么，在福泽谕吉的眼中，当时世界各国的文明情况如何呢？福泽谕吉说：

> 当今论及世界之文明时，美利坚合众国与欧洲诸国为最上之文明国，土耳奇、支那、日本等亚洲诸国称之为半开之国，非洲及澳大利亚等则被视之为野蛮之国。此名称为世界之通论，西洋诸国之人民不仅独自自夸其文明，彼半开、野蛮之人民亦自服其名而不以为诬，自安其半开野蛮之名。敢于想夸耀自国情状况能出西洋诸国之右者几无一人。不惟独不这样想，稍稍明事理者，知其理后愈深从之，愈明自国之状况。愈明此理，则愈悟西洋诸国之不可及，于是患之，悲之，或思效法西洋或思奋起而与西洋并驾齐驱。亚洲识者终生所忧者唯此一事也。（顽陋之支那人近来也遣留学生赴西洋，可见其忧国之情矣。如此即可谓彼文明、半开、野蛮之名称，为世界之通论，为世界人民所共认也。共认者谓何，明显之事实具在，一见便知其为确证而不欺也。）①

按福泽谕吉的解释，既然人类的历史是一部从野蛮到文明不断发展变化的历史，而"发展变化的东西就必然经过一定的秩序和阶段，即从野蛮发展到半开化，又从半开化进入文明"，现阶段西洋各国又乃是文明发展的最高水平，那么顺理成章，师法西方自然是义无反顾的事了。所以，福泽谕吉说：

---

① 福泽谕吉：《文明论之概略》，《现代日本思想大系》第二卷《福泽谕吉》，第210页上~下。

> 我们既不能安于半开化,也绝不能退回野蛮之境,要脱离这两种地位就不得不另寻出路。……现在世界诸国,无论是处于野蛮状态还是处于半开状态,如想令本国文明进步,就必须以西洋文明为目标,而将其作为一切议论的中心。①

这样,福泽谕吉为日本的近代化设计了一条以西洋文明为目标的路线。

综上所述,我们可以很清楚地看到福泽谕吉文明观所包含的几个层次。首先,他认为文明乃是一种全人类追求的普遍价值。其次,由于文明是进化的,其发展又是有阶段的,所以世界各国的发展呈现出"文明""半开""野蛮"三种状况。最后,即日本当时的主要任务,那就是以西洋文明目标,赶超西洋文明。

福泽谕吉的这种文明观,对梁启超来说,应当是很容易接受的。因为福泽谕吉的文明论中的进化思想,对梁启超来说并不陌生。众所周知,梁启超最初的进化思想,是来自他的老师康有为和严复,他先在康有为那里接受了"变法"与"三世"的观念,随后又通过严复扩大了对近化论的了解。流亡日本之前,他到处引用"三世"之义来宣传他求变的思想:"吾闻春秋三世之义,据乱世以力胜,升平世智力互相胜,太平世以智胜。"他认为,"世界之进,由乱而近于平,胜败之原,由力而趋于智。故言自强于今日,以开民智为第一义"②。

不难看出,这与福泽谕吉的文明论中"膂力"与"智力"的论述有很多相同之处。尽管梁启超当时还未跳出其师"三世论"的窠

---

① 福泽谕吉:《文明论之概略》,《现代日本思想大系》第二卷《福泽谕吉》,第212页。
② 梁启超:《变法通议》,《合集》文集之一,第14页。

曰,但在进化问题上,他与福泽谕吉几乎是一致的。

梁启超对福泽谕吉极为钦佩,他把西乡隆盛和福泽谕吉称为"日本维新二伟人"①。据石川祯浩氏研究,梁启超在戊戌前即可能涉猎过福泽谕吉的著作,到日本后又确实读过福泽谕吉的《文明论之概略》②。石川氏的意见是正确的。梁启超来到日本后,在"肆日本之文,读日本之书,畴昔所未见之籍,纷触于目,畴昔所未穷之理,腾跃于脑,如幽室见日,枯腹得酒"③的情况下,"日本的伏尔泰"——福泽的书自应是先读之书④。而福泽之书,又深深地影响了梁启超,并通过梁启超介绍给中国读者,对中国的近代产生了深远的影响。

读过福泽谕吉的书后,梁启超的思想已逐渐产生变化,尽管他还在用"三世论"来套福泽谕吉的文明、半开化、野蛮三阶段论,但他已承认福泽谕吉的文明论乃是世界人民所公认的进化之公理,他说:

> 泰西学者分世界人类为三级,一级曰野蛮之人,二曰半开之人,三曰文明之人,其在春秋之义则谓之据乱世,升平世,太平世,皆有阶级,顺序而生,此进化之公理,而世界人民所公认也,其轨度与事实,有确然不可假借者。⑤

---

① 梁启超:《新民丛报》,第七号上以"日本维新二伟人"之题刊登了西乡隆盛和福泽谕吉的照片。
② 石川祯浩:《近代中国"文明"与"文化"》,第5~6页。
③ 梁启超:《论学日本文之益》,《合集》文集之四,第80页。
④ 宫村治雄:《理学者兆民—ある开国经验の思想史》,みすず书房,1989年,第1页。
⑤ 梁启超:《文野三界之别》,《合集》专集之二,第8页。

在梁启超看来,福泽谕吉的文明论,确实要比"三世论"运用起来灵活得多,他对福泽谕吉十分钦佩,他如饥似渴地读福泽之书,读到兴奋处干脆袭其句意,翻译谕吉之文,他在读到福泽关于文明的三阶段时,认为无复赞一辞,于是全用福泽原意:

> 第一,居无常处,食无常品,逐便利而成群,利尽则辄散去,虽能佃渔以充衣食,而不知器械之用,虽有文字,而不知学问,常畏天灾,冀天幸,坐待偶然之祸福,仰仗人为之恩威,而不能操其主权于身,如是者谓之蛮野之人。

> 第二,农业大开,衣食颇具,建邦设都,自外形观之,虽已成为一国,然观其内,实则不完备者甚多。文学虽盛,而务实学者少。其于交际也,猜疑之心虽甚深,及谈事物之理,则不能发疑以求真是。模拟之细工虽巧。而创造之能力甚乏。知修旧而不知改旧。交际虽有规则,而其所规则者,皆由习惯而成,如是者谓之半开之人。

> 第三,范围天地间种种事物于规则之内,而以己身入其中而鼓铸之,其风气随时变易,而不惑溺于旧俗所习惯,能自治其身,而不仰仗他人之恩威,自修德行,自辟智慧,而不以古为限,不以今自画,不安小就,而常谋未来之大成,有进而无退,有升而无降,学问之道不尚虚谈,而以创辟新法为尚。工商之业日求广充,使一切人皆进幸福。如是者谓之文明之人。①

由此观之,梁启超可谓完全地接受了福泽谕吉的文明三段论理论。但是,当时的梁启超做梦也未想到,在被他奉为"世界

---

① 梁启超:《文明三界之别》,第8~9页。

人民所公认的进化公理"的文明三段论中还潜伏着另一种因素,这就是福泽谕吉的三段论隐含着的那种对西洋文明的自卑感和对亚洲国家的歧视。在福泽谕吉看来,"文明既有先进和落后,那么先进者自然就要压制落后者,而落后者自然要被先进者所压制"①。这样,福泽谕吉就将后进民族被压制的原因归结为其本身文明的落后,而不是"先进文明"的帝国主义的罪恶。福泽谕吉的这种理论,客观上已经在为那些"先进文明"的帝国主义者的侵略行为作辩护,或者至少可以说是间接地为那些殖民主义者的侵略行为提供了合法的依据。

梁启超在接受福泽谕吉的文明三段论理论之后,其赶超西洋文明焦急的情绪溢于言表,他在《文野三界之别》一文中大声疾呼:"论世界文野阶级之分,大略可以此为定点,我国民试一反观,吾中国于此三者之中,居何等乎,可以瞿然而兴矣。"②

众所周知,戊戌政变以前,梁启超从他老师康有为那里接受了传统的"三世之义",那时他颇倾心于固有的"大同之义",他在给他老师康有为的信中声称他学成之后的目标是"救无量世界"③。毫无疑问,这里的"无量世界"指的是全体人类,可见他当时的理想属于世界主义的范畴,我们从其戊戌前的文章中可以看出他这方面的倾向:

> 抑吾闻之,有国群,有天下群,泰西之治,以其施之国群则至矣,以其施之天下群则犹未也。《易》曰:见群龙无首吉。《春秋》曰:太平之世,天下远近大小若一。《记》曰:大道之

---

① 福泽谕吉:《文明论之概略》,永井道雄《福泽谕吉》,第200页。
② 梁启超:《文野三界之别》,《合集》专集之二,第9页。
③ 丁文江、赵丰田:《梁启超年谱长编》,第59页。

行也，天下为公，选贤与能，不独亲其亲，不独子其子，货恶其弃于地也，不必藏于己，力恶其不出于身也，不必为己，是谓大同。其斯为天下群者哉，其斯为天下群者哉。①

在"天下群"与国群二者之中，他明显地向往着《礼记》中的"天下群"。换言之，他当时更多的是宣扬康有为的大同义，这显然偏重于世界主义。戊戌前，他在给他老师的信中也表述了上述世界主义的理想。他写道：

某昔在馆亦曾发此论，谓吾党志士皆需入山数年，方可出世。而君勉诸人大笑之……不知我辈宗旨乃传教也，非为政也；乃救地球及无量世界众生也，非救一国也。一国之亡于我何与焉。②

但是，当他读过福泽谕吉的书之后，他的立场开始发生了变化。福泽谕吉文明三段论中的论述，使他更加清醒地意识到中国在世界上的处境，他开始拿起"文明"这个尺子去衡量中国在文明进程中的位置。福泽谕吉落后就要受制于人的逻辑对梁启超产生了很大的震动，他的视点开始从"救地球及无量世界众生"逐渐向"一国之存亡"转移，他迫切地感到建设一个国民国家的重要。他在发表《文野三界之别》之前的一个多月，在一篇题为《爱国论》的文章中，已着手对国家这一概念加以诠释，他说：

---

① 梁启超：《说群序》，《合集》文集之二，第4页。
② 丁文江、赵丰田：《梁启超年谱长编》，第59页。

> 国者何？积民而成也；国政者何？民自治其事也；爱国者何？民自爱其身也，故民权兴则国权立，民权灭则国权亡。①

梁启超认为，中国人"其不知爱国者"，是由于中国人"不自知其为国也"②。他指出："吾国数千年来常处于独立之势，吾民之称禹域也，谓之为天下，而不谓之为国，既无国矣，何爱之可云？"③在这篇文章中，他表达了对国家富国强兵的渴望，他借西人之口说："使中国而能自强养二百万常备兵，号令宇内，虽合欧洲诸国之力，未足以当其锋也。"④当时，梁启超想得更多的是"富国强兵"与随之而来的"号令宇内"，而"救地球及无量世界众生"的理想在他的头脑中渐渐地淡漠了。

几年之后，梁启超西学大进，与他刚到日本时相比，已不可同日而语，他已将福泽谕吉的文明观运用自如，他在《张博望班定远合传》的开头部分这样写道：

> 夫以文明国而统治野蛮国之土地，此天演上应享之权利也，以文明国而开通野蛮国之人民，又伦理上应尽之责任也。⑤

在这里，梁启超将福泽谕吉的"落后就要被制"的理论发展得更远，可谓是青出于蓝而胜于蓝了。当然，梁启超这种思想中，我们也能发现日本其他思想家影响的影子，但是福泽谕吉之文明观对

---

① 梁启超：《爱国论》，见光绪二十五年六月二十一日《清议报》，第1页。
② 梁启超：《文野三界之别》，第1~2页、66页。
③ 同上。
④ 同上。
⑤ 梁启超：《张博望班定远合传》，《合集》专集之五，第1页。

梁启超的影响是不容忽视的。

第四节 文明之形质与文明之精神

在福泽谕吉的思想世界中，其实有两个"西洋"同时存在着，一个是现实的西洋，一个是理念的西洋。所谓现实的西洋，是当时的西洋列强，它是可见的、具体的。对现实中的西洋的侵略行为，他大加抨击，认为那"无异是力士凭膂力折病人之臂，为国之权义所不容"①，而主张坚决斗争。他指出，"西洋人之力何足恐也，有道理则与之交往，无道理则唯击退之"②，主张发扬其所谓的独立精神。他认为在国际交往中，"理屈之时即使在非洲黑奴面前也要诚实认错，但是为了正义，即使是英、美的军舰面前也绝不屈服，为了不让国家蒙受耻辱，日本国中即使不存一人，抛弃生命，也不能有损国威，只有这样才能称之为一国之独立"③。所谓理念的西洋，是指那种使西洋之所以成为西洋的理念，换言之是指西洋的精神。在理念之西洋面前，他则主张发掘西洋文明的底蕴和精髓，使日本迅速文明化，从而与现实中之西洋对抗。在摄取西洋文明上，他与当时一般盲目主张学习西洋的人不同，而是有自己独到的见解。他说：

> 或有人曰："世界中万国并立，各自独立成体，而随之人心风俗有异，国体政治亦不同，然而今为其本国文明而谋，利害得

---

① 福泽谕吉：《学问のすすめ》《国は同等なること》，永井道雄编集：《福泽谕吉》，中央公论社，1984年《日本の名著》中公バックス，第三十三卷，第61页下。
② 福泽谕吉：同上书，第53页、62页上。
③ 同上。

失皆以欧洲为定断,岂不非妥乎?宜采其文明,而考察本国之人心风俗,遵从本国体与政治,其适于本国者则选之,应取者则取之,应舍者则舍之,方可得调和之宜。"答曰:"虽摄取外国之文明而施之于半开之国,有所取舍,不为不宜,然而,文明有显现于外之事物,与存在于内之精神二者之区别,外表之文明取之甚易,而内里之文明求之实难,谋求一国之文明者应先难后易,然后据其所得难者之度而仔细测其浅深,即所施之易者不可不与难者浅深之度相合。假如此顺序有误,于难者尚未得到之前而先施其易者于国中,其不单不唯无用,反而其害甚多。"①

由此可见,福泽在摄取西洋文明主张上,和一般人不同。一般人主张在考察外国情况的基础上,摄取那些适合本国情况的东西,福泽则不以为然。他认为文明具有两个层面,即"外部文明"与"内部文明"。摄取"外部文明"易,而学习"内部文明"难。在摄取上要先难后易,即在先摄取"内部文明"的基础上,然后根据所摄取"内部文明"的状况,摄取相应的"外部文明"。他认为假如不遵从此先难后易的顺序,将给引进西洋文明之国带来无穷灾难。于是,福泽谕吉否定那些单方面考虑与自己国情适合不适合的横向文明摄取方式,而提倡先难后易的纵向文明摄取方式。

那么什么是"外之文明"和"内之文明"呢?福泽谕吉解释说:

我国近来盛行西洋流之衣食住,此能谓之文明征候乎?逢断发之男子能谓之为文明之人乎?见食肉者能谓之为开化之人乎?

---

① 福泽谕吉:《文明论之概略》,《现代日本思想大系》第二卷《福泽谕吉》,第212页下~213页上。

是决不能也。或于日本之都府见仿造之石室铁桥。或支那人忽欲改革兵制，学西洋之风，造巨舰，买大炮，不顾国内之节约，滥费财用之事，余辈所常不悦此也。此种事物以人力即可为之，投之以钱财即可买之，有形事物中最显著者也，易中最易之物也，由此可见，摄取文明之际，无前后缓急之思虑可乎？（中略）如或有人仅论文明之外形，而弃文明之精神不问。盖此精神者谓何？人民之气风是也，此气风不可卖，不可买，亦不可骤然以人力为之，虽其普遍浸润于一国人民之间，广泛显现于全国事物之上，但目不可见其形，故而知其所存在甚难，今试指其所存，学者如广读世界史，比较亚、欧二洲，不论其地理物产，不拘其政令法律，不问其学术之巧拙，不询其宗门之异同，别求此二洲所互相悬隔之趣，必可发现有一种无形之物。其为物也，形容之甚难，养之则成长，可包罗地球万物。压抑之则萎缩，遂不可见其形影，时进时退，时荣时枯，无片时无动，虽其幻妙如斯，但取现今亚欧二洲所显现之事物而互观之，可明知其并非虚幻，现暂予其名，曰一国人民之气风，但以时代而论，则名之为时势。以民众而论，则名之为人心，以国而论，则名之为国俗或国论，所谓文明之精神者，即此物也，使二洲之趣互相悬隔者，即此文明精神也。故文明之精神有时可谓之一国之人心风俗。①

如此看来，福泽谕吉所谓的"外之文明"，即是那些表面上的西洋化之物，如所谓西洋流之衣食住，所谓西洋的先进技术设备，所谓中国的改革兵制、造巨舰、买大炮之类。他认为这是最容易办

---

① 福泽谕吉：《文明论之概略》，《现代日本思想大系》第二卷《福泽谕吉》，第213页上~下。

到之事,如把学习西洋此种东西当成学习了西方的文明,那是根本不懂得文明之本质,且做了本末倒置的事情。他主张先要学习西方的"内之文明"。福泽谕吉所谓的"内之文明",是排除了欧亚两洲的地理物产、政令、法律、学术、宗教等诸多有形之物,而求使两洲互为轩轾的一种内在之物。福泽谕吉将其称之为"气风",此内在之物虽形容甚难,但由欧亚二洲所表现出的悬隔之趣可以明知其确实存在。福泽谕吉从各种角度来描述它,称其为"时势""人心""国俗""国论",此即是福泽谕吉所说的"内之文明",福泽称其为"文明之精神"。并且,福泽谕吉认为,"外之文明"虽耳目可以闻见,但其中也有手不可握、钱不可买之物,也有难易之分,在摄取上也应先难后易。福泽谕吉说:

  衣服、饮食、器械、住居,以致政令、法律等皆耳目可以闻见,但政令法律若与衣食住居等相比,则其趣稍异。虽耳目可闻见,但非以手可握,以钱可买卖之实物也。摄取此类文明之法亦稍难,非衣食住居等可比也。故今谓以铁桥石室仿西洋易而改革政治法律甚难,此即吾日本铁桥石室虽已成,而政法之改革现难实施,国民会议亦不能立即实行之缘由也。倘如进一步,全国人民之气风一变之事极难。不能赖一朝一夕之偶然而奏其功,非以一政府之命令而可强致,非一宗门之说教而能劝导,况仅以从外部改革衣食住居等物而能引导哉?唯一法,从人生之天然,除害去障,唯有自然而然使人民之智德发生,自然而使其见解进入高尚之域。如此,则开天下人心一变之端绪时,政令法律之改革亦可渐渐施行而无妨碍。人心已改其面目,政法已改革之后,文明之基于此时始立,如此,衣食住之有形之物则顺此自然之势,不招自来,不求自得。故曰求欧罗巴之文明,应先难后易,先改革人心,其次波及政令,最终方至有形之物。此实乃无妨碍而可达目的之路。若颠倒此之顺序,事虽似容易,其路瞬间闭塞,恰似立于墙壁之前寸步不能前进,或于此壁前踌躇,或欲进寸反而激退尺也。①

福泽谕吉的这种纵向的摄取西洋文明的方式对梁启超的震动可谓极大,特别是福泽谕吉所谓的"文明之精神",即他所说的"气风",虽说得恍惚玄妙,但这对梁启超来说理解起来并不困难,对此梁启超应是最有切身体会了。他来到日本后,无时无刻地感到那一种新鲜气象,那种和中国迥然不同的独立、自由、进取的气象,不就是福泽谕吉所说的"气风"吗?梁启超晚年回忆起自己刚接触到这种"气风"时的体会时,仍然抑制不住内心的激动。他说:"戊戌亡命日本时,亲见一新邦之兴起,如呼凌晨之晓风,脑清身爽。亲见彼邦朝野卿士大夫以至百工,人人乐观活泼、勤奋励进之朝气,居然使千古无闻之小国,献身于新世纪文明之舞台。回视祖国满清政府之老大腐朽,疲癃残疾,肮脏邋遢,相形之下,愈觉日人之可爱可敬。"②

梁启超感到日中之政令法律固然不同,宗教风俗也大相异趣,但最不相同的乃是两国的"气风"大不一样,正是这种"人人乐观活泼,勤勉向上"的"气风",才使日本蒸蒸日上,由"古之弹丸"而变为"今之雄国"。以觉天下为己任的梁启超终于明白,中国所缺少的,不是什么西洋的宫室器械,亦不是什么船坚炮利,更不是什么政令法律之改革,中国所缺的正是这种"气风",是福泽谕吉所说的"文明之精神",他觉得来到日本后才真正知道"变法之本源"。而这种变化,乃是由于他读日本书所致,他在光绪

---

① 福泽谕吉:《文明论之概略》,第214页下~215页下。
② 吴其昌:《先师梁任公别录拾遗》,《文史资料选编》(北京)第三十六辑,第76页。

二十五年（1899）二月二日给其妻李蕙仙的信中兴奋地描述了自己得益于日本书的心情："我等读日本书所得之益极多极多。他日中国万不能不变法，今日正当多读些书，以待用也。"①

梁启超认为，中国若不改弦更张，则不能自强；自己在《变法通议》里所提出的主张，比起福泽谕吉来说还显得不够完备，他不得不服膺福泽谕吉的理论。特别是在摄取西方文明上，主张先摄取"文明之精神"的见解，的确是抓住了问题的实质和要害。

梁启超在戊戌变法之前，虽也有开学校、开民智等议论②，但由于当时变法事业头绪太多，使他"每云此事先办然后他事可办，及论及彼事也，又云必彼事先办然后余事可办"③，造成所持之论前后矛盾，受到严复的批评④。及来到日本后，他广读日本之书，福泽谕吉的先难后易、纵向摄取西洋文明的方式让他大为佩服，特别是亲感日本举国上下奋励进取之气风，目睹日本崛起于东瀛之事实，使他感到福泽谕吉所言，正是他数年来交织于胸中欲言而未能言者，他于此外无复能赞一词。于是，他尽从福泽谕吉之说，在汲取西洋文明问题上，效仿福泽谕吉，也把文明分为两个层面。他说：

> 今所称时务之俊杰，孰不曰泰西文明之国也，欲进吾国使与泰西各国相等，必先求吾国之文明，使与泰西文明相等，此言诚当矣。虽然，文明者，有形质焉，有精神焉，求形质之文明易，

---

① 梁启超：光绪二十五年二月二日《与李慧仙书》，丁文江、赵丰田：《梁启超年谱长编》，上海人民出版社，1983年8月。
② 戊戌时期梁启超在《变法通议》等文章中也有过开学校开民智等革新人的思想的新民思想，但是由于政治活动的紧张，这项工作被忽视了，他来到日本后，通过读福泽谕吉等的书，加深了对这项工作的认识，开始了他的新民工作。
③ 梁启超：《与严又陵先生书》，《合集》文集之一，第107页。
④ 同上。

求精神之文明难，精神既具，则形质自生，精神不存，则形质无所附，然则真文明者，只有精神而已，故以先知先觉自任者，于此二者之先后缓急，不可不留意也。①

对于文明之精神，福泽谕吉曾将其称为一国人民之"气风"，而梁启超则略改其词，把它称之为国民之"元气"。他这样解释道：

爰有大物，听之无声，视之无形，不可以假借，不可以强取，发荣而滋长之，则可以包罗地球，鼓铸万物，摧残而压抑之，则忽焉萎缩，踪影俱绝。其为物也，时进时退，时荣时枯，时污时隆，不知其由天欤，由人欤。虽然，人有之则生，无之则死，国有之则存，无之则亡，不宁惟是，苟其有之，则濒死而必生，已亡而复存。苟其无之，则虽生而犹死，名存而实亡。斯物也，无以名之，名之曰元气。②

梁启超此一段关于"元气"的定义虽有点中国传统的味道，但很明显地看出他是踏袭着福泽谕吉的文明之精神的观点，这点从他下边的解释中更可以清楚地看到：

国民元气则非一朝一夕之所可致，非一人一家之所可成，非政府之力所强逼，非宗门之教所能劝导，孟子曰：以直养而无害，则塞于天地之间，是之谓精神之精神，求精神之精神者，必以精神感召之，若支支节节模范其形质，终不能成。语曰：国于

---

① 梁启超：《国民十大元气论》，光绪二十五年十一月二十一日《清议报》，第1页。
② 同上。

天地，必有与立。国所与立者何，曰民而已。民所以立者何，曰气而已。①

在这里，梁启超所谓的使国与民之所以立的"元气"，即是福泽谕吉所说的"一国人民之气风"，即所谓的"文明之精神"，只是梁启超将福泽谕吉的"气风"更加发挥，将其称之为"精神之精神"而已。此外，在"文明之形质"上，梁启超之观点与福泽谕吉毫无二致，他说：

游于上海香港之间，见有目悬金圈之镜，手持淡巴之卷（香烟）。昼乘四轮之马车，夕啖长桌之华宴，如此者，可谓之文明乎，决不可。陆有石室，川有铁桥，海有轮舟，竭国以购军舰，朘民财以效洋操，如此者，可谓之文明乎？决不可。何也？皆其形质也，非其精神也。②

在"文明之形质"中梁启超也仿照福泽谕吉，将其分为两种，他说：

所谓精神者何，即国民之元气是矣，自衣服饮食器械宫室，乃至政治法律，皆耳目之所得闻见者也，故皆谓之形质。而形质之中，亦有虚实之异，如政治法律焉虽耳可闻，目可见，然以手不可握之，以钱不可购之，故其得之也稍难。故衣食器械者，可谓形质之形质，而政治法律者，可谓形质之精神也。③

---

① 梁启超：《国民十大元气论》，第1页。
② 同上。
③ 同上。

梁启超和福泽谕吉的观点一样，认为西洋的技术设备、生活方式和一些形式上的改革，只属于文明的形质层面的东西，并不是文明之本质，所以决不算是文明。真正要想学习西方，乃应学习其文明之实质，即文明之精神，他说：

> 求文明而形质入，如行死港，处处遇窒碍，而更无他路可以别通。其势必不能达其目的。至尽弃其前功而后已，求文明而从精神入，如导大川，一清其源，则千里直泻，沛然莫之能御也。①

由此可见，梁启超无论在文明层面的划分上，还是在摄取西洋文明的过程上，都沿袭了福泽谕吉的观点，这是他来日本一年后思想的一次深化。他在戊戌变法之前也一直在寻找中国学习西方不成功的原因，他批评清政府慑于西洋船坚炮利，而欲译西洋兵学之书以制夷，实是"宗旨刺谬第一事，起点既误，则诸线随之"。他认为虽应当知道"西人所强者兵"，但是更应当知"所以强者不在兵"，他指责此种效法西洋是"不师其所以强而师其所强，是由欲前而却行也"②。他在戊戌之前虽意识到"日本变法则先其本，中国变法则务其末，是以事虽同，而效乃大异也"③，但是，他当时所谓的"本"也并不是很确定。有时他也能提出"今日之事，以广求同志倡开风气为第一义"④，"多养人材是第一义"⑤等主张，

---

① 梁启超：《国民十大元气论》，第1页。
② 梁启超：《变法通议》，第12页、68~69页。
③ 同上。
④ 梁启超：《与穗卿兄长书》，第33页。
⑤ 同上。

从而使他和福泽谕吉的主张有所接近。但是在具体实施上,他还是主张先进行政治制度之改革,他认为:"故今日之计莫急于改宪法,必尽取国民律、商律、刑律等书而广译之。"①他还说:"若乃科举学校官制工艺农事商务等,斯乃立国之元气,而致强之本原也。"②他曾简要地概括过他的变法之本:"吾今为一言以蔽之曰,变法之本在育人材,人材之兴在开学校,学校之立在变科举,而一切要其大成,在变官制。"③可见,他最后之着眼点还是放在制度之改革上。来日本后,福泽谕吉的书使他耳目一新,他受福泽谕吉影响,对其以前的理论加以修正,他认为若想摄取西方之文明,应寻求其文明之本源,即从培养国民文明之精神入手,因此他到日本后所持之论已和戊戌变法时有很大的不同,他说:

> 吾之所谓维新者,非必西法之谓也。西法者,不过维新之形质耳,若维新之精神,则无中无西,皆所同具,而非待他求者。彼日本三十年前之维新,岂战船之谓乎,岂洋操之谓乎,岂铁路之谓乎,岂开矿之谓乎,并无战船洋操铁路开矿等事,而不得不谓之维新者,有其精神也,若中国近日曷尝无战船洋操铁路开矿等事而仍不得谓之维新者,无其精神者,当同治初元,虽不能为形质之维新,岂不能为精神之维新,但使有精神之维新,而形质之维新,自应弦赴节而至矣。④

于是,梁启超认识到若想要使中国转弱为强,还是要自下而

---

① 梁启超:《变法通议》,第12页、68~69页。
② 同上。
③ 梁启超:《变法通议》,第10页。
④ 《中国积弱溯源论》,《合集》文集之五,第38~39页。

上从教育人民做起，他说："国家之强弱一视其国民志趣品格以为差。"①他在《中国积弱溯源论》一文中批评中国人的奴性、愚昧好伪、为我、怯懦、无动等心理和习惯，指出若"以今日中国如此之人心风俗，即使日日购船炮，日日筑铁路，日日开矿务，日日习洋操，亦不过披绮绣于粪墙，镂龙虫于朽木，非直无成，丑又甚焉"②。

就这样，流亡海外、沐浴在明治国家"气风"中的梁启超，在福泽谕吉的影响下，思想逐渐地发生了变化。

第五节 福泽谕吉的"一人独立，方能一国独立"对梁启超的影响

日本自明治维新以后，实行废藩置县、殖产兴业以及文明开化等措施，废除了"贱民制"，实现了"四民平等"，使自古以来的门第、名分等观念逐渐消失，出现了一种"功名在手，唾手可得的时代"。这种时代虽可用"人心活泼"、"文明骎骎乎大进"③等话语来形容，但由于当时维新伊始，百废待兴，内忧外患仍十分严重，日本依然处于风雨飘摇之中。

在这种形势下，除了一些忧国之士提出了各种救国主张之外，一般民众并未感觉到危机的存在，依然其乐融融，好似卸下了重担在休息一样。对此，福泽谕吉对日本的局势深感忧虑，他在指出这种危机的同时，批判了当时的各种救国主张，他说：

---

① 梁启超：《中国积弱溯源论》，第14页、18页。
② 同上。
③ 福泽谕吉：《文明论之概略》，永井道雄《福泽谕吉》，第206页、212~213页、225页。

> 当今吾国之情况,如此险恶,但人民并无危机之感,如同摆脱旧来羁绊而无限安乐者。对此,有识之士深以为忧,皇学家提倡国体论,洋学家主张耶稣教,汉学家则主张尧舜之道,莫不致力于维系人心而统一思想,以保吾国之独立,各派虽竭尽全力,但时至今日而未能奏效,且固信日后亦不会奏效,"对此能不慨叹乎"。①

在反对以上各派的同时,他也批判了当时的攘夷派:

> 譬如世上有些人憎恨洋人,然而误解憎恶洋人之趣旨,应憎恶者不憎恶,而不应憎恶者反憎恶之。怀猜疑嫉妒之念,因眼前之琐事而念,小则暗杀,大则攘夷,其结果给本国酿成大害,此辈乃丧心病狂,称之为重病国中之病人可也。②

他还批判了另一种爱国者的见解:

> 还有一种忧国者,其见解比攘夷家稍高,其对洋人虽不妄加排斥,却简单地将与外国交涉之困难归结于兵力之不足,谓:"若加强军备,则可与列强抗衡。"或主张增加陆军之军费,或主张购买巨舰大炮,或主张修筑炮台,或主张建造武库,若察其意,则不外是见英国有千艘军舰,便以为吾等若有千艘军舰,必可以与英国对敌,此毕竟乃不明事理者之考虑,英国拥有千艘

---

① 福泽谕吉:《文明论之概略》,永井道雄《福泽谕吉》,第206页、212~213页、225页。
② 同上。

军舰者,非仅有此千艘军舰也,若有千艘军舰,其后必然要有万艘商船,有万艘商船则必有十万海员,而培养海员又不能没有学问,所以,学者亦需多,商人亦需多,法律亦要完备而商业亦需兴盛,凡举人类社会一切事物,无不具备,而恰与千艘军舰所需相应,此方能与千艘军舰相称也。其他如武库炮台等莫不如是,其必与其他诸条件相通,若其比率不适,虽利器也无用矣,此正如在前后门大开且室内狼藉之家门摆起二十吋大炮亦不能防御盗贼之道理相同也。①

他又说:

偏重于军备之国家,不知审时度势,动辄滥将金钱费于军备,其不乏因债台高筑而亡国者,盖以巨舰大炮可敌持巨舰大炮之敌,而不能敌负债之敌也。当今日本亦如是,欲搞军备,不唯大炮军舰甚至步枪军服百分之九十九无不仰仗外国。此固然由于吾等生产技术落后,而生产技术落后,则是我国文明尚未具备的证据,在未具备其他条件之形势下,企图单独扩充军备,则会有失事物互相契合之原则而不起作用,故今日与外国之交涉,非军以扩充军备而能维持也。②

在福泽谕吉看来,"暗杀攘夷之论,固不足挂齿",而进一步扩充军备的方法也不适用,上述"国体"论、"耶稣"论、"汉儒"论也不足以维持人心③。

---

① 福泽谕吉:《文明论之概略》,永井道雄《福泽谕吉》,第226页。
② 同上。
③ 同上。

那么，按福泽谕吉的观点来看，在内忧外患的情况下，应采取何种措施呢？

福泽谕吉认为，在当时的情况下，"唯有明确目的，向文明前进一事"。他说："所谓目的者何，明确区别内外而保我日本之独立也，然保此独立之法舍文明以外而无他途。今日使日本人进军文明一事，唯为保此国独立耳，故国之独立者，目的也，国民之文明者，达此目的之术也。"①由此可见，福泽谕吉是将日本国民的文明化作为他解决日本民族独立课题的方法的。换言之，若要使日本从危机里解脱，争取民族与国家的独立，就必须使日本文明化。为了学习西方的文明，福泽谕吉曾这样比较东洋的儒教主义与西洋文明主义，他说：

> 东洋之儒教主义与西洋文明主义相比较，为东洋所无者有二，有形者为数理学，无形者为独立心。②

福泽谕吉所谓的数理学即指物理学，他认为"欧洲近代之文明，无不源出于物理学也。"③而他所谓的物理学是"以宇宙自然之真理原则为基础，详物之数、形、性质而知其运动规律，遂将其物用于人事，此即谓之物理学"④。福泽谕吉所理解的物理学是一种离开了对于事物表面的观察，而注重对于宇宙真理和事物运动

---

① 福泽谕吉：《文明论之概略》，永井道雄《福泽谕吉》，第226页。
② 福泽谕吉：《福翁自传》《教育の方针は数理と独立》，《现代日本思想大系》第二卷《福泽谕吉》，第146页下。
③ 福泽谕吉：《物理学之要用》，明治十五年二月二十二日《时事新报》。
④ 福泽谕吉：《福翁百余话》第十七《物理学》，富田正文编：《福泽谕吉集》《明治文学全集》之八，筑摩书房，昭和四十一年三月十日，第241页下。

规律的揭示，并将其结果运用于实际生活的一种思想方法。他认为西方文明之基础，全在于此种思想方法。由此可见，其所谓的物理学，指的是一种近似于今天的科学的思想方法。

关于独立心，福泽谕吉解释道：

> 独立者，自己支配自己之身而无依赖他人之心之谓也。自己辨别事物之是非而处理无误者，乃不依靠他人智慧而独立之人也。自劳其身而营其生计者，乃不依靠他人钱财而独立之人也。①

如上所述，福泽谕吉所谓的文明主义实际包括了两个方面，第一是物理学的思考方法，即近代科学的、分析的、理智的思想方法。第二是一种独立不羁的、不依赖于他人的独立精神。福泽谕吉认为，这两者，正是使东西文明互为轩轾之物，正是西洋文明之底蕴与精髓。而为谋日本之独立，就必须学习。在福泽谕吉看来，人生来平等，"天不能造人上之人，亦不能造人下之人。因此，世有万人，而万人皆同，生而无贵贱上下之别，以万物之灵之身而动，以天地之间万物为资，而供其衣食住之用，自由自在，互不妨碍，各各安乐渡世"②。人与人虽然生来平等，但"人若不学则无智，无智之人则愚人也"③。这样，"人生而虽无贵贱，贫富之别，但勤于学问，广知事物者则为贵人富人，无学者则为贫人下人"④。"贫富、强弱等局面并非天生而定，乃是随着人之学或不学而转

---

① 福泽谕吉：《福翁百余话》第十七《物理学》，富田正文编：《福泽谕吉集》《明治文学全集》之八，筑摩书房，昭和四十一年三月十日，第62页。
② 福泽谕吉：《学问のすすめ》，永井道雄：《福泽谕吉集》，第51页上。
③ 同上书，第51页下、52页上。
④ 同上。

移，今日之愚人亦能成为明日之智者，昔日之富强亦能成今日之贫弱，古今此例不在少数。吾日本国人亦从今日起确立向学之志，先谋一身之独立，随之而致一国之富强，若能如此西洋人之力何足恐哉。"①

就这样，福泽谕吉为日本的民族与国家独立设计了一条大路，即日本每一个国民都要立志向学，具备一种自由的、平等的、独立的精神。福泽谕吉认为日本国的每一个国民只要立志向学，具备了西洋文明之精神，第一步"先谋一身之独立"，第二步则可"致一国之富强"，以此而实现他的著名命题："只有一身独立，才能一国独立。"②

至此我们可以清楚地看到，福泽谕吉所谓的文明之目的，即是要谋求日本国之独立，而其下手之方法是促使日本之文明进步，让日本人民具有文明之精神，即每个国民均具有科学的、理智的、分析的思想方法，都具有充满活力的、强韧的、进取的创造精神，以达到"独立自尊"之境，即所谓"一身之独立"，"使自由独立之风气充满全国，而国中之人，无贵贱上下之别，纷纷以国家为己任"③，"至此文明之基础始立"。因此，福泽谕吉认为，"一身之独立"正是达到一国之独立的不二法门。所以可以说，福泽谕吉的文明论之实质，即是摄取西洋文明之精蕴，并将其作为保证一国独立，抵抗西洋的有效手段。正是在这种意义上，日本学者松本三之介把福泽谕吉称为国家主义者，此可谓抓住了问题之关键④。

当然，福泽谕吉也并不是把自国独立当成文明的最终目标，

---

① 福泽谕吉：《学问のすすめ》，永井道雄：《福泽谕吉集》，第61页下、62页上、63页上。
② 同上。
③ 同上。
④ 松本三之介：《明治精神の构造》，第50~51页。

他说：

> 或有人曰："不能仅把自国之独立作为人类之极则，尚应更有永远高尚之境，作为吾等之着眼点。"此言诚然也。至人类智德之极，其所期望者，更为高远，不应介于一国独立等细事，仅见免于他国之轻侮，不能径直名为文明，自不待论。但当今世界之形势，于国与国之交际中，尚不能谈此高远之论，倘如有谈之者，不得不谓其迂阔空远。尤其察目下日本之情况，觉日本之事日益紧急，且无暇他顾。先使日本国及日本人民生存，然后才能语及文明。无国无人则不能语吾日本之文明，此即余辈缩小理论之域，单倡以自国之独立，为文明之目的之缘由也。①

可见，福泽谕吉虽然也认为文明有更高远之目的，但是在西洋侵略益深的情况下，必须先面对国家的救亡问题。福泽谕吉是用摄取西洋文明之精神，从而使每个日本国民都能独立来作为救亡的手段，换言之，福泽谕吉是用"独立自尊"，即所谓的"一身独立"之精神，来作为日本救亡的手段。

梁启超到日本之后，读福泽谕吉之书，深受影响。他著《自由书》，大倡"独立自尊"之旨，认为福泽谕吉之所以提出"独立自尊"，是由于福泽谕吉尊重人道与国民②。在他看来，中国人正是由于缺乏自尊之品格，才使国家糜烂至此，而自尊之品格乃是国家独立强盛的必要条件。他说：

---

① 福泽谕吉：《自国の独立を论ず》，《现代日本思想大系》第二卷《福泽谕吉》，第288页下～289页上。
② 梁启超：《新民说》，《合集》专集之四，第68页。

为国民者，而不自尊其一人之资格，则断未有能自尊其一国之资格焉者也，一国不自尊，而国未有能立焉者也。吾闻英国人之自尊之言曰：太阳曾无不照我英国国旗之时。曰：无论何地，凡我英人有一人足迹踏于其土者，则其土必为吾英之势力范围也。吾闻俄国人自尊之言曰：俄罗斯者，东罗马之相续人也。曰：我俄人必承先帝彼得之志，为东方之主人翁也。吾闻法人自尊之言曰：法兰西者，欧洲文明之中心点也，全世界进步之原动力也。吾闻德国人自尊之言曰：自由主义者，日耳曼森林中之产物也。日耳曼人者，条顿民族之宗子，欧洲中原之主帅也。吾闻美国人自尊之言曰：旧世界者，腐败陈积之世界，其有清新和淑之气者，惟我新世界。今日之天下，由政治界之争竞，而移于生计界之竞争，他日战胜于生计界者，舍我美人莫属也。吾闻日本人自尊之言曰：日本者，东方之英国也。万世一系，天下无双也。亚洲之先进国也。东西两文明之总汇流也。自余各国，苟其能保一国名誉于世界上者，则皆莫不各有其所以自尊之具。若不尔者，其国必萎缩而无以自存也。其远焉者，吾不能遍举，请征诸其近者，吾尝见印度人，辄曰英国人之政治，高美完满，盛德巍巍，胜于吾印往昔远甚，乃至英人一颦一笑，一饮一啄，皆视为加己数十等也。吾尝见朝鲜人，辄曰吾韩今日更无可望，惟望日本及世界文明各大国，扶而掖之也。浅见者徒见夫英俄德法美日之强盛也如彼，而以为其所以敢于自尊者有由。徒见夫印度朝鲜之积弱者也如此，而以为其所以自贬者出于不得已。此误果为因，误因为果之言也。而乌知夫自尊者，即彼六国致强之原，而自贬者，乃此二国取灭之道也。①

---

① 梁启超：《新民说》，第69~70页。

梁启超指出,那些认为英俄德法美日敢于自尊乃是因其强盛,印朝自贬乃是出于无可奈何的说法是倒为因果之言。他提出,"自尊者,即彼六国致强之原,自贬者,乃此二国取灭之道",这样和福泽谕吉有了一样的见解。他把这种见解加以引申,从每一国民的独立自尊,扩展到国家之自尊,他说:"夫国家本非有体也,积人民以成体。故欲求国之自尊,必先自国民人人自尊始。"[①]而要做到自尊,又必须做到自爱、自治、自牧、自任。这样,他就得出了和福泽谕吉"只有一身独立,方能一国独立"一样的结论,认为要自下而上地开始启蒙工作,若想国力强盛就必须从提高国民素质做起。福泽谕吉认为,国民素质之高低,与其政府之良恶有直接的关系,人民愚昧无知,政府自然苛刻。若想改革政府,只有全体国民立志向学,赴文明之风之一途。他说:

　　西洋有谚曰:"愚民之上必有苛政府。"此并不是政府苛刻,乃愚民自招其灾也。若愚民之上必有苛政府,则同理良民之上必有良政府。今我日本国有此人民,故有此政府也。若人民之德义从今衰落沈陷无学文盲之境,政府之法则视今严厉一层。倘若人民皆有志于学问,知事物之理,赴文明之风,政府之法律亦可及宽仁大度之境。法律之苛宽,唯视人民之德而自行加减也。[②]

梁启超说:

---

① 梁启超:《新民说》,第69~70页。
② 福泽谕吉:《学问のすすめ》,第55页上。

今之论国事者，未有不太息痛恨，唾骂官吏之无状矣。夫吾于官吏，则岂有怨辞焉，吾之著此书，即将当局者十年来殃民误国之罪，一一指陈之，而不为讳者也。虽然，吾以为官吏之可责者固甚深，而我国民之可责者亦不复浅。何也，彼官吏者，亦不过自民间来，而非别有一种族，与我国民渺不相属者也。故官吏由民间而生，犹果实由根干而出，树之甘者其果恒甘。树之苦者，其果恒苦，使我国民而为良国民也，则任于其中签掣一人为官吏，其数必赢于良。我国民而为劣国民，则任于其中慎择一人为官吏，其数必倚于劣。此事有必至，理有固然者也。①

由此可见，福泽谕吉与梁启超都认为国民之素质、风气，与政治的良劣有直接的关系，因而更加强调民众的启蒙教育工作。

福泽谕吉为了抵抗西洋列强的侵略，主张摄取西洋文明之精神，他认为要做到这点，必须自下而上地开展启蒙工作，即先使"文明之气风充满全国"，使国民各自均能"独立自尊"，然后在"一身独立"的情况下实现"一国独立"。梁启超到日本后，深受福泽谕吉的影响，也把自己的着眼点放到人民的启蒙教育上。他非常重视福泽谕吉所说的"独立自尊"，把它当成国家强盛之原动力。他说：自尊者乃国家致强之原。"独立性者，孕育世界之原料也。"他认为今日中国的形势，"必非恃一时之贤君相而可以弥乱，亦非望草野一二英雄崛起而可以图强，必其使吾四万万人之民德、民智、民力，皆可与彼相垺，则外自不能为患，吾何为而患

---

① 梁启超：《中国积弱溯源论》，《合集》文集之五，第18页。

之"①。这样，梁启超在"新民"的口号下，开始了他的民众启蒙工作。

综上所述，面对着日益加深的民族危机，福泽谕吉为日本设计了一条近代化的路线。

首先，福泽谕吉站在近化论的立场上，认为世界是一个不断由野蛮向文明发展的历史。以当时世界上的国家来划分，美国与欧洲诸国为最上文明国，土耳其、中国与日本为半开国，非洲等国为野蛮国。那么，西洋文明自然成为日本追求的目标。这样，福泽谕吉把他的文明论置于一个以西方文明为终极或目标的一元化理论架构之中了。

其次，福泽谕吉把西洋一分为二，即"现实的西洋"与"理念的西洋"。他主张把"理念的西洋"之构成要素及构成原理仔细加以研究、分析，摄取其中的本质和精华，用以对抗"现实西洋"的侵略。福泽谕吉认为西洋的本质和精蕴乃在于其文明之精神，福泽谕吉称之为"气风"。他认为正是这种气风使欧亚两洲互为轩轾，大相径庭。所以，在摄取西洋文明问题上，他反对那些主张以适合日本国情为标准的横向选择的摄取方式，而主张先难后易，即先使文明之精神溢满全国，改革人心，然后波及政治法律，最后涉及有形之物的纵向文明摄取方式，从而为日本的近代化指出了一条道路。

最后，福泽谕吉在日本近代化的具体操作问题上，主张每个国民都先要"独立自尊"，即每个国民都要"发达精神"，以从"古习之惑溺"中解放出来。先做到"一人之独立"，即先在国家形成一个自由、平等、进取的社会环境，然后在此基础上做到"一国独

---

① 梁启超：《新民说》，《合集》专集之四，第5页。

立"。

梁启超来到日本后,"肄日本之文,读日本之书",受到福泽谕吉极大的影响,由于他当时极信仰进化论,所以福泽谕吉的"文明三阶段论"与他极为相合,他用"春秋三世"来解释福泽谕吉的野蛮→半开→文明的三段论,他急切地希望自己的祖国进入文明阶段。他大声疾呼:"我国民试一反观,吾中国于此三者之中居何等乎?可以瞿然而兴矣。"①

梁启超流亡海外后深刻地认识到,自己在戊戌变法中,虽批判过变法不知本源的思想,但当时自己所倡导的改革,也还停留在"变科举,兴学校"上,严格地说来,还停留在政治制度改革的层面,与福泽谕吉所说的"气风"或"文明之精神"尚差一层。所以,随着学识的进步,他把文明分为"精神之文明"与"形质之文明"。他所说的"精神之文明",实际上就是福泽谕吉所说的"文明之精神",梁启超把它称为"国民元气",而把"衣服饮食、器械、宫室,乃至政治法律"等"耳目所得闻见者"称为"文明形质"。从而也和福泽谕吉一样,提倡起从文明之精神入手的,先难后易的纵向文明摄取方式来。

既然要先摄取西洋文明之精神,那就必须按福泽谕吉所说,采取先难后易,即"先改革人心,其次才能波及政令,最后方至有形之物"的做法。对梁启超来说,这是日本已走过之路,无疑可以说是成功经验,于是他不再提倡原来那种自上而下的改革方式,而变成从教育人民做起,用他的话来说是从培养国民之"元气"做起,或叫"新民"。至此,梁启超所持之论加强了国民教育的成分,他说:

---

① 梁启超:《文野三界之别》,《合集》专集之二,第9页。

天下之论政术者多矣，动曰某甲误国，某乙殃民，某之事件，政府之失机，某之制度，官吏之溺职，若是者，吾固不敢谓非然也。虽然，政府何自成，官吏何自出，斯岂非来自民间者耶？某甲某乙者，非国民之一体耶？久矣，夫聚群盲不能成一离娄，聚群聋不能成一师旷，聚群怯不能成一乌获，以若是之民，得若是之政府官吏，正所谓种瓜得瓜，种豆得豆，其又奚尤。西哲常言，政府之与人民，犹寒暑表之与空气也。室中之气候，与针里之水银，其度必相均，而丝毫不容假借。国民之文明程度低者，虽得明主贤相似代治之，及其人亡则其政息焉，譬犹严冬之际，置表于沸水中，虽其度骤升，水一冷而坠如故矣。国民之文明程度高者，虽偶有暴君污吏，虐刘一时，而其民力自能补救之而整顿之。譬犹溽暑之时，置表于冰块上，虽其度忽落，不俄顷而冰消而涨如故矣。然则苟有新民，何患无新制度，无新政府，无新国家，非尔者，则虽今日变一法，明日易一人，东涂西抹，学步效颦，吾未见其能济也。①

诚如上述，梁启超到日本后，通过读日本之书，"思想为之一变"。他认识到，若要使国家跨入文明阶段，首先使民众具备文明之精神，在社会上要造成一种文明之"气风"。只有这样，才会有新制度、新政府、新国家。基于这种认识，梁启超开始了为造就不同于部民、族民的新一代国民，即开始了他的"新民"工作。

---

① 梁启超：《新民说》，《合集》专集之四，第2页。

第三章　中村正直《西国立志编》《自由之理》与梁启超的新民思想

第一节　中村正直的生平与启蒙思想

中村正直是日本明治时期著名的启蒙思想家，他翻译的斯迈尔斯（Smiles Samuwl）的《自助论》（Self-Help）和穆勒（John stuart Mill）的《自由论》（On liberty），曾在日本的近代化过程中起过巨大的推进作用，其中的《自助论》即是闻名遐迩的"明治三书"[①]之一。

《自助论》的日文书名为《西国立志编》，《自由论》的日文书名为《自由之理》。这两部书刚一出版，立刻风行海内。石井研

[①] "明治三书"是指福泽谕吉的《西洋事情》（庆应二年~明治三年）、内田正雄的《舆地志略》（明治三~八年）和中村正直翻译的英国作家斯迈尔斯（Smiles Samuwl）的《自助论》（Self-Help，1859）。

堂①描述了当时的情况:

> 先生继《立志编》之后,又刊行《自由之理》《西洋品行论》等,《自由之理》研究民权,《品行论》则如《立志编》之补翼,亦为社会所欢迎,销售不让前书,均发行数十万册,当时之读者,不仅限于少年子弟,而且横亘各阶层。尤其是官吏及教职人员,若不通读此三书,则被视为于资格有所欠缺,皆不得不争而读之,故先生之声名,郁然高于海内,至贩夫走卒,无有不知先生之名与其著书者。②

此外据日本学界的研究,当时《西国立志编》之刊行量,仅木版计便有数十万部,活版及其他版之印刷量加起来更不下百万部。至大正时期,以博文馆为首,经常有数个出版社同时出版中村正直的译著,其著作的生命力经久不衰。明治末年以后,一些曾经是中村正直译著的读者们,甚至将《自助论》重译而加以出版。日本学者认为,若从其不到一年即重版一次的情况来看,发行百万部的数字,并不算是夸大。当时,"明治三书"在出版量上互相竞争,福泽谕吉曾声称他的《西洋事情》和《学问のすすめ》的发行量为20至25万部。《西国立志编》的发行量若与之相比,百万部是一个相

---

① 石井研堂(1865~1943),日本作家,《贵女之友》、《小国民》(后改为《少国民》)、《今世少年》、《实业少年》等编辑,与吉野作造等发起明治文化研究会,参加《明治文化全集》的编辑工作。
② 石井研堂《自助的人物典型·中村正直传》明治四十年,转引自松泽弘阳:《〈西国立志编〉と〈自由之理〉の世界——幕末儒学·ビクトリア王朝急进主义·〈文明开化〉》,日本政治学会编:《日本における西欧政治思想》,岩波书店,1975年,第44页上~下。

当大的数字①。

以上仅是从《西国立志编》发行量来看,如果从此书的社会渗透力方面来看,还可以举出很多例子。明治四五年间,明治天皇正值弱冠之年,《西国立志编》刚一出版,便被选为进讲教材,由老儒元田永孚每10日为其进讲4次,历时达8个月之久②。明治六年秋,明治皇后陛下访问日本唯一的国立女子教育机关明治女子学校时,将《西国立志编》赠给了该校的学生③。不单如此,明治时期,《西国立志编》还屡屡被当成日本小学校的修身教科书④,而成为提高国民素质的教材。

此外《西国立志编》还影响到日本传统的歌舞伎世界,明治五年时,《西国立志编》中的两个故事《粉色陶器交易》及《补鞋童教学》编成剧本上演⑤,因而使其风靡全国。

敬宇译完斯迈尔斯的《西国立志编》后的翌年,即明治五年,又翻译了穆勒的《自由之理》,这部书译成之后,也曾风行一时,据说,当时的知识青年几乎人手一册⑥。著名日本民权家福岛事件的领导者河野广中(1849~1922)曾这样写过他读了敬宇译的《自由之理》后的感想:

  自此任常叶之副户长,戮力于地方民政之事,就任常叶后刚到三春支厅报到之时,从三春町的川又真藏处购置了一本约

---

① 参阅松泽弘阳《〈西国立志编〉と〈自由之理〉の世界——幕末儒学・ビクトリア王朝急进主义・〈文明开化〉》,第44页下~45页上、45页下、46页上。
② 同上。
③ 同上。
④ 同上。
⑤ 同上。
⑥ 参阅近代日本思想研究会编:《近代日本思想史》,青木书店,1959年。

翰·斯图尔特·穆勒著中村敬宇译的《自由之理》。归途中于马上读之,至此由汉学、国学所养成的动辄即主张攘夷的旧思想,一朝起了极大的变化,开始知道应重视人的自由与权利。而且也认识到应于广泛的民意基础上推行政治。自己内心极受感动,胸中深深铭刻上自由民权的信念,此完全是我一生中的一重大的转机。且这种变化竟能奋起一种不可思议的力量,现在更感到那是激发大飞跃的种子,读《自由之理》后在心中引起一大革命乃是那年三月之事。①

由此可见敬宇所译的《自由之理》对民权家的深刻影响。②

《自由之理》与《西国立志编》为什么会在明治时期造成如此巨大的影响呢?为了搞清这个问题,在此不得不兼述一下中村正直的生平及其学术主张,以见其影响之巨的原因。

中村正直,幼名钏太郎,通称敬辅,号敬宇,天保三年(1832年)五月二十六日生于日本江户麻布的一个下级武士的家庭。敬宇小时十分聪明,有神童之称。其父母为了培养敬宇,节衣缩食,供其上学。天保十二年,10岁的敬宇参加圣堂(昌平黉)的古文考试,结果独占鳌头,获赏银三枚。此事为圣堂成立以来初有之事,自此神童敬宇之名不胫而走。此后,敬宇辗转经名师指教,逐

---

① 《河野盘州传》,转引自下出隼吉:《〈自由之理〉解题》,明治文化研究会编:《明治文化全集》第二卷,"自由民权"篇,第2页。
② 《自由之理》的发行数若与《西国立志编》相比,则大逊于后者。据说,至明治十年止,大约只重印了三版。此原因恐怕是由于两书的内容不同及日本的社会政治环境所致。参阅松泽弘阳《〈西国立志编〉与〈自由之理〉の世界——幕末儒学·ビクトリア王朝急进主义·〈文明开化〉》第四节《〈西国立志编〉と〈自由之理〉の读者の世界——民权、修身、立身出世》。

渐成长起来。嘉永元年（1848），敬宇17岁，入圣堂学问之所①，学业与修养大进。为此，敬宇自24岁后历任各职，文久二年（1862年），敬宇31岁时，被任命为"御儒者"②。这样拔擢，也为圣堂成立以来破天荒之事。就这样，敬宇年纪轻轻便在汉学上卓有名声了。

敬宇在圣堂时师事佐藤一斋，一斋是当时有名学者，其学问外奉朱子而内宗阳明，折中于朱子学与阳明学之间。在他的影响下，敬宇在对学问的态度上，也继承了这种开放折中的立场③。当时的日本，正出现了前所未见的危机，其外部，欧美列强战舰环伺，迫使日本开国，其内部反乱迭起，危机四伏。在内忧外患的冲击下，幕府的统治犹如暴风雨中的老屋，摇摇欲坠。面对这严峻的局势，敬宇和当时许多学者一样，把目光更多地转到现实问题。为了了解西方，敬宇于汉学之外，又学习"兰学"，在研究朱子学的同时更注重阳明学的"知行合一"之教，注意用他的学问来解决日本面临的问题。敬宇认为，当时的舆论界虽众说纷纭，但归纳起来，大体可分为"开国"和"攘夷"两派。安政（1854）以后，敬宇写了一系列的文章，提出了他独特的救时主张。在敬宇看来，当时的"开国"与"攘夷"两派均有弊端，他说：

> 今之议者，大要有两说而已。其主战者曰："宁以国毙，不可听彼请。"主和者曰："彼意止互市，听之无害。"夫不察古

---

① 圣堂又称昌平坂学问所，是江户幕府的官学，明治维新后，称昌平学校，即今东京大学前身。
② 幕府官名，主管进讲儒教经典。
③ 参阅渡部升一：《中村正直とサミエル·スマイルス》，讲谈社学术文库，昭和五十六年四月六日二版，第547~548页；和松本三之介《明治思想における伝統と近代》，东大出版会，1996年2月22日，第62页。

> 今之变，彼我之势而专言战者，冯河之勇，不足恃也。不讲攻守
> 之具，边圉之备，而专言和者，亦非知社稷大计者也。是二者胥
> 失之矣。①

敬宇认为，此二派之所以各有阙失，是因为他们"不审国体之过"，他解释道："国体者何？理直之谓也。治内者理直，则域内之民莫不服从，治外者理直，则域外之国莫敢干犯。"②对内，他主张要"官贤才，诘奸慝，明赏罚，急事功"；而对外则要"披情素，纳诚款，折凶邪，严守备，御暴害"③。在他看来，只有这样才能叫作理直，而"理直则名正言顺"，则"可以事神，可以治民，是之谓国体矣"④。

他认为，当今日本对欧美列强，应"外以结和约，内则上下淬厉，尝胆卧薪，以修攻战之具"。只有这样，才能"一旦有事，可以摧挫强虏"⑤，真正达到保持民族独立目的。

在此基础上，敬宇分析了当时的形势，具体地提出了自己的救国主张，在他看来，当时东西方的冲突乃是"挽近宇宙之变"。在这种情况下，还一味地墨守古典，则是"断断不可"之事，闭关锁国的政策已和当时形势扞格不入。他说：

> 夫锁国之制，所以行乎古者，以洋人航海未盛也。今则航海
> 互市无国无之。苟不变其制，彼将退然听命置我于度外耶？吾知

---

① 中村正直：《审国体》，《敬宇文集》卷三，吉川弘文馆，明治三十六年四月三十日，第1~2页。
② 同上书，第2页。
③ 同上。
④ 同上。
⑤ 同上书，第3页。

其不然也。必将诸蕃相煽,合而为一,交互扰边,逞其所欲。夫今日侵南陲,明日掠北边,如吴之病楚于奔命,是班牙之取墨是也,则将恐防东出西,救南起北,徭役征屯,无时而止。在彼固为往来之冲,非有千里劳兵之费,而在我固已不胜其困弊矣。①

所以,他断言"方今之时,非有进取之势,则不能为退守之计",而主张坚决进取。那么,他所谓的"进取之势"是什么呢?他说:"方今有一英雄出,则涣汗大号,一变国制,造坚舰,载胜兵,往万里,行互市",只有这样,才会"破陋士之见,而愕诸蕃之胆者焉"②。

由此可见,敬宇所谓的"进取之势"乃是要变换国制,也就是说,要用积极改革的方式,使日本从民族危机中解放出来,走上富强之路。那么,改革的重点应放在哪里呢?敬宇认为,国家强盛的根本并不在武力与经济,为了证明这点,他举了历史上秦朝和隋朝的例子:

秦任势力,遂能灭六国一天下,其强如是,然十三年而社稷墟矣。隋文帝一南北,定四海,务行节俭,库仓充溢,其富如是,然仅二世而亡,则知国之所恃以固者,盖不在区区间也。③

国家强盛的根本既然不在军事与经济,那么应在哪里呢?按敬宇的逻辑,他说:

---
① 中村正直:《变国制》,《敬宇文集》卷三,第2~3页。
② 同上书,第3页。
③ 中村正直:《固国本》,《敬宇文集》卷三,第3页。

> 风俗之于国，犹元气之于人身也。善养生者，不恃药石而务养元气，元气实而百体坚，百体坚而疾病奚由而生焉。善治国者不恃法令而务正风俗，风俗正则国本固，国本固则祸乱何由而起焉？①

显而易见，敬宇是要采用一种固国本的方法来强盛国家，而他所谓的国本是指一国的风俗。那么日本的风俗如何呢？敬宇认为日本古时的风俗还是不错的，他说："吾邦风俗之美，迥出他邦者有五焉。忠实无二，一也。慷慨轻死，二也。重厚少文，三也。廉耻节让，四也。敦朴不饰，五也。"②但是到了近代，由于"太平已久，风尚日趋骄奢，士气日流卑弱。忠厚之风渐息，而偷薄之习长，敦朴之性渐变，而轻靡之俗成，贵捷给而卑安静，好便佞而嫌正直。廉耻者目之以戆愚，慎重者讥之以迂阔，质素者斥之以矫饰，敢言者毁之以狂妄"③。不言而喻，此种情况，在敬宇看来，害处是极大的。他进一步指出："室町之季，政令溃乱，俗多尚侈靡，无几而天下大乱。照祖拨乱反正，修明政教，风俗复古，君臣之间，诚意交孚，欢如骨肉，礼文不具，而有恻隐之实，当时之士，忠厚敦朴，刚毅劲直，重廉耻，尚俭素，岂不彬彬盛代之风也哉。"故当时"列国皆畏之，是虽本于风俗之美，而实未尝不由于神圣德化之使然也"④。所以，敬宇认为："方今欲洗涤浇俗，挽回颓风，莫若师我成宪旧章焉，盖三纲既正，五伦不斁，骄奢息而用度足，偷薄改而廉让兴，衣冠之风正于上，则闾阎之俗正于下，天下之士民皆知爱君而不忍释，知亲上而不忍叛。如此则一旦有

---

① 中村正直：《固国本》，第5~6页。
② 同上。
③ 同上。
④ 同上。

急,将争效其死,而不敢顾其私矣。此之谓国本。"①

由此可见,敬宇所谓的"固国本",乃是一种由上而下的德育教化工作。在他看来,这种事业并不是很难成功的,其关键乃在于当权者的提倡。他说:"夫尧舜好仁而天下皆仁;桀纣好暴而天下皆暴。何也?上之所好,下之所趋也。苟以人主之所好而令之,虎豹之暴,可使化驯,而况邦人忠厚廉耻出乎天性者乎。"②

敬宇认为,如若实行以上诸种救国之策,最重要的一条即是要心诚,用他的话来说是要"存实心"。他指出:"天下之事,无不可为者,但苦元实心耳……今者外洋诸蕃,挟其强大,以逞亡厌之求,是可忍也,孰不可忍也。本邦古号强盛,虽元明之大国,一婴吾锋,立辄败衄,而今不能一吐气,岂不可耻乎?耻之则何如,亦曰实心而已矣。实心存则实政举,寐者觉醉者醒,变弱为强,转衰为盛,由(犹)反手耳。"③在敬宇看来,日本之所以受欧美列强欺侮而不能扬眉吐气,就是因为没有以实心行实政之故,他呼吁日本各界学习古今中外各国存实心而强盛的经验,洗心革面,以雪前耻。他说:"如越王勾践之欲报吴而卧薪尝胆则几矣,诚如秦孝公之耻不与中国会盟,发愤修政则几矣,诚如俄之彼得大帝亲往外国,学器艺,归教国人则几矣。诚忧国用不给,如宋仁宗御干濯衣可也。如隋文帝燕享不过一肉可也。诚忧士卒柔懒,如楚子日讨国人申儆可也,如唐太宗亲教射士卒可也。"④他大声疾呼:"今敌国在外,人心汹汹,应明目张胆,思所以改蠹弊,腐心切齿思所以雪羞耻。岂宜上下颓塌,如醉如寐,格格循守故典而已乎?使我果以实心行实政,擢

---

① 中村正直:《固国本》,第5~6页。
② 同上。
③ 中村正直:《存实心》,《敬宇文集》卷三,第6页。
④ 同上书,第6~7页。

贤才,明法令,信赏罚,足兵食,严海防,则强悍之虏。岂其万里提兵,空其国人而攻难攻之国,使他夷乘己之弊,必不然矣。"①

除此以外,他又写了《论北地事宜》等文章,具体地讨论了北方边防等问题,为日本提出了一整套的救国方策。

纵观敬宇的这一时期思想,我们可以看出其救国方案的基本脉络。首先,在民族危机面前,敬宇始终保持一种理智的态度。他不同于一般的主战派或主和派盲目主张"开国"或"攘夷",而是客观冷静地分析国内外形势,主张用理性的态度来处理内外关系。他主张伸张正义,始终认为"理义之强,天下莫尚也"②。其次,他提倡积极的开国论,他主张效仿俄国彼得大帝,变换国制,走改革之路。第三,他强调治理国家应注重培养国家的元气,即先使人民现代化,具体地说,是要养成国民良好的道德风尚,提高国民的素质。在他看来,要做到上述各条,最重要的是一个诚字,即"天下无奇策,以实心行实政,事事妥当乃为奇策"③。敬宇后来的思想虽比这一时期有所丰富和发展,但总体上可以说是这一时期思想的延续,特别是他的国民素质关系着国家强弱的思想像一条红线一样,始终贯穿在他的整个思想体系之中。

敬宇的这种救国主张,当时遭到了一些人的忌恨,加之他又与佐久间象山④过从甚密,一些人曾欲暗杀他。当这种风声传入敬宇耳边时,他不但没放弃自己的开国主张,反而更加紧钻研西学。他

---

① 中村正直:《存实心》,第6~7页。
② 中村正直:《审国体》,第2页。
③ 中村正直:《存实心》,第6~7页。
④ 佐久间象山(1811~1864),信浓松代藩士,名启,字子明,号象山。日本江户末期学者,和中村正直一样师事佐藤一斋,后开设象山书院,胜海舟、吉田松阴等均出其门下。他主张研究西学,殖产兴业,加强海防。他一度被幽禁,获赦后,致力于藩政改革,因主张开国论,为攘夷派所暗杀。著书有《省侃录》等。

在学习"兰学"的同时,进一步学习英语,庆应元年(1865),他从胜海舟处借来《英汉辞典》,竟从头至尾抄了一遍①。

前面已经谈到,在对欧美列强的态度上,敬宇并不是一味盲目地排外,而是站在理性的立场上,对欧美持一种冷静的分析态度,以进而了解西洋。他说:"当今之儒生多侮外蕃,以是彼之于形势,蒙如隔雾。一遇读洋文者,则攘臂而怒,曰:彼乃慕外夷者也,殊不知通天地人三才而谓之儒,谙外蕃之事,审外蕃之情,皆学者份内当为之事也。"②他又说:

> 夫我邦未尝与外国互市,故海外情形茫如隔雾,而外国则坚舰巨舻,往来五洲,故闻见广,阅历多,而其智识亦不得不与之俱长。犹富贾之自幼而习于其事,故能巧发奇中,每获赢利也。我邦人性固聪明,唯其素不往来外国,犹生而不离里闬之人,更事既寡,闻见狭隘,是其所以或来外人之侮也。呜乎,以天性聪明之人,而乃囿于见闻,岂不可惜乎?盖余察宇宙之势,不得不与外人通,假令我勿往,宁能禁彼之来乎?彼来而我勿往,则我之情形,彼悉洞知,而彼之动静,我徒茫然。吁?无事则已,一有祸变,我乌能捷。古人云,百闻不如一见。故余谓莫若募士人之欲往彼者,厚资遣之,使学彼艺术,且识其风俗形势。夫坐而学于彼,孰若往而学之捷,坐而翻书,孰若亲目其地之切。人之面目不能自见,必照于水,监于镜,而后识其妍媸。山之真形,在山者不知也,而数百里之外人皆得观之。盖拘于见闻者,以其所习为常,而居于局外者,其事非必公。故立身之善否,不能自知,而了

---

① 渡部升一:《中村正直とサミユエル・スマイルズ》,第545页。
② 中村正直:《敬宇文稿》三,安政元年稿,静嘉堂文库藏,转引自松本三之介:《明治思想における伝統と近代》,第63页。

焉乎他人之目。国政之治乱，居其邦者不察也，而不能逃于外国人之鉴。然则欲识我邦政俗何如，莫如博参之于外国也。①

在列举了派人学习西洋的诸般益处后，敬宇进一步指出：

> 试航于薄海之外，万里之表，入朝观政，见野知俗，以此转彼，以东参西，曰彼邦也俭，彼邦也奢。彼邦政令烦重，衰之兆也；彼邦法制简明，盛之候也。彼邦君臣奋发，任财力农将兴；彼邦上下废弛，崇饰虚文将亡。反而观之则我邦美丑善否，尽态呈露。有当改旧者，有当谋新者，有当奋兴振发者，虽欲暇逸以自安，得乎？苟其不然，蔽于见闻，傲然自大，曰彼夷狄也，而其智反有不若夷狄者，可不悲哉。②

毋庸否认，敬宇对那些持华夷之见、蔽于见闻而傲然自大的人之尖锐批评，与直接接触异质文化，从而加深自我认识的主张，在当时确有其独到之处。松泽弘阳氏曾指出：敬宇这种思想明显地超越了传统的华夷观念，同时也将"学习西洋"与"崇拜西洋"——糊里糊涂地追随西洋清楚地区别开来③。

抱着这样的西洋观，敬宇向幕府提出了留学的申请④。恰巧当

---

① 中村正直：《论遣人于外国使审其情形》，《敬宇文集》卷三所收，第11页。
② 同上。
③ 松泽弘阳：《〈西国立志编〉と〈自由之理〉の世界——幕末儒学・ビクトリア王朝急进主义・〈文明开化〉》，第13~14页。
④ 敬宇在庆应二年（1866）英国留学以前曾写过《留学奉愿候存寄书付》一文，这篇文章突破了自阪谷素以来只识为"西学"为"形而下"之学的西学观念。敬宇认为西学除了物质之学与技术之学之外，还有人伦之学、政事之学、律法之学等"性灵之学"。有关这方面论述，请参阅松本三之介：《明治思想における传统と近代》，第65页。

时幕府从旗本等家选派的12名留英学生中也正需要1名监督官，35岁的敬宇被选中，留学的年限一律定为5年，此后如需深造，在时间上还可以继续延长。当时顽固派曾企图刺杀敬宇，而另一方面，圣堂长林学斋则积极支持敬宇出洋，这当然和他平时对敬宇的信任有关。在他的支持下，敬宇离开了日本，前往英国①。1876年2月至翌年6月的英国经历对敬宇的思想产生了极大的影响。敬宇在英国的经历，国内的研究极少，我们只能借助日本学者的研究及其本人的自述来了解他的这一段历史。在英国，敬宇虽遇到很多的困难，但也得到了很大的收获。作为幕府最初的留学生，他们十分幸运，不但参观了水晶宫、造船厂、炼铁厂、乌里奇兵工厂、赫斯玛斯军港等英国值得自豪的军事、工业设施，而且有幸了解埃普索姆四龄马大赛等最重要的社交场合。学生们经过积极的准备，都考上了大学及各种学院，只有留学生监督敬宇和川路太郎二人因年龄关系未能入学。他们除偶尔聘请英国家庭教师之外，大部分还是靠其自学。敬宇当时努力学习的情景，我们可从与他一起留学的人那里得知。那时，敬宇每天清晨5时左右即开始背诵唐宋八大家文及《左传》《史记》，夜里则将中井竹山的《逸史》译成英文。当他接触到理雅各（James legge，1815~1897）译的"四书"、《书经》及其有关研究时，为其高水平所惊异，不禁发出了"洋人能出如此之汉学家，我日本人等将如何是好"的感叹。

这样，除了公式性的访问之外，敬宇几乎跬步不出，过着边自学边处理留学生庶务的生活。而对他怀有善意或关心而与其交往的英国人也很少，据说，敬宇留学英国期间，有三个人对他产生过影响，其中一人是准男爵德庇时（John F. Davis，1795~1890）。他

---

① 渡部升一：《中村正直とサミユエル・スマイルズ》，第544~546页。

曾任过香港的第一任总督,是英国汉学研究的创始人之一。他赠给敬宇数种中国经典英译本及有关中国文化的著述。其中一部分敬宇日后将其翻译成日文。儒者敬宇远渡西洋,而其学习英国文化的指路人竟是这样的一位人士,这不能不说是一种巧合,这使敬宇后来的中国与西洋的伦理一致的信念,因德庇时的中国论而从西洋方面得到证实。

另一个对敬宇产生过影响的人物是富丽兰德(Hunphry W. Freeland,1819~1892),他毕业于牛津大学,曾担任过奇彻斯特自由党的代议士,其家世代皆任乡里名誉之职。他的知识十分广博,写作是他的业余爱好,从他丰富多彩的著作和译著中,我们可以领略他渊博的知识,也可以窥见他对欧洲周边地域、东方问题及阿拉伯世界的关心程度。他可以称为维多利亚王朝绅士阶级的典型。他与敬宇相友善,在敬宇归国之际,他送给了敬宇一件珍贵的饯别之物,这便是斯迈尔斯的《自助论》①。

敬宇在归国的船中,对这本书爱不释手,反复地读了数遍,以致能背下其中一半以上的内容。在这部书中,敬宇确信发现了造就堂堂英国人的秘密,他觉得这部书是为日本而作的,如翻译了这部书,就能教给日本青年以生活准则,就能指示日本青年的人生道路。归国后,他即着手翻译,于明治三年十月二十五日完成译稿,由其夫人帮助誊清,最初定其书名为《立志广说》,正式出版时改名《西国立志编》。出版之经费,由当时静冈藩的执政大久保一翁由藩的资金中借出,出版之实务由学校的组头木平谦一郎一手承担。《西国立志编》问世时正是明治四年七月,当时敬宇正好40

---

① 松泽弘阳:《〈西国立志编〉と〈自由之理〉の世界——幕末儒学・ビクトリア王朝急进主义・〈文明开化〉》,第14~15页。

第三章　中村正直《西国立志编》《自由之理》与梁启超的新民思想

岁。关于《西国立志编》，本书后边还将讨论到，这里先不赘述。

还有一个人，他的名字并没有出现在有关敬宇的记述中，他叫奥理仿特（Lawrenee Oliphant，1829～1888），被称为维多利亚王朝政界的怪人，文久元年（1861年）曾任英国驻日公使馆一等秘书。当时他曾献身于T.L哈理斯领导的特异基督教运动。为了寻求向日本传道的同志，他怀着浓厚的兴趣与敬宇等交往，并向敬宇和川路二人宣讲他的信念。据奥理仿特说，敬宇和川路二人曾热心地倾听过他的宣讲，并受到了深刻的感染①。

如此看来，敬宇在英国所看到的都是英国的光明一面，而他所接触的人，也都属于英国上流社会的人物。这些人物或精通汉学，对东方文化有着深刻的理解；或曾出使日本，为基督教运动而献身。这种英国经历，无疑使敬宇的英国印象较之其留学前的英国印象，已发生了很大的变化。据敬宇说，他最初了解英国时是通过魏源的书，他说：

　　余尚记童子时，闻清英交兵，英屡大捷，其国有女王曰维多利亚，则惊曰，眇乎岛徼，出女豪杰乃尔，堂堂满清，反无一个是男儿耶。后读清国图志，有曰英俗贪而悍，尚奢嗜酒，惟技艺灵巧，当时信以为然。②

但是，当他真正地留学英国，亲眼所见英国的政治风俗后，他的看法改变了，他说：

---

① 松泽弘阳：《〈西国立志编〉と〈自由之理〉の世界——幕末儒学・ビクトリア王朝急进主义・〈文明开化〉》，第14～15页。
② サミユエル・スマイルズ著、中村正直译：《西国立志编》，讲谈社学术文库，昭和五十一年四月六日，第52～53页。

及前年，游于英都，留二载，徐察其政俗，以知其不然，今女王不过寻常老妇，含饴弄孙耳。而百姓议会权最重，诸侯议会亚之，其被选于众，为民委官者，大抵学明行修之人也。有敬天爱人之心者也，有克己慎独之功夫者也，多更事故，长于艰难之人也，而权诈儇薄之徒不与焉，慢神欺心之徒不与焉，酒色货利之徒不与焉，喜功生事之人不与焉，其俗则事上帝，尊礼拜，尚持经，好周济贫病者。国中所设仁善之法规，不遑殚述。……几百之事，官府所为十居其一，人民所为十居其九，然而其所谓官府者，亦唯为民人而设之机关耳。如贪权势，擅威刑之事毋有也。抑以通国之广，人民之多，岂不有奸宄不法之徒乎？然审其大体，则称曰：政教风俗擅美西方可也。而魏氏之书，称其贪悍尚奢嗜酒，是徒见西国无赖之徒居东洋者而概言之耳。何其谬哉。①

在敬宇看来，英国之强盛并不是其以前所想象的有所谓的女豪杰，而是靠着民主的议会制度与其议员的素质，而议员又是由民众中选出，民众的优秀品质又靠其国的风俗来培养，所以归根结底，英国强盛的本源乃是由其"事上帝，尊礼拜，尚持经的基督教精神而来的"。这种见解，他在多篇文章中都曾谈到，例如在《拟泰西人上书》一文中，他用西洋人的口气说道：

陛下自即位之始，大布新政，丕变故法。要因时势之使然，固非好事功之所为。开集议院，则仿佛巴力门之规制，而有人民

---

① サミユエル・スマイルズ著、中村正直译：《西国立志编》，第53页。

与政之渐矣。兴学校,则延西士为教师,而有人才长养之望矣。仿边尼书信馆之法,而驿官始置矣。招西国工匠之人,而火车电信次第开工焉。许书生使留学西国,则支给千万金之费而不惜焉。许洋商往开港场,则一切任其自由而不问焉,凡此等新政新法,莫非取外国之善,收他邦之长者,自非有陛下宽大之量,与人民自新之心,何以臻此,是实外臣之所称赞不已也。……然此等究不过西国之糟粕焉耳,顾至其精神,则殆如胡越之不相知焉,此西国人之所窃笑,而外臣之所为陛下惜也。陛下其亦知西国之所以富强乎?夫富强之原,由于国多仁人勇士,仁人勇士之所以多出者,莫非由教法之信心望心爱心者,西国以教法为精神,以此为治化之源,匪独此也,至于妙绝之技艺,精巧之器械,有创造者,有修改者,其勤勉忍耐之大势力,莫一不根于教法之信、望、爱三德者。盖今日西国之景象者,不过教法之华叶外茂者,而教法者,实为西国之本根内托者,贵国喜其枝叶之美,欲尽得之于己,百方试学,不愧如猿猴之为,而顾遣其所由之本根,其亦惑矣。①

如此看来,议会、学校、通信、技术等皆是西洋之糟粕,而"教法"才为富强之本源。那么,敬宇是不是认为日本人只有信奉基督教,国家才会走上富强之途呢?当然不是,敬宇只是强调基督教的精神可以培养人的敬天爱人之心,造就有克己慎独功夫之人,易言之,就是基督教精神可以培养人的君子人格。用他的话说,就是能造就仁人勇士,而仁人勇士越多,则国家就越强盛。

西洋的基督教文明既然可以培养人的敬天爱人之心,造就人

---

① 中村正直:《拟泰西人上书》,《敬宇文集》卷一,第6~8页。

的君子人格，那么东洋的儒家文明是否也能做到这点呢？这是敬宇从英国归国后一直思索的问题。敬宇归国后，幕府已经垮台，他随着将军庆喜来到静冈，任藩学静冈学问所的一级教授。在那里，他一方面翻译斯迈尔斯的《自助论》（明治四年，1871年出版）、穆勒的《自由论》（明治五年出版），一方面培养后进。明治六年，他在家中开馆讲学，指导后学，其私塾取名为"同人社"。当时，私塾英才云集，与福泽谕吉的"庆应义塾"齐名，而敬宇则被誉为"江户川圣人"。在这期间，敬宇有空坐下来重新研究儒学，他首先要考察儒家思想中是否有敬天的精神，他发现了大量的例证：

> 《仲虺之诰》曰："钦崇天道，永保天命"。《说命》曰："明王奉若天道"。《诗》曰："敬天之怒，罔敢戏豫"。孟子曰："存其心，养其性，所以事天也"。张子曰："乾称父，坤称母"。朱子曰："见古圣贤，朝夕只见那天在眼前"。薛文清曰："天地者，吾父母也，凡有所行，则知顺吾父母之命而已"。又曰："敬天之心，瞬息不敢怠"。又曰："敬天当自敬吾心始，不能敬其心，而谓能敬天者，妄也"。贝原益轩曰："或问儒者一生之事业，平日之功夫何如？"曰："事天而已"。事天之道何如？曰："仁而已"。为仁之道何如？曰："存心养性者，所以仁之体立也，爱育人物者，所以仁之用行也，乃所以事天也。"敬天之说盖如此。①

由此看来，答案是肯定的，东洋的典籍中存在着大量的敬天之

---

① 中村正直：《敬天爱人说》上，《敬宇文集》卷三所收，第16页。

说。那么爱人之说又如何呢？敬宇也发现了大量的例证：

> 樊迟问仁，子曰："爱人"。鲁恭曰："万民者，天之所生，天爱其所生，犹父母爱其子。一物有不得其所，则天气为之舛错，故爱民者必有天报"。程子曰："一命之士，苟存心于爱物，于人必有所济"。《西铭》曰："民吾同胞，物吾与也，凡天下疲癃残疾茕独鳏寡，皆吾兄弟颠连而无告也"。真西山曰："为政者当体天地生万民之心，与父母保赤子心，有一毫之惨刻，非仁也，有一毫之忿疾，亦非仁也"。薛文清曰："处乡人，皆当敬而爱之，虽三尺童子，亦当以诚为爱之，不可侮慢也"。爱人之说盖如此。①

毫无疑问，爱人之说在儒家的典籍中也是大量地存在着。敬宇从这里边汲取了大量的营养，在此基础上又加上他在英国的感受，遂形成了自己独特的敬天爱人说。他以天的概念为核心，将自己的理论从宇宙界敷衍到人生界，他说：

> 天者生我者，乃吾父也，与吾同为天所生者，乃吾兄弟也，天其不可敬乎？人其不可爱乎？②

他认为天是有生命的，说：

> 天者无形质可见，而实为人间万事之主宰，大则包六合，

---

① 中村正直：《敬天爱人说》上，《敬宇文集》卷三所收，第16页。
② 中村正直：《敬天爱人说》下，《敬宇文集》卷三所收，第16页。

小则入无间,故人心之善恶,无微而不察,善恶之报应,虽久而不忒。①

敬宇在其他的文章中也反复强调这个意思,他说:

天者无形而有知,无质而无所不在,其大无外,其小无内。勿论人之言动,不遁其昭鉴,乃一念之善恶,动于方寸者,亦不漏其视察,王法之赏罚,时有所不及,天道之祸福,虽迟速异而决无所怨,盖天者理之活者,故无质而有心。②

既然天有生命,并且有心,那么,天以何为心呢?敬宇说:"天以仁义为心。"如何证明这点呢?敬宇说:

由造化之迹而知之,观乎日月之所以交代,寒暑之所以推更,万物群汇之所以生育,岂不足以窥其大慈大惠之一斑乎?观乎祸福报应之验于人世者,岂不足以察其义刑义赏之一端乎?③

所以敬宇说:天心"即好生之仁也,人得此以为心,即爱人之仁也",故"行仁则吾心安而天心喜矣,行不仁而吾心不安而天心怒矣"④。

由此出发,敬宇又敷衍出了他的爱人说。他说:"敬天,故爱人。爱吾同胞,由于敬吾父。"在敬宇看来,"一人之身,非离人

---

① 中村正直:《送葛西士幹序》,《敬宇文集》卷四所收,第14页。
② 中村正直:《敬天爱人说》,第14页、17~18页。
③ 同上。
④ 同上。

而独立",乃是"由众人相依,而得安吾生也"。他认为"书籍之所以修养心灵者,衣服居室,百尔器用之所以保安身体者,皆成于古今来众人之心手,而为我必用之物,则我所由他人而得之利不可胜言,我既受利于他人,则我亦不可以不施利于他人,彼此相知以造福祉,是人之奉天职之道也。欲不爱人,何可得乎"①。

敬宇认为,敬天与爱人是互相联系的,说:

> 敬爱不可相离,天者,尊乎人也,故敬为主而爱在其中。人者与我同等也,故爱为主,而敬在其中。②

如此看来,在敬宇的"敬天爱人说"的理论体系中,敬天与爱人是一个不可分割的整体,因敬天才爱人,而爱人又是因为敬天。这里,敬宇所谓的"天",首先是有生命的,是一个无所不包、无所不在的主宰。其次,"天"又是有道义的,它用仁义之心创造了自然(造化之迹)。在宇宙界,"天"创造调和万物,支配着自然规律,而在人生界则义刑义赏,规定着人间的理法。敬宇认为,所谓的"天",虽无形质可见,但古之善人君子若"以道理之眼"即用理性来感知,则是可以认识的。由此可见,敬宇所谓的"天",很像朱子所谓的"主宰的天"与"理法的天"③。而敬宇的爱人之说,我们也能从中看出儒学对其深刻的影响。毫无疑问,敬宇的"敬天爱人说"与传统的儒家思想有着血肉的关系,它是传统儒家

---

① 中村正直:《敬天爱人说》,第14页、17~18页。
② 同上。
③ 在朱子那里,天有三种含义,其一是作为主宰的天,其二是作为自然的天,其三是作为理法的天。参阅沟口雄三、伊东贵之、村田雄二郎著《中国という视座——これからの世界史》的第一章《二つの理解》,平凡社,1995年6月19日。

学思想树上结出的果实①。

　　以上是敬天爱人说之大概，那么，敬天爱人说的实践意义在哪里呢？敬宇指出：古之善人君子，因"常见天在眼前"，"信天道之信赏必罚"，故"以诚敬行己，以仁爱接人，随境地之所遇，尽职分之当然，原于良心之是非，求合于天心之默许"，所以能"极富贵而不骄，立勋绩而不矜，受穷苦而不忧，跌功名而不沮，虽被祸害受陷灾而快乐之心不为少损"②。反之，若不知敬天，则会"知与人争耳，知与世竞耳。智识广则睥睨一世，功名成则眼中无人，愿欲违则咄咄书空，祸患及则怨天尤人，自私自利之念填塞心胸，而爱人利他之心，毫发不存"③。显而易见，"人苟知头上常有天之监临者，则诚意慎独之功自不容于不至也。由是观之。知天者德行之根基也"④。所以，"国多敬天之民，则其国必盛，国少敬天之民，则其国必衰"⑤。按敬宇的逻辑，人知敬天，自然会爱

---

① 敬宇的敬天爱人说虽可以说是传统儒家思想的产物，但是，我们也应该看到，敬宇的《敬天爱人说》等文章，是写在他去英国留学之后，是他归国后重新检讨传统儒家文化的结果，两年的欧洲生活，必然对他发生了潜移默化的影响，因此，在他的文章中，多少会染上基督教文明的色彩，关于这点，日本的松本三之介教授在他的《明治思想中的传统与现代》一书的第三章中讨论过这个问题。他指出："实际上这篇文章（指敬宇的《敬天爱人说》——译者）写于他刚从英国归国之后，因而它是儒家敬宇在英国被基督教式的西欧文明感化后的产物，带着这种影响，敬宇归国后又重新研究儒学，在进一步地理解'天地之造化'的基础上，展开了他的'天'论。因此，他在对天的解释中大胆地掺入了基督教式的造物主与人格神的观念，从而显示了基督教与儒教相重合的方向。……敬宇将'天'解释成'理之活者'，天是'有心'的，其存在是带有人格性质的，这种'心'简直就是一种好生之德，是一种平等地爱天之所生之民的'仁'而并非其它。敬宇声称：'天者生我者也，乃吾父也；人者，与吾同为天之所生者也，乃吾兄弟也，天其不可敬乎？'这样，敬宇在以'天'的观念作为媒介的同时，使之与基督教的人类爱观念靠近。"参阅松本三之介《明治思想における伝统と近代》，东京大学出版会，1996年2月22日，第68页。
② 中村正直：《敬天爱人说》下，第17页。
③ 同上。
④ 中村正直：《送葛西士幹序》，第14页、17页。
⑤ 同上。

人，假如民众都有爱人之心，"则彼此协力，大小同心，智恤愚，强扶弱，富济贫，众不暴寡，邦国如一家而福利崇焉"①。而爱人之深，就会"不欲自安逸而役他人，必欲自劳苦而役于他人。所谋者莫非公同之利，所志者莫非民人之益。当其行之也遇艰难而不沮，耐久而不倦，必达其志而后已"②。

按敬宇的解释，人若能知道"天命之可畏"，就会"以真实之心，行善良之事"③，就能有爱人之仁，从而形成自己的君子人格，而国中君子人格之人越多，则其国必强。培养国民的君子人格，用现在的话来说，就是培养国民的优秀品质，提高国民的道德水平，以这样的方法来兴国，这正是敬宇敬天爱人说的目的之所在。

敬宇认为，西洋的基督教文化可以培养西方人的信心、望心、爱心，使国内多出仁人勇士，而东方的儒家文化也同样可以培养人的敬天爱人之心与克己慎独之功夫。在养成君子人格这一点上，无论是东方儒家文化，还是西方基督教文化，它们的作用都是一致的。这样，敬宇在留学归国后重新研究儒家思想的基础上，得出了"古今中西道德一致"的著名论断④。

---

① 中村正直：《送葛西士幹序》，第14页、17页。
② 同上。
③ 中村正直：《西国立志编·第一编序》，《敬宇文集》第五卷所收，第7页。
④ 关于这一点，日本学者松本三之介教授有过精辟的论述。他认为："对敬宇来说，儒学始终是一种通于天人之际的普遍原则。"松本教授引用了《穆理宋韵府钞叙》以及敬宇发表在《东京学士会院杂志》上的《古今东西道德一致之说》《汉学不可废论》和《留学奉愿候存寄书付》等多种材料来证明他的观点。他说："对敬宇来说，儒学（或者汉学——原注）始终保持一种时而包摄西学，时而作为西学的基础的理由而存在，他不仅不与西学相对立，而且与西学有密不可分的联系。"参阅松本三之介《明治思想における伝統と近代》之第三章第三节《洋学をめぐる伝統と近代——中村敬宇の学問観》，东京大学出版会，1996年2月22日，第66~67页。

敬宇不仅认为东西文明不存在着对立,甚至进一步认为基督教与西方科学也在儒家学说范围之中,他说:

> 呜乎!孔子之道行于欧罗巴,孙子之兵法用于欧罗巴,而我亚细亚或有不及焉,可胜叹哉!……或疑欧罗巴宗教则尚耶稣,理学则宗培根、牛顿等,何以言孔子之道行于欧罗巴也?曰:余之所谓孔子之道云者,指其实也,非指其名也。孔子言仁爱,言忠恕,而彼之所以教于家而施于政实亦不外此道矣。孔子言致知,言格物,而彼之所以穷物理而利民用,实亦不外于此道矣。由是观之,则彼耶稣者,培根者、牛顿者岂不在于孔子范围之中耶?①

而对这样的事实,世人不但不知,反而向西方寻找真理,搞出了很大的笑话。他说:

> 吾常怪世人或以孔子之道为囿于文字章句之中,砣砣用力于此,而不知行其实于家国之间,又不知其实之既行于四裔之外。是犹藏书家之子孙,不能守其先人之遗,其书既已归于他人,而独守其目录,以为藏书在此,人孰有不笑之者哉。②

在敬宇看来,儒家文化乃是通行于天下的普遍真理,他断言:

> 盖孔子之道,即人之道也,即各人自己所当由之道也,通于

---

① 中村正直:《祝开簧文》,《敬宇文集》卷十三所收,第9页。
② 中村正直:《祝开簧文》,第9、10页。

天下所当由之道也。仁爱之心自迩及远。天德王道，一以贯之。格致之学，温故知新。六府允修，五福备臻。舟车所至，人力所通。顺此道则治，逆此道则乱……洋学者或以迂阔目孔孟，而不知孔孟实不然也，二者相离而不能相合，乃坐于孔子之道不实行也。此识者所同忧也。①

很明显，敬宇认为，西学既不是汉学家所谓的西学，而孔孟之道也并非洋学者所谓的孔孟之道。若论起传统儒学的"实"，那实在是一种既包含基督教精神也包含科学精神的通于天人之际的普遍准则。尤其在培养人们的君子人格的作用上，西方基督教与东方儒学有异曲同工之妙，西方基督教文明可以造就敬天爱人之心，培养仁人勇士，东方的儒家思想同样可以造就敬天爱人之心，培养人的君子人格。而国中具君子人格之人越多，则其国越强。在敬宇那里，东西方文化既无龃龉也无不合，若想自己国家富强，只有走提高本国国民素质之一途而已。所以，敬宇指出：世人以格致为富强之源，是固然。而予则以修身为富强之本也②。

基于以上的认识，敬宇和当时的明治启蒙思想家一样，均认为维新的意思并不是"政体之一新"，而应是"人民之一新"。他们均认为，只有先提高了民众的素质，才能谈到其他。

由此可见，中村敬宇在幕末明初日本面临"救亡"的课题面前，对西方列强所采取的策略并不只是简单地"攘夷"，而是用一种了解对手、学习对手长处的方法，以实现增强自己的实力。他希

---

① 中村正直：《祝开簧文》，第9、10页。
② 中村正直：《启蒙修身要训·序》，《敬宇文集》卷十五所收，第5页。

望了解西方强盛的原因，以使自己的国家赶上或超过西方，从而与西方分庭抗礼。

他通过留学英国，研究西方政治文化，亲身体会到了西方的"治化之美""文艺之善""机器之巧"等不过是西方之"末流"，而"教法"所孕育的民族精神才是内托于西方富强后面之本源，是"教法"造就了西方国家国民的君子人格，因而国民的品行，才是其国家强盛的原因。归国后，敬宇又一次对本国的传统儒学进行了研究，他发现，作为日本主要思想支柱的儒学，不仅不与西学对立，而且还有相互贯通之处，儒学与西方基督教精神有殊途同归之妙，都有造就国人君子人格的作用，于是他得出了"古今中西道德一致"的结论。在实践中，他对当时追慕西洋而反对儒学的思想进行反驳，提出了"汉学不可废论"。主张从人民教育的问题上入手，使"人民一新"，即先做到人的现代化，在人的素质上缩小与西方国家的差距。他的这些思想和主张，得到了明治政府的支持和采纳，在日本近代化的过程中产生了不可低估的作用。

为此，敬宇也得到明治政府的重视，他从《西国立志编》及《自由之理》等所获得的稿费，使他可以不靠任何社会赞助而维持"同人社"等的运作。不单如此，他还于明治八年（1875）设立"训盲哑院"。在此同时，由于他认识到女子教育的重要，又为女子师范学校的最初建设花费了很大的心血。此后他被任为东京大学文学部教授，又被敕任贵族院议员。有人推测说，假如敬宇及早遵从明治政府的意志出仕的话，他极有可能被列入华族。他后于明治二十四年（1891）六月七日殁，享年60岁[①]。

---

① 参阅渡部升一：《中村正直とサミユエル·スマイルズ》，第544~547页。

第二节　中村正直翻译的《西国立志编》与《自由之理》

中国在鸦片战争中的失败，对日本的思想界产生了很大的震动。一向为日本所企慕的"礼乐之邦"竟败给了"夷狄"英吉利，这一严酷事实使那些向奉"朱子学为正统"的思想家们不得不重新反思一下他们以往的思想体系。佐久间象山就是这些思想家中的一个。鸦片战争的刺激，使他的目光逐渐从朱子学的"义理"转向实证性的现实，他著名的"东洋之道德，西洋之艺术"（艺术乃技术之义），就是这种痛苦反思的产物①。但是，当时对日本的思想界来说，所谓的西学，主要是指西方的物质与技术之学，属于"形而下"的范畴，而朱子学的"义理"乃属于"形而上"的范畴。到了幕末，在思想界逐渐出现了一个值得注意的现象，那就是在对西学的理解上，从以往的以自然科学为中心逐渐向人文社会科学的领域里扩展。西周（1829～1897）与津田真道（1829～1903）在去荷兰留学之际即表现出这种倾向，西周在其《五科口诀记略》中说："吾邦近来与外国订交，因时务之所急，于江户设开成所，以学习洋文，旁及地理、算术、格物、化学诸科，唯西方政事一科，则未有传之者。而讲明万国交际之通义，究察四洲政治之得失乃今日之所急也。"②西周这里所谓的西学，已不再限于物质技术等"形而下"的范畴，而已扩展到政治学、法律学等西方社会科学的领域。

那么，敬宇的情况如何呢？前一节谈到他也受到了幕末这种

---

① 有关佐久间象山部分，请参阅松本三之介：《日本政治思想史概论》第二章《幕末における政治的思考の抬头》，劲草书房，1996年5月10日，第九版。
② 参阅松本三之介：《明治思想における传统と近代》，第64页。

洋学的影响，他在给幕府的留学申请中，明确表示他去英国是要学习"人伦之学""政事之学""律法之学"等"性灵之学"，换句话说，也就是要学习相对于物质之学、技术之学等"形而下"之学的"形而上"之学。但是，两年的英国留学生活，使敬宇发现了一种支撑在这些学问背后的无形东西，在敬宇看来，这些东西才是使英国强大的真正原因，他认为日本应向英国学习的并不是军事、经济、技术、制度等形质方面的东西，日本应向其学习支撑在这些形质性东西后面的民族精神及社会气风①。敬宇认为，只有提高国民的素质，才有可能实现日本的近代化。他的这种主张，与福泽谕吉的观点极为相近，本书在第二章里已经谈到，福泽谕吉曾将衣服、饮食、器械、住居、政令、法律等称之为"外在之文明"，而将"人心""国俗"等称之为"内在之文明"。他主张日本的近代化应分若干步骤，即第一步应改革人心，其次波及政令，最后才至有形之物。他警告明治政府说：如果颠倒了这种次序，日本的近代化将"立于壁前不能前进"，或"欲进寸反而激退尺也"。这里，福泽所谓的"内在之文明"的"气风"，与敬宇所说的民族精神与社会风气，应是同一层面的东西，即都属于国家强盛的本源或本根，也是改革步骤中的第一步。关于这一点，敬宇在他的《西国立志编》中《自助论·第一编序》中表达得十分明确，其序云：

---

① 日本的松本三之介教授曾就敬宇的留学收获说过一段很深刻的话，他说：敬宇并不仅仅在强大的军事、经济以及作为其根源的先进的科学技术等侧面寻求西方先进诸国富强的原因，而是注意比其更根本的东西"宗教"即由对造物主虔敬信仰所支撑的国民精神。敬宇的西洋文明观，不仅超越了那种"夫洋学者唯技艺耳"的传统西学观，当初敬宇也曾如此而且通过寻找支撑在西方发达科学技术背后的民族精神。谋求克服过去那种"形而上"之学与"形而下"之学，或"物质之学"与"性灵之学"形式主义两分法的思维方法，敬宇两年英国留学所得到的正是这种"物质之学"与"性灵之学"浑然一体的西学图像。参阅松本三之介：《明治思想における伝統と近代》，第70～71页。

>   余译是书,客有过而问者曰:子何不译兵书?余曰:子以为兵强国即赖以治安乎?且谓西国之强由兵乎?是大不然,夫西国之强,由于人民笃信天道,由于人民有自主之权,由于政宽法公。拿破仑论战曰:德行之力,十倍于身体之力。斯迈尔斯曰:国之强弱,关于人民之品行。又曰:真实良善者,品行之本也。盖国者,人众相合之称。故人品行正,则风俗美,风俗美,则一国协和,合成一体,强何足言。若国人品行未正,风俗未美,而徒汲汲乎兵事之是讲,其不陷而为好斗嗜杀之俗者几希,尚何治安之可望哉?①

在敬宇看来,西方的富强并不在于"客"所说的"兵强"即所谓的军事技术,而在于"人民有自主之权"和"政宽法公"的民主政治制度。而这种制度的本源,又在于"笃信天道""真实良善"的"品行"与"风俗"。所以,要使日本富强,而赶上或超越西方,第一个步骤首先要改造日本民众的品行,在国内形成淳美的风俗。因为"国之强弱,关于人民之品行"。因为"风俗美",才会"一国协和",才能"合成一体",国家才能强盛。由此可见,培养日本国民的君子人格,提高大和民族的民族素质,才是敬宇为日本的国家独立问题开的药方。本章前已谈到,敬宇归国后立即翻译了斯迈尔斯的《自助论》和穆勒的《自由之理》,那么,敬宇为什么急急翻译这两部书呢?换言之,这两部书与敬宇的政治主张有什么关系呢?为了搞清这个问题,在此我们不得不对这两部书及作者作一个简要的介绍。

---

① サミュエル・スマイルズ著、中村正直訳:《启蒙修身要训序》,第39页。

无论是《自助论》还是《自由论》,都是英国急进主义思潮中的产物,它们产生在19世纪30～40年代急进主义思潮取得胜利之后。二者在某种程度上虽属于同一阵营,但却有着不同的文化背景,《自助论》属于乡间(provincial)文化,而《自由论》则代表着首都伦敦的都市(metoropolitan)文化。19世纪30～40年代的急进主义,无论是代表哲学上的都市式的急进主义,还是乡间式的急进主义,他们对自由的要求都表现在少数特权阶级与多数中产阶级和人民对立的形式上,而运动的目标,则集中在选举权、粮食关税和国家的各项制度的改革上。但是,当这样的改革的大部分已实现,随着中产阶级和工人阶级上层势力的增加,运动中的优秀领导者们欲以新的形式对此问题重新进行反思。他们在反对其敌人即少数统治阶级特权的意义上,用消极的制度"改革"的形式使其自由的主张得以实现。成功使他们的势力壮大,他们的注意力开始转向自身内部的精神问题,使自由理想在具体的内容上进一步充实,朝着理论深化的方向前进①。

然而,由于出身的背景不同,乡间式急进主义的斯迈尔斯和典型的都市急进主义的穆勒在对这一问题的理解上存在着差异。

原著者撒米埃尔·斯迈尔斯,于1812年12月23日出生于苏格兰的哈丁屯(Hadington)。他兄弟姊妹共11人,他为长子,由于孩子多,家境并不宽裕,他年稍长,便一边在大学里求学,一边在一位医生家里帮忙。在他29岁时,其父患霍乱而去世。那时弟妹都很小,他最小的兄弟才3个月,当时他曾一度想中断学业,但其母坚决要求他继续学习,他听从了母亲的劝告,回到大学,发

---

① 参阅松泽弘阳:《〈西国立志编〉と〈自由之理〉の世界——幕末儒学·ビクトリア朝急进主义·〈文明开化〉》,第28页。

愤读书，最后终于成为一名医生。毕业后他在家乡开业行医，但在当时医生多而病人少的情况下，他不得不经常去作化学演讲，或是给报社写稿，于是，他逐渐地进入了新闻界。1838年至1844年间，他是周刊 *Leeds Times*（《导报》）的编辑，此后他又在另外几家的报社中工作，在此期间，他也经常给一些其他的报社投稿，后来，他因写蒸汽机车的发明家司蒂芬孙（George Stephenson，1781.6.9~1848.8.12）的传记获得成功，从而走上了著书的道路①。

斯迈尔斯的政治、社会思想框架的形成，则是发生在19世纪40年代的工业城市里滋，里滋是急进主义的一个据点。作为一个极大程度地左右急进主义运动的记者，他受到了里滋急进主义潮流里涌现出的工人阶级深厚自修传统的影响，而且，他曾试图做工人阶级的启蒙工作。正如《自助论》初版的自序中所写的那样，1845年他应邀在工人圈子中的一系列讲话，都成为《自助论》中的素材，原题是 *The Education of the Working classes; An Address delivered by Dr. Smiles to the Members and Friends of the Leeds Mutual Improvement Society*。在这种背景里，斯迈尔斯通过《自助论》想表达的是新生的中产阶级下层和工人阶级的自助问题。

斯迈尔斯在民众一般的日常伦理与生活技术两方面，即生活准则和生活艺术的层次上，非常具体地领悟了急进主义的理想，并且在维多利亚王朝式的活生生的基督教精神中得到证实。他在《自助论》中也开始对同时代中出现的反"自助"的生活态度展开批判。继《自助论》之后，他又写了 *Character*（《品质》，1871），*Thrift*（《节俭》，1875）、*Duty*，（《本分》，1887）等三部作

---

① 渡部升一：《中村正直とサミュエル・スマイルズ》，サミュエル・スマイルズ著、中村正直译：《西国立志编》，讲谈社学术文库，昭和五十六年四月六日二版，第547~548页。

品，随着时间的推移，斯迈尔斯的文章对同时代批判的调子越来越强烈。但是，在《自助论》里，他的批判毕竟还是由积极地鼓励与劝诫建立新目标和具体实现新目标理论的基调支配着。斯迈尔斯将他的新的图景传给读者的方法也与这种图景的内容相符，为了告诉那些被排斥在教育与学问之外与抽象思考无缘的人们，斯迈尔斯不是用抽象的理论而是用具体的实例，从大量的、众所周知的人们的逸闻和传记讲起。这正像斯迈尔斯期待的那样，每日劳累的人们也会逐渐用点滴的空暇以活生生的实感来读他的作品。

由此可见，斯迈尔斯的"自助精神"虽是一种非政治的、日常的生活之事，但是，斯迈尔斯总是令其在"民族主义＝民主"的基调中占有一定的位置。斯迈尔斯强调，"一个一个地转变民众的民族精神，其作用要远远地超过制度与法律的改革"。他认为，他的这种主张就是他对祖国与同胞的最大的贡献。斯迈尔斯正是在这种意义上劝诫了那些对制度改革和议会立法抱有过分期望和依赖的人们。由此可见，斯迈尔斯所谓的"自助精神"，是将斗争的目标指向各项制度和立法改革的急进主义，在取得某种程度胜利之后的一种再前进一步的尝试①。

如此看来，敬宇的主张与斯迈尔斯的"自助精神"十分相近，本章上节已经谈到，敬宇两年的留英生活，使敬宇找到了英国强大的真正原因，那就是支撑在英国先进的军事技术与政治制度背后的民族精神。正是这种民族精神，造就了英国国民的君子人格；而这些才是形成英国良好社会风尚，从而称雄世界的前提。所以，敬宇认为，在日本救亡的课题面前，解决日本民族独立的最好办法，就

---

① 参阅松泽弘阳：《〈西国立志编〉と〈自由之理〉の世界——幕末儒学・ビクトリア朝急进主义・〈文明开化〉》，第28～32页。

是提高日本人民的国民道德与品行，改造日本国民的民族素质。他的这种主张，与福泽谕吉的"只有一人独立，才能一国独立"的主张完全相同，是一种看似迂远但却是十分有效的方法，治史者不可轻轻看过。

正是怀着这种与斯迈尔斯一样的共感，所以敬宇归国后的第一件事，自然就是翻译斯迈尔斯的《自助论》了。在其所翻译的《西国立志编·综序》中写有这样的话："余又读西国古今之俊杰之传记，观其皆有自主自立之志，有艰难辛苦之行，原于敬天爱人之诚意，以能立济世利民之大业，益有以知彼土文教昌明，名扬四海者，实由其国人勤勉忍耐之力。"①

基于以上的认识，他和当时日本的启蒙思想家一样，均认为提高人民的素质乃是当时的主要任务，而政体的改革，应放到第二位，从而对板垣退助的《设立民选议院倡议书》持消极的态度②。他还在《明六杂志》上发表《改造人民性质说》，宣传他的主张：

> 戊辰以来言"御一新"之"新"者谓何？去幕政之旧而布王政之新也。然仅谓政体之一新，而非人民之一新也，政体如盛水之器物，而人民则如水也，入圆器则成圆，入方器则成方，虽器物变形状换，而水之性质无异也。③

在敬宇看来，政治制度的改变，"政体"这个容器会发生变化，水的形状也会随之变圆变方，但是"水的性质"即"人民的性

---

① サミュエル・スマイルズ著、中村正直译：《西国立志编》，第54页。
② 松本三之介：《明治思想史》，新曜社，1998年3月27日，第58页。
③ 中村正直：《人民的性质を改造する说》，《明六杂志》第三十号，明治八年二月刊行，第201～202页。

质"却没有丝毫改变。他说:

> 人民依然旧之人民也,奴隶根性之人民也,骄下媚上之人民也,无学文盲之人民也,嗜酒好色而不好读书之人民也,不知天理不省职分之人民也,智识浅短局量褊小之人民也,厌劳苦而不堪艰难之人民也,挟私智而行小慧之人民也,无勉强忍耐之性之人民也,浮薄轻纵而胸无主见之人民也,无自立之志而好依赖于人之人民也,乏观察思惟之性之人民也,不会使用金钱之人民也,破约诺而不重信义之人民也,薄友爱之情而不团结一致之人民也,不务新发明之事之人民也。①

在敬宇看来,虽然"免以诸弊之人民固然不少,但大抵如以上所书"。所以,"欲变其人民之性质,而使化为良善之性高尚之品行,仅改变政体则绝无功验"。这好比圆形之器,"虽可使为六角为八角而不能改其中水之性质一样。故改政体毋宁改变人民之性质使其愈善而去旧染,日新而又日新者可望也"②。

显而易见,敬宇改变自己祖国落后面貌的最终办法,还是落在提高人民品行的问题之上。了解了这一点,我们就清楚为什么敬宇归国后要急于翻译斯迈尔斯的《自助论》了。

然而,青年层中哲学上急进派的属望者穆勒对这一问题的理解却与斯迈尔斯有很大的差异。他成长于伦敦中产阶级的知识分子世界,与其说他接近英国地方社会和工人阶级,不如说他更亲近法国的知识界。穆勒认为,社会在取得与少数特权阶级战斗的胜利之

---

① 中村正直:《人民の性质を改造する说》,《明六杂志》第三十号,明治八年二月刊行,第201~202页。
② 中村正直:《人民の性质を改造する说》,《明六杂志》,第202页。

后，其实力大增，当今自由的问题已不是政治自由的问题，而应到中产阶级内部去寻找。关于这点，我们只要一读《自由论》，就会十分清楚地了解书中所谓的"社会的专政""多数的专政"这些曾在当时引起强烈不满的论战式语词的含义，就会十分清楚地了解其中的"社会"或"多数"乃专指"中产阶级"和"商业阶级"。穆勒提出的问题，我们在其与《自由论》同时写成的《自传》中也可见到，《自由论》与《自传》的执笔动机与主题互为表里。穆勒在与后来成为他妻子的哈里埃德·狄拉特和知识界朋友的交往中不得不尝试的痛苦经历也证实了这一点，因而对支配中产阶级的行动方式带有内部揭发的色彩。

所以当时《自由论》受到缺乏具体性的积极意见之类的批评，在某种意义上来说是当然的事，由于这场争论，对穆勒十分了解的卡拉依尔给他起了个"强词夺理的机器"的绰号，这对他来说十分合适。因为拖泥带水地展开论述，则其论理未必明晰而连贯，批评家为同时代的人们所忌恨所误解亦属当然之事。正如《自传》所说的那样，由于穆勒批判了中产阶级的"多数的专政"而使其接近了工人阶级，因此他的《自由论》印刷了很多廉价本。但是，《自由论》本来是专门针对中产阶级专政的议论，是企图为他的中产阶级而写的。

如此看来，1859年的斯迈尔斯和穆勒，在英国社会中虽肩并肩地站在相同的急进主义阵营，但是可以说所关注的问题有相当大的差距[①]。

但是，敬宇对穆勒《自由论》主题的理解却远不如他对斯迈尔

---

① 松泽弘阳：《〈西国立志编〉と〈自由之理〉の世界——幕末儒学·ビクトリア朝急进主义·〈文明开化〉》，第29~30页。

斯《自助论》的理解，而且，他翻译穆勒《自由论》的目的也很模糊，有关这一点，我们可以在他翻译《自由之理》所作的《自序》中窥见：

> 如予之梼昧者，本应无定是非之知见，此书所论之事，是耶非耶，非予所知也。或有人曰：然何故译此书耶？对曰：所有世上之议论，无论其或是或非，知之终比不知为善，故英国与欧罗巴诸国务广译他邦之书也。此书所论之自由之理（又曰自主之理——原注）虽于皇国本无关系，然于欧罗巴诸国乃为至要至紧之事而常被言及。故译此书以为研究外国政体之人万一之补裨也。①

并且，敬宇对穆勒《自由论》中的一个最基本的精神，即限制tyranny of society（社会的暴虐），the tyranny of the majority or public opinion（多数或公众意见的暴虐）的理解发生了偏差，以致在文章的一开始即将society（社会）译成了"仲间连中"（同伙们），随后又在注里加上了"即是政府"的字样。而且，通过《自由之理》将这句话反过来译成"政府即同伙的公司"，或直截了当地译成"政府"②。这样，由于敬宇的翻译，society（社会）的概念便变成了"政府"了。而且，在翻译individual（个人）和individulity（个体、个人）等时，也发生了问题。开始时，敬宇将

---

① 中村正直：《自由之理・自序》，明治文化研究会编《明治文化全集》第二卷，日本评论社，昭和四十二年十二月十五日，第四版，第6页。
② 参阅松泽弘阳同上书，对此问题，土屋英雄在其《梁启超的"西洋"摄取と权利・自由论》一文中论述颇详，狭间直树编：《共同研究・梁启超——西洋近代思想受容と明治日本》，みすず书房，1999年版，第38页。

其译成"一个的人""各自一人",还离原意不远。但有时则将其译成"一个的人民",有时则索性将其复数型直接译成"人民",而且将independence of individual译成"人民自由之权"的例子也很多,也可以看到形容词individual像individual liberty"人民各个自由"那样被译成"人民"的现象[①],而将individual independence and social control译成"人民自由之权与人民管辖之权",将the tyranny of opinion译成"认为用一种理论来钳制人民为善的人"。原文中提到的society(社会)将自己的好恶用law(法律)的形式强加给individual(个人),被译成了"政府会所"将自己的好恶强加给"人民"。而且,敬宇进一步发挥道"人之意见议论,乃源于人固有之道义之心,因而,若抑压之,则塞人之道义之心,夺其天良是非之心,乃政府自陷于邪见之中也"[②]。

敬宇的这种误译,导致了这样一种倾向,即自由的问题,仅仅在政府、统治者与人民对立的层次上被领会,而"社会""舆论"与个人对立的问题,则被上述问题所掩盖。而且使人感到对自由的压制,乃是对自然法上的人的本质发现的压制,其不外乎对自然法秩序的蹂躏而已。显而易见,在敬宇翻译的过程中,《自由论》的主题发生了两个重大的变化。第一,在穆勒看来,在英国,其父和边沁那一辈人反对少数特权阶级和君主垄断的政府,争取政治上自由的战争,已在他们所领导的18世纪30~40年代的大改革运动中取得了胜利。但是,穆勒写《自由论》时,欧洲大陆诸国,特别是德国却还在为此而战,而"社会的专政"的问题却是英国在取得上述胜利后为应付新的形势而提出的。在这种意义上,可以说敬宇

---

① 松泽弘阳:《〈西国立志编〉と〈自由之理〉の世界——幕末儒学・ビクトリア朝急进主义・〈文明开化〉》,第40~41页。
② 同上。

是用英国穆勒父辈时所面临的问题与当时欧洲大陆诸国所面临的问题替代了"社会的专制"这样的《自由论》的主题。第二，对功利主义者们来说，克服自然法式的思考方式，是其第一代边沁及穆勒父亲老穆勒以来的重要课题，当然穆勒也继承了这个传统。若从这点来看，也可以说敬宇通过翻译工作，将《自由论》中穆勒的先辈以前的克服自然法式的思考方式的立场带到敬宇的《自由之理》中来了①。毋庸怀疑，敬宇《自由之理》的翻译，显然背离了穆勒的《自由论》的主题。日本的石田雄教授谈到敬宇《自由之理》的翻译时写道：

> 由于中村敬宇在《自由之理》中将Society译成"同伙们"即政府。使得人们对于穆勒原书中所强调的"多数的专制"，即所谓社会的压力对个人自由的影响，完全未能理解。于是，使问题的重心专朝政府与所谓"人民"这样的集团间对立关系的方面倾斜。于是，在政府与"人民"之间，作为对抗一方主体的"人民"被当作集团而成为一个有机体的实在时，不仅被称作"人民"运动的自由民权运动中的个人诸自由被忽视，而且对个人意见如何形成集体意志的程序也缺乏考虑。其结果，只允许一种意见存在，必然会被视为作为有机集团"人民"的前提。②

通过上述分析我们可以看到，同是敬宇翻译《自由之理》和《西国立志编》，由于译者对其主题理解不同，译著和原著之间发

---

① 松泽弘阳：《〈西国立志编〉と〈自由之理〉の世界——幕末儒学・ビクトリア朝急进主义・〈文明开化〉》，第40～41页。
② 石田雄：《日本の政治と言叶》上卷，《自由と福祉》，东京大学出版会，1989年11月24日，第45页。

生了重大的变化。《西国立志编》可以说是基本上领会了原著的精神，因而可以说是成功的翻译，而《自由之理》则由于种种原因，已与原著大相径庭。这些通过翻译产生的变型都是在日本的国土上发生的，而梁启超却恰恰是读了这些产生过变型的西籍，故其所受的影响，无可避免地要染上一层日本的色彩了。

第三节　中村正直对梁启超的影响

《西国立志编》对梁启超来说应当并不陌生，早在戊戌变法之前，其师所编《日本书目志》时，其中即收有三种不同版本的《西国立志编》[①]。当时康门弟子赵秀伟、陈国镛、汤辅朝、欧榘甲等参加了编辑工作，加之此书中中村正直的七篇序言均用汉文写成，并不存在着语言隔阂[②]，所以说此书的改造国民品行的主张应当在康门内已引起重视。但如所周知，戊戌变法却是一场自上而下企图引进西方政治制度的改革，那么是不是教育民众的事情未能引起他们注意呢？也并不能这样说，教育民众，是康、梁在戊戌时期就提出的一个主张，而且康有为在其《日本书目志》的按语中也确实提出过西方富强之本在于道德的观点，他说：

---

① 戊戌变法之前，康有为曾托人在日本购置了大量日本书籍，在其女儿和弟子的帮助下，对这些图书分类整理，编成《日本书目志》十五卷，其卷四《图史门》中便有三种不同版本的《西国立志编》，它们的定价分别是一角、二角与二角五分。参阅康有为《日本书目志》，蒋贵麟主编：《康南海先生遗著汇刊》第十一，宏业书局，1986年6月再版，第161页。

② 《西国立志编》最早的版本，笔者未能见到。笔者所据《西国立志编》是讲谈社学术文库，昭和五十六年四月六日出版的。它是以昭和二年博文馆本为底本再版的，再版时中村正直的序文已全部改成日文。笔者是根据松本三之介的《明治思想における传统と近代》而说中村正直的序文最早是用汉文写成的。

管子曰:"礼义廉耻,是为四维,四维不张,国乃灭亡。"儒以忠信为甲胄,礼义为干橹,自非生番野蛮之国,未有不贵道德修身者,此万国古今之通理。国之强盛弱亡,不视其兵甲之多寡,而视其风俗道德之修不修。近者泰西财富兵力方行四海,而推原治本,颇由其俗尚信义致然。①

但康有为与中村正直不同的是,中村正直认为西方各国强盛之本原归根结底只在人民之品行,并不涉及其他,所以,若想本国强盛,只有走先提高人民素质之一途。康有为则不然,他虽认为西方强盛在于"其俗尚信义致然",但是他认为在此本原之外,还有其他本原,他说:"泰西之强,不在军兵炮械之末,而在其士人之学,新法之书,凡一名一器,莫不有学:理则心伦、生物,气则化、光、电、重,蒙则农、工、商、矿,皆以专门之士为之,此其所以开辟地球,横绝宇内也。"②可见,康有为认为西方强盛的本原,还在于其背后的科学技术上,并且,他感到这一点似乎更重要,他又说:

地球之辟,自欧人始也,电线、铁路环球而绕之者数十匝,宫室、桥梁、道路、服食、器用壮丽腾踔,皆百年来所骤进,四千年所未有也。于是,扬跨海之巨帆,辟大荒之新地,尽横地旧国剪灭而麾碾之,真可谓盛强者也,夫欧洲所以骤至盛强者,其为兵之练欤?其为炮械戒之精欤?其为机器之巧欤?昧昧我思之,其有不然欤!其有本原者存焉。日本蕞尔岛国,其地十八万

---

① 康有为:《日本书目志》,蒋贵麟主编:《康南海先生遗著汇刊》第十一册,宏业书局,1986年6月再版,第376~377页。
② 康有为:《日本书目志·自序》,同上书,第1~2页。

方里,当中国之一蜀。而敢灭我琉球,剪我朝鲜,破我辽东,砾我威海,虏我兵船,割我台湾。夫日本所以盛强者,为其兵之练欤?为以炮械之精欤?昧昧我思之,其有不然欤!其有本原者存焉。尝考欧洲所以强者,为其开智学而穷物理也,穷物理而知化也。夫造化所以为尊者,为其擅造化耳。今穷物理之本,制电、制雨、制冰、制水、制火,皆可以人工代天工,是操造化之权也,操造化之权者,宜其无与敌也。昔吾中人之至德国也,必问甲兵炮械,日人之至德国也,必问格致。德相毕士马克曰:"异日者,中国其为日弱乎?"观日本讲求格致之书,诸学粲然,而理学之书繁博,分小学、高等之级,入门读本之次,教授之法及其大学纪要之详。呜呼!吾其宜为日弱哉!夫今天下之战,斗智而不斗力,亡羊补牢,及今或犹可也。若犹但言军兵炮械而不兴物理之学,吾岂知所税驾哉。[1]

不但如此,他还认为西方强盛的原因在于学校教育,他说:

> 泰西之强,吾中人皆谓其船械之精,军兵之练也,不知其教育之详也。故五十年来,吾中国亦渐讲军兵炮械,费帑万万,而益以借寇兵赍敌粮耳。此中西强弱之大键,不可不明辨也。[2]

由此可见,在康有为看来,西方强盛之本原是多方面的,而要全面地学习西方成功的经验,只有依靠光绪帝,实行自上而下的变法。

---

[1] 康有为:《日本书目志·自序》,第41~42页。
[2] 康有为:《日本书目志》,蒋贵麟主编《康南海先生遗著汇刊》第十一册,宏业书局,1986年6月再版,第409页。

戊戌变法前后,梁启超深受其师影响,也认为西方之强盛,并不在于兵,而于兵之后还有更深刻的原因,他说:

> 中国官局旧译之书,兵学几居其半,中国素未与西人相接,其相接者,兵而已,于是震动其屡败之烈,怵然以西人之兵法为可惧,谓彼之所以驾我者,兵也。但能师此长技,他不足敌也。故其所译,专以兵为主。其间及算学、电学、化学、水学诸门者,则皆将资以制造,以为强兵之用,此为宗旨刺谬之第一事,起点既误,则诸线随之,今将择书而译,当知西人所强者兵,而所以强者不在兵,不师其所以强,而欲师其所强,是由欲前而却行也。①

那么西方强盛的本原是什么呢,梁启超认为是西方的智,即西学,他说:

> 夫凡含生之伦,愈愚犷者,其脑气筋愈粗,其所知事愈简,故虎豹虽猛,人能槛之,野人所知亦简,故苗黎番回虽悍,人能制之,智愚之分,强弱之原也。今以西人声、光、化、电、农、矿、工、商诸学,与吾中国考据辞章,帖括家言相较,其所知之简与繁,相去几何矣。兵志曰:知彼知己,百战百胜,人方日日营伺吾侧,纤细曲折,虚实毕见,而我犹枵然自大,偃然高卧,非直不能知敌,亦且昧于自知,坐见侵凌,固其宜也。故国家欲自强,以多译西书为本,学者欲自立,以多读西书为功。②

---

① 梁启超:《变法通议》,《合集》文集之一,第68页、69页。
② 梁启超:《西学书目表序例》,《合集》文集之一,第122~123页。

由此可见，梁启超认为，强弱之原，在于"智"与"愚"之差，西方之强在于其声、光、化、电、农、矿、工、商之胜于中国之考据辞章。所以国家如欲自强，应以多译西书为本，即向西方学习。他反复强调他的主张："今日中国欲自强，当以译书为第一义矣。"①又说："译书真今日之急图哉。"②

当然，梁启超主张通过西籍而向西方学习的，并不只是所谓的声、光、化、电、农、矿、工、商等科学技术方面的东西，他认为更重要的是西政，先要学习西方的政法，他说：

> 夫政法者，立国之本也，日本变法，则先其本，中国变法，则务其末，是以事虽同，而效乃大异也，故今日之计，莫急于改宪法，必尽取其国律、民律、商律、刑律等书而广译之。如罗马律要，诸国律例异同，诸国商律考异，民主与君主经国之经，公法例案，条约集成等书，皆当速译。③

可见，梁启超认为西方强盛的本原，并不在于军事，而是在于其学问；学问之中，科学技术等固然是重要的，但更重要的乃是其政治制度，即他所谓的"夫政法者，立国之本也"。基于这种想法，他认为最重要的工作就是变法，他说："吾今为一言以蔽之，曰变法之本在育人材，人材之兴在开学校，学校之立在变科举，而一切要其大成，在变官制。"④

---

① 梁启超：《读日本书目志书后》，《合集》文集之二，第52页。
② 梁启超：《大同译书局序例》，《合集》文集之二，第57页。
③ 梁启超：《变法通议》，《合集》文集之一，第68页、69页。
④ 梁启超：《变法通议》，第10页。

显而易见,梁启超把他最后的着眼点是放到了改革制度上。关于这一点,民国十一年(1922年)他所写的《五十年中国进化概论》,曾对鸦片战争以来50年的历史作了一番回顾,并把此一段历史分为三个时期,其中间部分涉及了他和他的老师康有为当时的思想和行动,他说:

> 古语说得好,"学然后知不足"。近五十年来,中国人渐渐知道自己的不足了。这点子觉悟,一面算是学问进步的原因,一面也算是学问进步的结果。第一期,先从器物上感觉不足,这种感觉从鸦片战争后渐渐发动,到同治年间借了外国兵来平内乱,于是曾国藩李鸿章一班人,很觉得外国的船坚炮利,确是我们所不及,对于这方面的事项,觉得有舍己从人的必要,于是福建船政学堂,上海制造局等等渐渐设立起来。但这一期内,思想界受的影响很小,其中最可纪念的,是制造局里头译出几部科学书。这些书,现在看起来虽然很陈旧,很肤浅,但那群翻译的人,有几位颇忠实于学问,他们在那个时代,能够有这样的作品,其实是亏他。因为那时读书的人都不会说外国话,说外国话的都不读书,所以这几部译本书,实在是替那第二期"不懂外国话的西学家"开出一条血路了。第二期是从制度上感觉不足,自从和日本打了一个败仗下来,国内有心人真像睡梦中着了一个霹雳,因想到堂堂中国为什么衰败到这田地?都为的是政制不良,所以拿"变法维新"作一面大旗,在社会上开始运动,那急先锋就是康有为、梁启超一班人。这班人中国学问是有底子的,外国文却一字不懂,他们不能告诉人"外国学问是什么,应该怎么学法"。只会日日大声疾呼说:"中国旧东西是不够的,外国人许多好处是要学的。"这些话虽然是囫囵,在当时却发生了很大的效力,

他们的政治运动,是完全失败,只剩下前文说的废科举那件事,算是成功了。这件事确能够替后来打开一个新局面,国内许多学堂,外国许多留学生,在这期内蓬蓬勃勃发生。第三期运动的种子,也可以说是从这一期繁殖下来。这一期学问上最有价值的出品,要推严复翻译的几部书,算是把十九世纪主要思潮的一部分介绍进来。可惜国里的人能够领略的太少了。第三期便是从文化上根本上感觉不足,第二期所经过时间,比较的很长,从甲午战役起,到民国六七年间止,约二十年的中间,政治界虽变迁很大,思想界只能算同一个色彩,简单说,这二十年间,都是觉得我们政治法律等等,远不如人,恨不得把人家的组织形式,一件件搬进来,以为但能够这样,万事都有办法了。革命成功将近十年,所希望的件件都落空,渐渐有点废然思返,觉得社会文化是整套的,要拿旧心理去运用新制度,决计不可能,渐渐要求全人格的觉悟。恰值欧洲大战告终,全世界思潮都添许多活气,新近回国的留学生,又很出了几位人物,鼓起勇气做全部解放的运动,所以最近两三年间,算是划出一个新时期来了。①

梁启超把自鸦片战争以来的50年分为三个阶段。按他的说法,这50年来是中国人逐渐学习西方的过程:第一阶段认为外国人船坚炮利,先是从器物上感觉不如人。第二阶段觉得在船坚炮利的背后还有所谓的制度,觉得我们的政治法律等等远不如人,正是由于西洋的政治制度优于我们,我们才败给了外国,所以我们要学习西方的政治制度。第三阶段,由于辛亥革命以后,袁世凯复辟帝制,以及军阀混战等结果,原来所希望的只要有了共和制度,万事都有办

---

① 梁启超:《五十年中国进化概论》,《合集》文集三十九,第43~45页。

法的想法落空了。知识界渐渐有点废然思反,觉得用旧心理去运用新制度是不可能的,即从文化上感觉不如人,于是进入了第三个阶段。梁启超和其师康有为所处的戊戌变法时期,不论当时他们言论和主张如何纷繁,其最主要的目的,是要引进西方的政治制度,以实现自上而下的改革。戊戌变法运动失败后,康、梁流亡海外,但他们并没有放弃救出光绪帝而实行自上而下改革的希望。他们四处奔走,积极活动,希望日本政府能够帮助他们救出光绪皇帝,但日本政府对他们的要求表现得很冷淡。一些民间人士虽然对他们表示同情,但是并不赞成他们搞急激的改革。一些日本报纸甚至批评戊戌变法失败之原因是操之过急①。在康有为率梁启超访问日本明治维新功臣胜海舟时,因胜海舟告诫康有为不要为西方外形之文明所幻惑而搞急激的改革,一言不合,康有为大怒,踢翻座椅,与梁启超拂袖而去②。康有为被迫离开日本赴加拿大后,梁启超栖身于他曾经作为变法样本的日本,"与彼都人士相接,诵其诗,读其书时有所感触"③。他将那些感触最深的写成《自由书》发表在他创立的《清议报》上。日本"维新之大儒"中村正直,自然要在他的《自由书》中占有重要地位。

前已谈到,敬宇认为"西方强盛之原"在于人民的品行,而品行又根源于其背后的基督教精神,而且,作为东洋文明的儒家与西方的基督教精神也不存在矛盾,其目的都是要培养人的君子人格,在这种前提下,他提出了"古今东西道德一致"的理论,对当时日本一部分人提出的反对汉学的主张给予反驳,提倡"汉学不可废

---

① 丁文江、赵丰田编:《梁启超年谱长编》,上海人民出版社,1983年,第162页。
② 东亚同文会编:《对支回顾录·中西重太郎君》,昭和十一年七月十日三版,第633页上。
③ 梁启超:《自由书·叙言》,《合集》专集之二,第1页。

论"。基于这种认识,敬宇认为,"改造人民性质"才是日本当时的主要工作,因而他对当时的政治改革持消极的态度。这也是多数明治启蒙思想家的共同特点,因为大家均认为,维新的真正意义将是"人民之一新",而不是"政体之一新"。

让我们看一看,梁启超是在何种程度上接受了敬宇的这些主张的。

梁启超在他的《清议报》的《自由书》中,把敬宇的《西国立志编》中的6篇序言全部录入他的《自由书》中①。并对敬宇的《西国立志编》在明治维新中启蒙作用大加赞扬。他说:

> 日本中村正直者,维新之大儒者也,尝译英国斯迈尔斯氏所著书,名曰《西国立志编》,又名之为《自助论》,其振起国民之志气,使日本青年人人有自立自重之志,功不在吉田(松阴)、西乡(隆盛)下矣。②

他希望自己像中村正直那样,从国民的道德教育入手,建立新道德,做好民众的启蒙工作,他在其《新民说》表达了这种愿望,其云:

> 苟不及今急急斟酌古今中外发明一种新道德者,而提倡之,吾恐今后智育愈盛,则德育愈衰,泰西物质文明尽输入中国,而四万万人且相率而为禽兽也。呜呼,道德革命之论,吾知必为举国之所诟病。顾吾特恨吾才之不逮耳,若夫与一世之流俗人挑战

---

① 《西国立志编》共十三编,其中中村正直共为其作序七篇。第十一编序为望月冈孟五所撰,梁启超在将其录入《自由书》时,未录中村正直第二编序,反将第十一编序录入。
② 梁启超:《自助论》,光绪二十五年八月二十一日《清议报》,第5页。

决斗，吾所不惧，吾所不辞，世有以热诚之心，爱群爱国爱真理者乎，吾愿为之执鞭以研究此问题也。①

文中表达了他强烈的要改变民众道德面貌的愿望。不仅如此，梁启超还经常在他的文章中引用《西国立志编》中的"天常助自助者"（天はみずから助くるものを助く，Heavent helps those who help themselves）的名言②，希望每个中国国民均能自立。此外，中村正直《西国立志编》中出现的拿破仑、哥伦布、巴律西、士提反孙（现译为史蒂芬孙）、瓦德（现译为瓦特）等欧美史上的有名人物，也经常出现在梁启超的《自由书》《新民说》等文章中，成了教育鼓舞人民的材料。而观其《新民说》的叙论，其中关于国家强弱之本原的提法，已和戊戌时代大不相同，其云：

> 自世界初有人类以迄今日，国于环球之上者何啻千万，问其岿然今存，并在五大洲地图占一颜色者，几何乎，曰百十而已矣。此百十国中，其能屹然强立，有左右世界之力，将来能战胜于天演界者，几何乎？曰四五而已矣。夫同是日月，同是山川，同是方趾，同是圆颅，而若者以兴，若者以亡，若者以弱，若者以强，则何以故？或曰：是在地利，然今之亚美利加，犹古阿美利加，而盎格鲁撒逊（英国人种之名也——原注）民族何以享其荣。古之罗马，犹今之罗马，而拉丁民族何以坠其誉？或曰：是在英雄。然非无亚力山大，而何以马基顿今已成灰尘，非无成

---

① 梁启超：《新民说》，《合集》专集之四，第15页。
② 参阅サミユエル・スマイルズ著、中村正直译：《西国立志编》，第55页；梁启超《国民十大元气论》（一名《文明之精神》），光绪二十五年十一月二十一日《清议报》，第2页。

吉思汗，而何以蒙古几不保残喘，呜呼，噫嘻，吾知其由。国也者，积民而成，国之有民，犹身之有四肢五脏筋脉血轮也。未有四肢已断，五脏已瘵，筋脉已伤，血轮已涸而身犹能存者。则未有其民愚陋怯弱，涣散混浊，而国犹能立者，故欲其身长生久视，则摄生之术不可不明，欲其国之安富尊容，则新民之道不可不讲。①

此时，梁启超从教育人民入手的目标已相当明确，他已十分清楚地感到，如果民众愚陋怯弱，涣散混浊，则无论怎样改革，终将无济于事。这种明确的认识，已和他戊戌变法时的"当其论此事也，每云必此事先办，然后他事可办，及论及彼事也，又云彼事先办，然后余事可办"②的游移不定形成了鲜明对照。这种变化，自然和到日本后，读日本之书，受到的中村正直等日本启蒙思想家的影响是分不开的。

但是，是不是说梁启超完全接受了敬宇的主张呢？当然不是，例如他在其《自由书》中引用敬宇文章时，便改动了敬宇的原文。敬宇在论述英国的风俗时说：

其俗则事上帝，尊礼拜，尚持经，好赒济贫病者。国中所设仁善之法规，不遑殚述。③

但是，梁启超则将上文改成：

---

① 梁启超：《新民说·序论》，《合集》专集之四，第1页。
② 梁启超：《与严又陵先生书》，《合集》文集之一，第107页。
③ サミュエル・スマイルズ著、中村正直译：《西国立志编》，第53页。

> 其俗则崇尚德义，慕仁慈，守法律，好赒济贫病者，国中所设仁善之法规，不遑殚述。①

中村正直的原意是要说明英国强盛的本源是在于基督教精神。但梁启超似乎不以此为然，他当时确实很费了一番脑筋，才将文句改成上述的样子。乍一看，似乎与原意相去不远，但仔细推敲起来，梁启超改过的部分，已经与中村正直的原意大相径庭，中村正直思想中重要的部分被换掉了。上文已经分析过，在敬宇看来，国之强弱，全以其国内有君子人格的人多少以为差，而儒家的敬天爱人说与西方基督教精神在造君子人格方面相比，不仅不逊色，有时甚至能过之，所以"儒学始终是一种通于天人之际的普遍原则"。不仅儒家与基督教的关系既无矛盾也不对立，而且传统与现代的关系既不紧张也无扞格。在敬宇那里，"古今中西的道德完全是一致的"。而梁启超则不然，从其故意将敬宇的"事上帝，尊礼拜，尚持经"改成"尚德义，慕仁慈，守法律"这一点就很能说明问题。他虽读敬宇的书，但将敬宇书中最重要的部分忽略了。他们各自都是本国的启蒙思想家，但在对本国文化与外来文化关系处理上，却明显地表现出差异。启蒙思想家的影响往往是深远的。从日中近代化过程的角度来看，日本文化与西方文化的矛盾冲突并不激烈，并且，传统与现代也是很和谐地融合在一起的，而中国现代化的过程就十分曲折，这里面既有东西方之间的冲突，也含有传统与现代之冲突。

当然，我们不能苛求前贤，我们应充分地考虑到梁启超当时所处的环境。1902年。是梁启超思想充满了矛盾的一年，他一方面

---

① 梁启超：《自助论》，《合集》专集之二，第17页。

痛恨清政府经八国联军之难,创巨痛深,但疮痍既复而故态旋萌。故其报中论调,日趋激烈①。另一方面,他又不慊于当时革命家之所为,惩羹而吹荠,而持论稍变,然其保守性与进取心常交战于胸中,随感情而发,所执往往前后矛盾②。加之此时他又急于传播新思想,故将日本人所译西籍糅合在自己的文章中而不分派别、不分本末地输入国内,这种饥不择食的输入,自然不能使他静下心来仔细地分析思考,考虑不周或受日本的影响自然是无疑的了。

如我们在《论政府与人民之权限》一文中,即可以明显地看到这种现象,关于国家主权归属问题,梁启超依据的伯伦知理的国家有机体论③。在政府起源问题上,他依据的是卢梭民约论④。在政府成立的目的上,他明显地受到加藤弘之的影响⑤。并且我们在其文章中也能看到福泽谕吉的文明三段论的影子。而在这篇文章的最主要部分,梁启超正是以中村正直译的《自由之理》为蓝本写成的⑥,我们在本书第二节时已经讨论过。中村正直在翻译穆勒《自由论》时,由于种种原因,将"社会"译成了"政府",将"个人"译成了"人民",因而背离了穆勒《自由论》的主题。而他的误译则直接地影响到梁启超,在梁启超的文章中,穆勒的"社会"与"个人"的对立的问题,也像中村正直一样变成了"政府"与

---

① 梁启超:《莅报界欢迎会演说词》,《合集》文集之二十九,第3页。
② 梁启超:《清代学术概论》,《合集》专集三十四,第63页。
③ 伯伦知理的《国法泛论》被译成日文的共有数种,梁启超最初见到的可能是平田东助与平塚定二郎合译的《国家论》。详细请参阅本书第六章《国家有机体论与梁启超》。
④ 梁启超接触卢梭思想是通过中江兆民所译的《理学沿革史》,原著叫《哲学史》(*Histoire de la Philosophie*,1875),为法国哲学家富耶所著。参阅宫村治雄《开国经验的思想史–兆民と时代精神》的第九章《梁启超の西洋思想家论–その"东学"と关连において》,东京大学出版会,1996年5月7日。
⑤ 详细请参阅本书第六章。
⑥ 土屋英雄:《梁启超の"西洋"摄取と权利・自由论》,第139页。

"人民"对立的问题;而穆勒的"限制社会暴虐"主题,则变成了"政府与人民之权限"的问题,以致使英国式的自由思想在近代中国一直未能占据主导地位。

由此看来,斯迈尔斯的《自助论》和穆勒的《自由论》经过日本而被梁启超吸收后都已走了样子,一是因梁启超的改写将敬宇思想中最重要的部分抽掉了,一是因日本人的误译而与穆勒的自由思想大相径庭了。

第四章 日本民权思想与梁启超

第一节 日本的民权思想与东洋的卢梭

日本大规模的自由民权运动虽发生在明治初期,但若论其渊源,则可上溯至明治维新以前。当时,面对着西方列国强大的军事压力,国中有识之士,殚精竭智,纷纷思索着使日本摆脱困境的办法,各种学说互相激荡,渐渐汇合成积极与消极两股思潮。这两股思潮各立门户,互不相让,其在外交上,则表现为攘夷论与开国论的斗争;在内政上,则表现为王政复古论与公武合体论的斗争。随着形势的发展,两派的力量互有消长,攘夷论不仅在理论上不被接受,于实践中也大受排斥。舆论逐渐为开国论所支配。而在讨幕战争中,幕府先发制人,断然实行大政奉还,使王政复古的政变得到成功。这样,积极与消极两派可谓互有胜负。于外交方面,积极派的攘夷论虽然受挫,但在内政方面却取得胜利。舆论之所向终于倒向王政复古论。换言之,消极派外交上的开国论虽然取得大捷,但其内政上的公武合体论却应该遭到失败。至维新之际,日本的政论随政体而发生变化，维新以前的二大论派各自后退一步，呈现出互相调和的局面。当时，"外国人乃仇敌而不宜与之交往"的思想已从社会表面上被驱除。"皇室乃虚位而不应付之以实权"的思想也被舆论所排斥。日本的舆论界出现了一个开国论派与王权论派握手言欢的局面，这种巨大的变化与往日之言论界面目全非。自此以后，有识者以开港贸易的思想与万国交通，以王政复古之思想使海内悉归一统①。

然而，政治思想上的统一仅仅是暂时的。当时，从专制锁国的缧绁中解放出来的日本人，震惊于西方的富强，有识之士将其主要的注意力，集中在与列国关系的问题上，"与世界富强各国对峙"成了日本维新以后的主要目标。换句话说，国家的独立与富强成了日本维新后的主要课题②。当时，知识界的各种学说纷然杂陈于社会之上，虽然大家追求国家富强的目标基本一致，但在如何使日本跻身于世界民族之林，而与万国对峙的具体做法上，却发生了严重的分歧。知识分子中，一派偏重于使国家富，一派则侧重于使国家强。于是，维新后思想界表面上的统一又被打破，其分为两大派别，实属不得不然之势。

偏重于"国强"的一派主要是受欧洲大陆学风影响的知识分子，在当时被称为国权派。他们奉行俾斯麦主义，相信"强权即是真理"，所以，他们论证中央集权制的必要，宣扬改革陆海军制，主张改革各部。总而言之，他们在总体上提倡法制上的改革。

主张国富的一派主要是受英美学风影响的知识分子，他们在

---

① 参阅升味准之辅著《日本政治史》第一章，商务印书馆，1997年。陆羯南：《近时政论考》，《现代日本思想大系》之四，《ナショナリズム》，筑摩书房，1964年4月15日，第261～262页。

② 参阅松本三之介：《明治思想史——近代国家的创设から个の觉醒まで》，新曜社，1998年3月27日，第45页。

当时被称为国富派。他们虽与国权派不能说是针锋相对，但其主张却与国权派有较大区别。他们反对士族的世禄制，而主张工农的权利；驳斥君臣制度，而提倡四民平等，在他们看来，似乎发展经济是当前日本的急务①。

"国富派"的代表人物应首推福泽谕吉，他并不是政论家，而主要提倡在社会方面进行改革，但谈到社会上的改革自然不免涉及政治问题，如其著名的《西洋事情》则间接地引起了新政论。这个例子是十分明显的。

其实，福泽谕吉的学说多起于对旧时思想的反动。如其论及公私关系时，主张私利是公益之本，于是提倡利己主义；论及上下官民之际，则强调双方规则太过，于是抨击臣为君死，而提倡自由主义；尤其是在论述男尊女卑的弊害时，他与森有礼共同提倡男女同权论，此事在当时社会上引起了巨大的震动。从这方面看，福泽谕吉一派实际上代表着最激进的革新论。然而，其在政治上与国权派相比，反而倾向保守主义②。这种情况，不能不说是明治时期日本政治思想史上的一大特点。我们在本书第一章中提到过的梁启超的友人、东亚同文会的陆羯南曾对"国富派"的特点作了总结，他说：

> 国富论派的政治主张似乎折中于英国进步党与美国共和党之间，他们在社会上反对等级礼仪之类，但却不激烈地反对陈旧的封建制度。或者毋宁说他们很早就认识到地方自治的利益，而隐然反对中央集权论。他们一面教给世人利己主义，一面又告诫

---

① 参阅陆羯南《近时政论考》，第262～267页。
② 同上书，第263页。

诸藩要注意国家公益；他们一面教给世人自由主义，一面又承认贵族的特权。这一派的主要的着眼点乃在于国家财富的增加。因此，假如其确信其行动不妨碍经济发展时，则敢于无视权利与义务的消长，这一点上，这一派实属浅近的实利主义论派，而毫无抽象的原则与高尚的理想。总而言之，国富派只能被称为社会上的急进者和政治上的保守者。"后空理而先实用"，这乃是国富派的神髓，此派虽为英美学风所被，却不敢用学理来评论政治，他们根据日本的现状立论，而不管是否合乎政法学理，在情况允许的情况下，他们也利用学理来增加实益，并以此作为评价是非的标准。所以，国富派虽持自由主义，但却不一定攻击政府之干涉，也未必反对藩阀的专制。与其说其重视真理，倒不如说其重视实益，这便是这一论派的特色。[①]

陆羯南也对国权派作了评论，在他看来，国权派虽然不见得不知道国富的必要，但由于此论派之渊源主要在于近世之法理学，所以他自有重视权利与义务的倾向。陆氏毫无迟疑地将加藤弘之、箕作麟祥、津田真道等人称为国权派之巨擘。他认为，加藤等人在一些细节上无疑存在着分歧，但在近世的政治思想即国家理想上，即奉持主权单一的原则，抨击封建制的弊害等方面，则是完全一致的。在他看来，国权派并不缺乏自由平等的理想，但是作为国民而欲与外国对抗时，国权派则强调首先必须整顿国权的组织，其次才能讲人民与政府的权利，从而促进法政的改良[②]。

当时，国权派知识分子多为政府顾问，很少有时间著书讲学，

---

① 陆羯南：《近时政论考》，第263页。
② 同上书，第264页、266页、364页。

故于民间影响力颇小。但由于他们能受到政府中当权者的赞赏,则其在政治上与立法上的影响,远在国富论派知识分子之上[①]。

1868年(明治元年)诞生的明治政府,是在萨(萨摩藩)长(长州藩)土(土佐藩)肥(肥前藩)等反幕派诸藩的支持下建立起来的,所以,在维新之后,各藩的领袖人物,也自然成为明治政府的维新功臣,这里面当然也包括维新前积极与消极两派的分子。他们虽因戊辰大改革时互相让步而达成妥协,形成了暂时的和平局面,但上述知识层中,国权派与国富派的主张又影响到他们,加之他们都代表着各藩的各自利益,而且心中还遗留着以前的隔阂,因此,他们在政府中明争暗斗,势同水火,这种斗争使先前暂时的调和没能维持多久,最后终于又分裂为国权派与内治派两大派别。

明治四年废藩置县大业完成之后,内治派臣擘岩仓具视考察欧美计划实现,他率领着木户孝允、大久保利通、伊藤博文等离开日本前往美国。而朝中留下的西乡隆盛、副岛种臣、江藤新平、後藤象二郎、板垣退助等诸参议,都属于国权派。所以,庙堂之上几乎成了国权派的天下。此间,胜海舟、大木乔任、大隈重信等诸政治家又忙于其自己政务,因此国家大事不能不由国权派诸人决定。在这样的情势下,征韩论逐渐在国权派诸人中占有势力,至明治六年,征韩论愈演愈烈,同年九月,岩仓大使一行自欧洲归国,众人闻说征韩论后断然加以反对,其结果终于使内阁发生分裂[②]。

二十三日,西乡隆盛提出内称"有痛心之烦"的辞表后,当天早晨便离开东京回鹿儿岛去了。萨摩兵也都随西乡隆盛返回故里。大部土佐藩出身的将校,也随板垣一起辞职[③]。

---

① 陆羯南:《近时政论考》,第264页、266页、364页。
② 同上。
③ 升味准之辅:《日本政治史》,第128~129页、138~139页。

西乡隆盛回乡后，为了对跟随他回到鹿儿岛的军人和警官进行教育和授产，同桐野利秋、篠原国干等人于1874年6月开设私学校，并着手开垦事业。由于西乡在鹿儿岛拥有办学和开垦的力量，而废藩置县时出任权令、县令的大山纲良又是西乡的旧部，他利用县财政援助了私学校，并且在1875年田赋改革工作一开始，他就任命一些与私学校有关系的人出任区长或副区长，以便创办私学校，这些人几乎都是原来西乡的部下，县里的警官和学校的教员，也绝大多数与私学校有关系，县里的官员也有加入私学校的，这样私学校便成为反抗明治政府中央集权政策的强大地方势力①。

1873年10月下野的征韩派和土、肥的领导者板垣、副岛、江藤等人，于翌年1月建立了爱国公党，向左院提出了设立民选议院的建白书②，此事件成为日本自由民权运动的导火索，自此以后，日本的自由民权运动便如燎原之火，变得一发不可收拾。

先是，明治政府为了加强其绝对主义统治，自戊辰战争以后，实行了一系列有利于中央集权政策，如1871年实行的废藩置县，1872年发布的征兵令，1873年发布的地租改正条例，以及此后1875年至1876年间实行的秩禄处分等制度。这些政策和制度虽然在一定程度上有利于资本主义的迅速发展，但在当时也引起了人们的普遍不满。这种不满表现在各个方面，首先在政府内部，即出现了上文所述的"国权派"与"内治派"的对立，这种对立逐渐发展，愈演愈烈，最后在"征韩"问题上发生破裂，内治派胜利，西乡带兵回乡，在故里兴办了私学校。板垣、副岛、後藤等参议下野，在故乡成立了爱国公党，他们是从政府中分化出来的反对政府的力量。

① 升味准之辅：《日本政治史》，第128~129页、138~139页。
② 同上。

其次，废藩置县和秩禄处分等制度虽打破了士族阶级的门阀制度，但也在一定程度上损害了一部分士族的利益。因此，他们对此政策暗怀不满，对萨长两藩把持朝政也表示强烈的反感，因此，他们对政府的政策便阳奉阴违，多方抵制，总期望着一有风吹草动而风云再起。

第三，征兵令与地租改正条例也侵犯了农民阶级的利益。征兵令下达于明治五年（1872年）12月10日，其主要内容是要废除藩兵制度，建立一支统一的近代常备兵。而地租改正条例则是把实物地租改成货币地租，其主要目的是想利用它的收益来保护一部分政商资本家，培育军国主义国营产业。由于这次修改，农民的土地所有权得到承认，地租变成了定额的货币地租，这确实使富农和地主得到利益。但是，政府的政策既以"不减少原来的岁收"为原则，那么从整个农民阶级来说，还是受着同过去一样的剥削，而在农民中占绝大多数的贫农、小农仍旧不得不忍受那披着合法的近代化外衣的封建主义的残酷剥削。这样，由于征兵令被抽去人力，又由于货币地租无形加重了对农民的剥削，他们也就打破了对于"新政"所期望的甜美幻想。这就是说，绝对主义官僚制度越是在机构上、组织上具备了它表面上的近代性，那么民众便越发扩大了失望和贫困[①]。

如此看来，当时在日本国内，便出现了三股主要的反对政府的势力。其一是因"征韩论"失败而下野的前政府的众参议，其二是对绝对主义政府不满的士族，其三是反对政府征兵令与地租改正制度的农民。这三股势力与一部分知识层和豪商层结合起来，构成了日本民权运动的主力。

---

① 近代日本思想研究会编：《近代日本思想史》，商务印书馆1983年，第59～60页。

陆羯南在其《近时政论考》中将日本的民权运动分为四个论派。第一种论派是跟西乡隆盛返回故里的那些征韩派士族以及团结在其周围的农民。前文已经谈过，西乡返回家乡以后，为了培训和教导本土的士族，于鹿儿岛开设了私学校，学校成立后各地愤愤不平的士族纷纷响应，一时间西南上空战云密布，大有山雨欲来风满楼之势。不平士族们主张征讨朝鲜，扩充国权并反对明治政府的独裁统治，他们慨叹髀肉复生而跃跃欲试，随时准备拥立西乡而揭竿而起。对这部分人，陆羯南称其为"幽郁民权论"或"慷慨民权论"派，在他看来，这部分人乃是下野征韩论的变种，他们的理论多来源于日本与中国的历史知识，他们提倡一种急激的民权论，并不热心于民权理论的建设，而仅仅是因为对政府中二三大臣独揽朝政，不能与在野贤良共商国是的做法不满，所以才对政府痛加非难[1]。

第二种是指板垣等下野后在大阪成立的爱国社和在土佐成立的立志社。他们与上述西乡派稍有不同，陆羯南将其称之为"快活民权论"派，在他看来，这种论派的思想很浅薄，他们耳食了一些西方学说，认为日本将来的政体不应像现时一样听任君主及二三权臣的专制，而应追随文明国家之风气，重视人民的权利，他们坚信应以人民公议和舆论为依据来实施政治。平心而论，此种论派实际上应是日本自由主义的萌芽，是值得在政论史上大书特书的[2]。

还有一部分人游离于上述两部分人之外，陆羯南将其称之为"翻译民权论"派。他们大部分属于知识层，即昨日还读书于窗下的书生，或新近由西洋归来的人士，他们比以上所述的政论派多读

---

[1] 陆羯南：《近时政论考》，第270～271页。
[2] 同上。

了些洋书，比他们更精通于英美的代议政体论、议院政治论、宪法论、立法论等理论。其代表人物虽很难举出，但此后二三组织改进党的人物大多属于此派。他们认为贸易重于战争，任何国家都不应与欧美文明思潮相抗衡，国政应以君民共治为最妥，应使立法、司法、行政三权鼎立。总而言之，此论派专主英国政体移植日本说。鉴于翻译论派之理论折中于民权论与王权论之间，较之过激的民权论显得稳健，故隐然于朝野间获得了多数人的赞同[①]。

陆羯南将当时《东京日日新闻》的主笔福地源一郎称为第四种民权论，即折中民权论的代表。他认为，福地氏的民权论最能代表此派的思想，福地氏在其写的《民权论》中说："虽然，无论为国还是为民，民权乃最好最上无比之权利，但由于此权利中含有几分叛逆之精神，若于实践中误用，则能酿成不可名状之争乱，恰如鸦片吗啡利害并存者然。"随后，福地氏又分析当时提倡民权论者的内心，指出其存在着的私党之心。而且又分析民权论者之成分，指出其出身乃无产之士族，遂扬言民权论必能酿成国乱。然而第四种论派并不敢反对民权之道理，他们只是考虑到日本的国情，因而主张民权应逐步扩展，他们认为应以地方官会议为民权扩充的一部分，而频频主张应持渐进的态度。所以陆羯南曾毫不犹豫地将此派称为政府的辩护者[②]。

明治十年（1877年）的西南战争是明治初期的重大事件。在这次战争中，"慷慨民权派"的征韩派士族们随着西乡的兵败自杀而逃匿四散，剩下的一部分人或进入仕途，或从事实业，或沉沦于社会之底层。而与之相反，"快活民权派"却逐渐大张其势，西乡败

---

① 陆羯南：《近时政论考》，第270～271页。
② 同上书，第271页、273页。

亡时袖手旁观的板垣氏独擅民权派领袖之名誉，隐然为将来之政界之巨星。此乃明治十年、十一年之交时政论界之大局。

欲以武装夺取政权者于此时几乎销声匿迹，而与此同时各种政论几乎蔓延全国，关西地方的自由民权运动为土佐的立志社、大阪的爱国社，即"快活民权论"派所领导。关东地方多为"翻译民权论"所鼓动，而抱有老成之见者，似乎不论关东、关西皆以折中论派的观点为标准①。

明治十二年（1879年）爱国社召开第三次大会，大会做出了开展开设国会请愿运动的重要决议，这也成为自由民权运动真正发展成全国民权政治运动的里程碑②。

明治十三年（1880年）3月17日，爱国社于大阪举行第四次大会，共有114名代表出席，他们代表了从东北到九州的2府22县的87000余社员的意见。会上决定将爱国社改成"国会促进同盟"。翌年4月，以片冈健吉和河野广中为代表，千方百计将《国会开设请愿书》交到太政官的手里。这封请愿书最后虽未被受理，但于此前后却引发了各地其他自由民权派连续请愿的企图，自由民权运动迎来了全国性的高潮③。

同年10月，西园寺公望自法国归国。此人出身贵族，后来曾以立宪政友会总裁的身份出任总理大臣，直到晚年，他一直为政界所重。当时，他刚毕业法国索那大学，受过法国自由主义的洗礼，其志愿才气，皆可推倒一时。他纠集中江兆民等数名同志，于明治十四年（1881年）创立一种报刊，名叫《东洋自由新闻》，他自己

---

① 陆羯南：《近时政论考》，第271页、273页。
② 色川大吉：《近代国家の出発》，《日本の歴史》第二十一卷，中央公论社，1992年2月20日，第67页。
③ 参阅松本三之介：《明治精神の構造》，岩波书店，1995年5月20日，第56页。

为社长，而使中江兆民为主编，大肆宣扬法国自由主义，为"快活民权派"提供理论武器。陆羯南将他们称之为新自由派，在陆氏看来，新自由论派在论说民权方面，应比以前的政论派更加深入，原因是他们并不将议论的重点放在现实问题上，而是追述西洋18世纪末的法理论，使其理论中含有大量的哲学理想，中江兆民等主要崇奉卢梭的《民约论》，而《政理丛谈》（兆民主持的刊物）几乎全以卢梭主义和革命主义为其精髓。陆氏写道：新自由论派认为自由平等乃人类社会的大原则，世间无有等级之理，世间无有人爵之理，无应守理法习惯之理，无有世袭权利之理，故世间无世袭君主之理，俗贵质朴简易，政尚民主共和，总而言之，新自由论派与卢梭一样企慕古代罗马共和之政而且企慕汉儒及唐虞之三代之道。其说深刻且畅快，一时致使年轻血气之士将《政理丛谈》奉为圭臬，此论派之特色以理论为主而以实行为次，所谓具有论派之本领也。其一时为世人所尊信实在于此是，而其未广为世人所采用，亦在于此是[①]。

当然，这仅是陆氏一家之言，虽说有些片面，但基本上指出了此论派的特色，中江兆民是此论派的主将，关于中江氏的各个方面，本章在后文还将陆续讨论。

1881年7月发生了政府向民间出售北海道开拓使国有财产事件，此事在民权派人士看来，正是攻击藩阀政府的绝好材料。于是，在他们的鼓动下，国民舆论沸腾起来，纷纷攻击藩阀政府的无道。政府无奈，只得于10月12日下令停止出售国有财产，同时罢免大隈重信，并且下达了于明治二十三年开设国会的诏书。这便是著名的明治十四年政变。

---

① 陆羯南：《近时政论考》，第275页。

在大隈被罢免的当月,"快活民权派"的板垣退助组织了自由党。大隈下野后,也于次年初在"翻译民权派"的拥戴下组织了改进党。于是两党共同将攻击的矛头指向政府。而此时上述的福地源一郎已明显地变成了政府的辩护人。他与其他守旧派互相联合成立了帝政党,与自由、改进两党站在相反立场开始论战①。自此,日本的民权论已由上述的四个派别,演变成自由、改进、帝政三个党派,这三个党派实际上成了日本此后政党纷起之滥觞。

就当时日本政界状态而言,自由论派应称为激进派,帝政论派应被看作是保守派,而立于两派之间的改进论派则应被视为温和的进步党。

如何界定自由、改进、帝政三者的界线呢?陆羯南在其《近时政论考》中的分析至为精彩,他认为唯有从前期历史的沿革才能论述其渊源。在陆氏看来,任何事物均不会突生突灭,自由论派与帝政论派虽然各自代表着激进与保守的两极,但若论其渊源,却都应追溯到最初的国权派,而唯独改进论派无疑是由国富派演变而成。陆氏说:"若从民权论中寻其源流,则自由论派由急激民权派所生,帝政论派由折中民权派而来。而改进论派不过是翻译民权派的变种,故以既往之沿革而论,自由、帝政二派应为兄弟,而与改进一派实属路人。若以现实政治而论,改进、自由两派几乎可称为朋友,而共与帝政一派为仇敌。"

他进一步从三派的著作来分析他们的区别,他说:

> 自由派与帝政派在国权论上所持的观点极为相近,自由派的代表人物板垣退助在其所著《无上政法论》上说:"民权与国

---

① 陆羯南:《近时政论考》,第276页。

权相连,有国权然后民权安,如不能巩固国权,则民权未能安也。"然帝政派之宣言则曰:"对内守万世不易之国体,以巩固公众之康福权利,对外扩张国权,冀以对各国保其无上之光荣。"如此可见此两派均是国权与民权并重,在这一点上二者几乎相同而并无轩轾。然而改进党则与之相反,其宣言中无一语言及国权,他们在纲领中明言:"以改良内治为主而波及国权之扩张,对外国尽量轻视使用策略而重视通商之关系"。而帝政与自由两派却是国权与民权并重,特别是自由派,毋宁说其更重视国权,为了他们的"无上政法"大有重视使用策略的倾向。而改进党则完全持相反意见。如此,我们可以从以上分析中清楚地看到三派的政治上的分歧,但是因为帝政派当时充当政府的辩护人,而且帝政派与旧勤王论者的理论相合,所以与其说帝政派在主张上更不如说是在实践中为其他两派所敌视。而同是反对政府的自由、改进两派也并非毫无芥蒂,自由派与改进派也时常反目,这里面虽有其他的理由,但其中最重要的一点乃是因为他们在国权问题上存在着巨大的分歧。①

那么,自由与改进两派的分歧究竟表现在什么方面呢?对此,陆羯南曾作过仔细分析。在他看来,自由派与改进派虽均反对政府而奉行个人主义,但是却表现出两种不同的倾向,改进派倾向于个人自由而自由派却追求国家的自由。那么,这两种自由又有什么区别呢?陆羯南认为:"个人自由是指一个人发挥其固有能力的自由。例如富豪依靠其财产的力量自由地增加其幸福与尊荣。学者依靠其知识的力量自由地提高其地位。贫且愚者不靠国家帮助而凭其

---

① 陆羯南:《近时政论考》,第276~277页、283页。

原有的能力发展。"所有这些，陆羯南均将其称为个人自由，即リベテーインジヴイジユアル（个人自由）①。

陆羯南指出，改进派就是将个人自由当成了他们的政治标准。因此他们承认贵族的地位，也习惯于贱民的贫困，他们用中产阶级作为衡量社会的尺度。于是他们不依靠法律来规定这三种人的阶级界线，而是靠优胜劣败的天则任人自由竞争②。

而对国家之自由，陆羯南的解释不如其对个人自由的解释详细，在他看来，国家自由乃是一种相对于个人自由的追求平等的自由。他说："我们不能指出国家自由为何物，但西方所谓的与个人自由相对的共同的自由，即リベルテーユニヴエルセル（全体的、普遍的自由），也就是人们平等地同样地享有的自由。这大概指的就是国人经常所说的国家的自由。国家自由或叫共同自由者正如板垣伯爵八九年前所明言的那样；'枉私己之自由而伸共同自由'的自由'是不论智愚人民皆平等地享受的那种自由'。也是板垣伯爵所谓的'富且智者压迫贫且愚者之政治'对个人自由来说乃极寻常之事。但对于共同自由和国家自由而言却是相反的政治。这即是两者的区别。"③

陆羯南进一步指出，个人自由与国家自由的关系和世俗所谓的个人主义与国家主义的关系是风马牛不相及的两回事。在陆氏看来，"个人主义与国家主义这一对名词与国家与个人关系的意思较接近，实际上也可以说是干涉主义与自治主义的别称"。他认为："个人主义的着眼点即是想扩展人民自治的领域。所以改进党与自由党虽同主张自治主义。但是一个基于个人自由而主张

---

① 陆羯南：《近时政论考》，第276~277页、283页。
② 同上。
③ 同上书，第283~284页、293页。

限制选举及两院制。另一个却基于共同自由而主张普通选举及一院制。这就是改进党与自由党的区别。"①陆羯南认为，改进党与自由党的不同的重要的原因乃是由于他们源于西方两个不同的流派。他说：

> 改进论派实乃模仿西方的リベラール（自由主义）派，西方的リベラール（自由主义）派是以中产阶级的生活作为权利的根源。而以个人自由作为政治的标准。我国的改进论派的确与之十分相似。所以说改进论派乃リベラール（自由主义）派，而自由论派与西方デモクラシック（民主）论派极为相近，民主论派的理想在于人类平等，于是以扩张庶众的社会权利，提倡共同自由的政治为其主眼。若说起改进论派与自由论派的同异，实在与リベラール派（自由）派与デモクラシック（民主）派的区别相同。②

如此看来，日本自由民权运动中的自由与改进两派虽都主张自由主义，但却源于西方两个不同的传统。改进党源于英国式的自由主义传统，其政治目标在于追求自由，而自由党则源于欧洲大陆的法国自由主义传统，其政治目标在于追求平等。

改进党与自由党的区别如此，那么改进与自由两党与帝政党的区别在哪里呢？陆羯南说：

> 改进党和自由党与彼帝政论派共同主张立宪制，即主张自由

---

① 陆羯南：《近时政论考》，第283~285页、293页。
② 同上。

主义制度，在这一点上。三派并无任何区别。但是自由论派与改进论派倾向于个人主义即自由主义，而帝政论派却倾向于国家主义即干涉主义。帝政论派与上述两派的差异是十分明显的。[1]

当然，无论是改进党、自由党或是帝政党，三派的主张虽有不同，但是在学习西方这一点上却是相同的。所以，数年后，日本迎来了全面欧化运动高潮，先前被称为保守派的帝政党忽然变为欧化论派，其与政府共同模仿德国学风，而改进党则坚持其英国学派理论，反对政府的主权强大主义。自由党也坚持其法国学派理论，反对政府的贵族爵号制度。同是学西方，但路数各异，这是后话，此不赘述[2]。

为了进一步指出三派的区别，陆羯南提出了人文自由和政治自由这一对概念，在他看来，人文自由指的是个人对于社会的自由，而政治自由则指的是个人对于国家的自由。政治自由是由法律或宪法而产生，而人文自由则由行政来规定。陆羯南认为："若以改进、自由、帝政三派的关系而言，人文自由因个人主义与国家主义而消长，政治自由依个人自由和共同自由，即俗称国家自由而伸缩。"为了进一步说明，他举例说："通过法律规定了限制选举制。限制了人们参政的自由（政治自由的一种）而承认了个人能力的差别，此即是个人自由之胜利而共同自由之败亡。而靠行政上的力量来规定工业上的工资，以保护职工的自由（人文自由的一种）则是国家主义即干涉主义的胜利，而个人主义即自治主义的败亡。"[3]

---

[1] 陆羯南：《近时政论考》，第283～285页、293页。
[2] 同上。
[3] 同上。

正因如此，改进论派深刻地考虑到贫富智愚的差别，主张限制选举及两院制，在这一点上，其站在个人自由的立场，与帝政论派相近而与自由论派甚远。然而，改进论派反对政府的干涉，主张人民自治即站在个人主义的立场，故在这方面，改进论派又与自由论派相近而与帝政论派甚远①。

以上，我们简要地追溯了日本自由民权运动的源流，并分析了各流派的同异，指出了各派与西方政治流派的关系。那么，中江兆民在自由民权运动中究竟属于哪个流派，他在此运动中又起了一种什么样的作用呢？如果将兆民放到日本近代史的长河中去考察，答案是十分明显的。上文已提到过，中江兆民于1881年3月与西园寺公望等创办了《东洋自由新闻》，随后，他又创办了《政理丛谈》。这些刊物都是自由党系的刊物。在这些刊物上，中江兆民向社会广泛宣传了和过去以穆勒、斯宾塞为代表的英国自由主义性质不同的卢梭的社会契约论和法国式的自由思想，为自由党奠定了理论基础。也正因于此，兆民在日本赢得了"东洋卢梭"的美名。

第二节　中江兆民的义理与卢梭的人民主权论

中江兆民，弘化四年（1847年）十一月一日出生于土佐国高知城的一个"足轻"的家庭。"足轻"在日本属于下层武士，这种武士平时为武家服杂役，战时即成为武家的士兵。在当时封建门阀制度盛行的社会，"足轻"被当作"轻格""轻辈"来对待，因此兆民一家不能住在上等武士居住的高知城附近，而只能住在叫作廓外的贫民区。这种由身份、地位而带来的住居、服装、语言等方面的

---

① 陆羯南：《近时政论考》，第283~285页、293页。

差异，给少年时代的兆民留下了深刻印象，对这种不平等的等级社会的仇视，成了兆民日后提倡自由民权思想的源泉。

兆民幼时，性格温顺谨厚，像个女孩子一样，他极好读书，深为乡党所赞赏。据《女学杂志》载：其文藻基于天资，3岁时即能写字，至5岁时，他即能读懂匾额上的简单文字。他求知欲极强……凡见到商店的招牌广告等，即试着读那上边的文字，假如其中有读不懂的地方，他也绝不放过，于其不懂之处，反复考究，倘若终不得其解之时，即凝视其字却步而行，以致经常落入沟渠之中①。

兆民少年时，正义感极强，虽平素性格极为温和，但也时有例外，如其弟出外为别的儿童所欺，哭着回来时，他即奋然挺身，为其弟复仇。当然，此种行为也不只限于对其弟，假如别的儿童之间发生了以强凌弱的事，他必愤然而起，有时也有误伤别的孩子的时候。为此，其父自其十二三岁时起，即将其所佩之小刀用丝绦系紧，使其不易将刀抽出刀鞘②。

兆民15岁时，其父不幸去世，家境更为贫寒，但其母立志守节，纺线织布，以自力抚养兆民及其幼弟。劳作之余，她还指导两儿子学习。兆民之母慈且严，以贤母之名闻于乡里③。兆民日后的成长，与其母的教育影响有很大关系。

文久二年（1862年），藩主山内丰信采用了吉田东洋的建议，于土佐藩建立藩校，学校中除了教国学、汉学之外，也兼授西学。四月五日，藩校"文武馆"正式开校。中江兆民此年入学，主要的

---

① ふみ子：《中江笃介氏の幼时》，明治二十六年四月八日《女学杂志》第341号所收。
② 同上书，明治二十六年四月八日《女学杂志》30号。
③ 幸德秋水：《兆民先生》，伊藤整编：《幸德秋水》，中公バックス《日本之名著》之四十四所收，中央公论社，1996年9月30日，第150页。

功课是《小学》、《近思录》、"四书五经"、《蒙求》、《十八史略》、《唐宋八大家文》、《史记》、《左传》等，此外他还从荻原三圭、细川润次郎学习兰学。他听奥宫慥斋讲解《传习录》也正在此年①。奥宫对中江兆民很有影响，所讲《传习录》对兆民日后的事业有极大的帮助。兆民曾说：阳明学者，良知之学也，尊知行合一，以事功为第一义，所谓活用之学也……故于进取力旺盛之青年，阳明学为最适当之学问②。兆民一生不避险难，为日本自由民权运动奔走呼号，这也是多得力于阳明学。

此外，兆民少年时所读的汉籍，也给了他很大的影响。汉学的修养，不仅使兆民日后的文章富于文采，"高浑朴实"，"殆逼秦汉"③，而且深深影响了他日后的思想。兆民一直认为，孔孟之教应当作为日本国民德育之本原。例如，他从法国留学归来的翌年即任东京外国语学校校长之际，因目睹学校风纪紊乱，就极力主张日本应与西洋以宗教为德育之本原一样，而以孔孟之教作为培植国民德性涵养之本原，后来为此而与文部省发生冲突，不得已离开学校④。可见，少年时代所受的汉学教育在兆民思想形成上占有重要的位置。

庆应元年（1865年），中江兆民十九岁。这年，他作为藩的留学生被派往长崎，入平井义十郎先生之门，学习"法兰西学"⑤。当时的长崎，被视作日本的欧洲文明的中心地，不惟前来留学的学

---

① 《中江兆民年谱》参阅1862年条，《中江兆民全集》别卷，岩波书店，1986年4月30日。第十八回配本全十七卷别卷一。
② 高濑武次郎：《中江兆民》，明治三十一年十二月十五日《日本之阳明学》。
③ 德富苏峰语，参阅宫村治雄《理学者兆民—ある开国经验的思想史》，みすず书房，1989年1月6日，第1页。
④ 松本三之介：《明治精神の构造》，第82页。
⑤ 幸德秋水：《兆民先生》，第151～152页。

生众多，即使已故的坂本龙马（1845~1867，日本江户末期尊攘倒幕派志士）等组织的海援队，也把那里当成根据地，所以土佐的藩士往来极为频繁。中江兆民曾回忆起见到坂本龙马的情景：豪杰之人自能使人生崇拜之念，我当时虽年少，但一见坂本，不知为何，坚信他一定是个了不起的人，所以每当坂本用纯粹的土佐方言说"中江小兄弟，买包烟来"时，平时对谁也不示弱的我，每次都很愉快地供他驱使。……说来真不可思议，当时崇拜坂本龙马的一少年，后来，真正地成了第二个坂本龙马①。

兆民居长崎2年，学业大进，即有去长崎而游学江户之意。当时，往来于长崎、江户之间的外国"飞脚船"的船票需银25两，于是兆民即向同藩的岩崎弥太郎述其游学之志。岩崎的态度并不明朗，只说容日后商议，及至兆民屡屡催促，岩崎更断然拒之曰："二十五两巨额也，不能为一介书生而抛出。"兆民亦怫然曰："即如此，吾亦绝不再请求，然仆之一身果值二十五两耶，否耶？他日见之"，遂拂袖而去②。

从此事中，也可见兆民少年时之志气。此后的情况，据幸德秋水回忆：

> 恰值後藤象二郎（1836~1897年，土佐藩参政，明治新政府大臣，自由民权运动家、实业家）以藩命前来购置轮船，先生即往谒之，当时即赋一绝献上。其前二句今已忘却，转、结句云"此身合称诸生否，终岁不登花月楼。"（前二句为：苦学未遑试放游，傍行书册日埋头。——引用者）後藤大笑，出二十五两

---

① 幸德秋水：《兆民先生》，第151~152页。
② 同上。

与之，先生大喜，搭外国船直往江户，可想见其当时意气奋扬之状也。①

兆民到江户后，先入村上英俊的达理堂学习法兰西学。庆应三年（1867）十二月，兵库开港，兆民作为法国公使和领事的翻译去兵库、大阪和京都，在那里，他认识了伊藤博文、陆奥宗光和中岛信行。那时日本正值多事之秋，王政复古，鸟羽、伏见战争，土佐藩兵与法国士兵的冲突等一系列的事件接踵而来，而兆民所去的京都、大阪等地，又处在事件漩涡的中心，这一幕幕惊心动魄的历史活剧，不能不在年轻的兆民心中掀起波澜。明治维新以后，他去东京，入箕作麟祥的箕作塾中学习。这年，他在箕作塾中结识福地源一郎（1841～1906，新闻记者，曾为《东京日日新闻》主笔，1904年为众议院议员），随后即在福地的日新社为塾头，主讲法兰西学。这使得兆民教学相长，学业大进，后因考虑到国内诸多不便，已无继续深造的可能，他遂萌发了出国留学之念。《东京经济杂志》所载半山阴士的《兆民居士洋行の事情》中详细地记载了此事：

> 明治初年，我为属吏。虽出洋之念难禁，但无资力。欲凭官费出洋，又无此方面之门路。一日，我去当时的内务卿大久保利通的私邸登门拜访。大久保平素政务繁忙，如我等之辈，常以无面会之时间为由，而吃闭门羹。我虽甚不平，但除求大久保利通之外，无他路可行，即欲一定说服大久保利通。接连吃了数次闭门羹，我尚不屈服。至第七次时，门卫的书童［僮］和马夫

---

① 幸德秋水：《兆民先生》，第152页。

已记住了我的面孔。当时,我心生一计,遂于大久保去内阁办公时,前去内阁,与大久保的马夫相会,恳求他设法使我与大久保相见。于是一直等到大久保退阁,当他乘上马车,刚驰出数步时,我即从后方大呼停车,由于与马夫有约在先,马夫立刻将车停住,我即在车辕边向大久保表明求见之意。大久保微笑着将我让进马车,随即问我:"你有什么事吗?"遂叫马夫继续驱车前进。此时,想到此乃我一生浮沉所系,我慎重地讲出了我留学的愿望。马车进入大久保邸时,他听完了我的话。说,好,你放心吧,此事放在我身上,遂没再挽留,于是,我即回去了。果然,几天后,去法国留学的命令就下来了。①

中江兆民见大久保利通的情形,他的弟子幸德秋水有一段回忆颇详,其前半部与半山阴士所记大致相似,此处只引其后半部:

  当公(大久保利通)从车上下来时,先生急忙前趋呈上名片。待公延坐后,先生乃论及此次政府派遣海外留学生,只限于官立学校学生政策之非,自己虽学业优等,但于国内,既无可就之师,又无可读之书,乃求其选拔。且曰:我等同是国民,是同为国家也,何问其出身之官与私耶?公莞尔曰:足下土佐人也,何不求之于土佐出身诸先辈哉?先生曰:利用同乡之夤缘,私情者,予以为不洁也。公曰:善,近日容与後藤、板垣诸君相议可决。後藤、板垣二君亦为之斡旋。不久,任命出仕司法省,命留学法兰西。②

---

① 半上阴士:《兆民居士の洋行の事情》,载明治三十一年二月十九日《东京经济杂志》第915号。
② 幸德秋水:《兆民先生》,第450页。

明治四年（1871年），中江兆民等59人的留学生团，随岩仓具视的访欧美使节团出发，经美国转欧洲，于明治五年（1872年）到达法国。到他1874年年中归国时止，他在法国度过了两年半的留学生活。此次留学，兆民在伦敦结识了日本自由民权派的领袖马场辰猪，并成为知己朋友；在巴黎，又与公爵西园寺公望结成了莫逆之交。

　　兆民留学时的法国，正处在一个大动荡的时期。在他踏上法国国土的前一年，法国在普法战争中为普鲁士所败，共和制复活，1871年3月18日巴黎掀起革命，26日举行公社委员会选举，28日巴黎公社宣告成立，4月2日政府军开始进攻巴黎，公社成员奋起抵抗，巷战约一星期，5月28日公社据点全部失陷，当时公社社员被杀者约3万人，被俘后判处苦役及流放者4万人。8月31日梯也尔（Louis Adolphe Thiers，1797.4.14～1877.9.3）就任总统，第三共和制成立。共和制成立后，政治状态极不安定，梯也尔派、急进共和派的甘必大（Léon Gambetta，1838.4.3～1882.12.31）以及麦克马洪（Mac Mahoń，Marie Edme Patrice Maurice, comte de Duc de Magenta 1803.7.13～1893.10.17）的王党派之间展开了激烈的斗争。兆民就是在这一背景下来到法国的。在法国，他钻研史学、文学和哲学，并将《孟子》《文章轨范》《日本外史》等书译成法语①。他的好友西园寺公望是卢梭系统政治学者阿格拉斯（Emile Acollas，1826～1891）的学生，而阿格拉斯是一名急进的民主主义者，第一国际的成员，又是一名和平主义者。兆民虽未直接师事阿格拉斯，但由于西园寺公望的关系，兆民读了大量的阿格拉斯的著

---

① 幸德秋水：《兆民先生》，第450页、452页上。

作，在留法的日本学生中，可以说兆民是比任何人都贪婪地从阿格拉斯的学说和思想汲取智慧营养的人物①。也正是通过阿格拉斯，兆民对卢梭的思想有了进一步的了解，所以，阿格拉斯应是兆民接受卢梭思想的引路人②。

中江兆民归国后，他以其在法国学到的自由主义为武器，展开了富有特色的民权鼓吹运动。正如兆民的弟子幸德秋水所说的那样，他成为一个革命思想的鼓吹者，他发行了《政理丛谈》，翻译了卢梭的《民约论》，并使之成了民权论的源泉。他创办的法兰西学塾，作为一种政治俱乐部，以致为政府的侦探所监视。随后，西园寺侯之《东洋自由新闻》起，自由党起，板垣君之《自由新闻》起，兆民皆参与之，大倡自由平等之旨，而掊击专制制度③。1887年（明治二十年）12月，惊恐的明治政府公布了《保安条例》，将中江兆民等57位自由民权运动人士逐出东京，使其远离皇宫。但是，兆民随后又在大阪创立了《东云新闻》，继之又主编《日刊政论》和《自由新闻》，继续宣传自由民权思想。后来，在第一届众议员选举时，兆民被选为议员。但是没有多长时间，他即因一些议员与政府妥协之事而对政界感到绝望，兆民骂这些议员是"无血

---

① 宫村治雄：《理学者兆民——ある开国经验の思想史》，みすず书房，1989年1月6日，第70页。
② 阿格拉斯对卢梭的态度表现出双重倾向：一方面，他强烈批判那些将卢梭视为象征"大革命"的"悲惨"与"失败"的思想家而加以贬斥的"流行"言论。而另一方面，他则进一步指出：大革命还未结束，从19世纪到现在的革命事业还未完成，所以，时代还未达到对法国革命的人物和事件进行评价的时候。在对卢梭进行评价时，他一方面充满敬意地将卢梭称为"理性的体现者""联合的使者"以及"正义的渴望者"；而另一方面，他又指出自己与卢梭的分歧，他写道："你相信神的存在，而我却不然，你确信社会权（droit social），但我却否定它，你要求人民主权，而我却加以拒绝，你否定私有制，而我却拥护它。"阿格拉斯的这种卢梭论，对兆民产生了很深的影响。以上请参阅宫村治雄：《理学者兆民——ある开国经验の思想史》，第72~74页。
③ 幸德秋水：《兆民先生》，第450页、452页上。

员"，愤然辞去议员职务。当他与政界诀别时，曾怀着满腔的悲愤说道："余爱自家一已之自由，然与不知于自家一已之不自由中有大自由者，不足语自由之政治。"①

兆民离开政界后，开始从事实业。然而，不幸的是，他的各种尝试均以失败告终，以致债台高筑，使他的生活十分贫困。

明治三十年（1897年），兆民因对三国干涉还辽之事不满，创立了只有一个人的"国民党"，于次年又创立国民党的机关报《百零一》。明治三十三年（1900年），兆民不顾其弟子幸德秋水的反对，参加了以中国大陆为扩张目标的组织"国民同盟会"，并成为该会的扩张委员。同年，他因喉头有硬结物并感到疼痛而到医院就医，结果被告知已患喉癌。之后，他以顽强的毅力写成了《一年有半》，即于明治三十四年（1901年）12月13日逝世，终年55岁。其葬仪遵照其本人的遗嘱不采用任何宗教仪式，其尸体也遵照其本人遗志交由医院解剖，体现了兆民的无神论思想。

中江兆民的思想，涉及方面很广，相当复杂，这里仅就其自由思想做一个初步的分析。上文已经谈到，兆民是在留学期间接受卢梭思想的，那么，他究竟从卢梭那里接受了什么样的思想呢？

如所周知，兆民在明治七年（1874年）归国的当年，即完成了卢梭《民约论》卷二的译稿，并在家中成立了法兰西学舍。随后的几年，他又相继出版了《法国财产相续法》《法国诉讼原理》《民约译解》等著作，主持创办了《东洋自由新闻》《政理丛谈》等报刊。从这些译著的总的精神来看，兆民基本上是接受了以卢梭为代表的欧陆式自由主义（Continental Liberalism），而疏离了英

---

① 转引自宫村治雄《理学者兆民——ある开国经验の思想史》，第4页。

国式自由主义（English Liberalism）传统①。关于这两种自由主义传统的区别，哈耶克在其《自由秩序原理》中曾作过详细的说明。

① 关于中江兆民的思想，学界曾有各种的说法，陆羯南在其《近时政论考》中将兆民主持的《东洋自由新闻》与《政理丛谈》称为"自由论派的嚆矢"。陆羯南这里的"自由论派"指的是与"模仿泰西自由论派"的"改进论派"相对立的"近乎泰西民主论派"的派别。陆羯南认为，"此论派毋宁将其称为平民（democracy）论派"。也就是说，在陆羯南看来，"兆民是与自由思想相对立意义上的民主思想的嚆矢"。他认为"中江氏等似乎主要崇拜卢梭的民约论，而《政理丛谈》则几乎以卢梭主义和革命主义为其骨髓"。换句话说，在陆羯南那里，兆民应理所当然地被视为"东洋的卢梭"。当然，这样的理解并不只限于陆羯南那样对兆民持批判态度的人。以兆民思想继承者自居的人也毫无疑义地接受了这种观点，例如在卢梭200周年诞辰的明治四十五年。为缅怀兆民和在大逆事件中被处死的幸德秋水而召开的"卢梭诞辰纪念大会"上，堺利彦曾说道：在日本，卢梭思想的继承人应是兆民先生，兆民先生思想的继承人应是幸德秋水，然而秋水并不只是原封不动地继承了先生的思想，而是将先生之思想加以发展，使之达到了社会主义的高度。这样，可以说"布尔乔亚民主主义者"＝"东洋之卢梭"，兆民的观点很明显地被视为前提，于是无论是对兆民持肯定态度还是持否定态度，也不论在具体内容上其观点如何不同，将兆民视为卢梭思想继承者之观点，从一开始便占据了主流。
　　但是，学界也有另一种意见，井田进也氏即注意到兆民曾介绍过西吉思蒙・拉库罗瓦对卢梭人民主权论批判的文章，他指出："从来，兆民都被当成卢梭的介绍者，祖述者而被大肆宣扬，而其作为卢梭批判者的另一侧面却经常被忽视。"（《兆民研究における政理丛谈の意义について》）
　　最详细地讨论中江兆民对卢梭批判问题的，应推宫村治雄氏《中江兆民与卢梭批判》，文中专题探讨了这个问题。宫村氏发现，兆民曾在《欧美政典集志》（明治十九年八月——明治二十年七月）、《政理丛谈》（明治十五年二月——明治十六年十二月）及其续编《欧美政学协会杂志》（明治十七年三月——明治十七年十二月）等杂志上刊登了不少批判卢梭的文章。这三种杂志是兆民和他的法国学塾学生们的主要翻译阵地，其旨在通过相关外国著作的移译，向日本介绍国外思想。杂志上刊登了中江兆民阅的小山久之助译西吉思蒙・拉库罗瓦的《非主权在民论》与邦亚曼・贡斯当的《主权在民论》《立宪制中国王之权》《论立宪制中国会解散权的必要性》以及兆民节译的丁・巴鲁尼的《民主国之道德》等文章。这些人在文章中指出了卢梭理论中的种种谬误。如拉库罗瓦认为卢梭的人民主权论将会导致"多数人的专制"，而贡斯当则认为，卢梭人民主权论的无限界性，乃是一切悲剧的根源。
　　宫村氏的发现，并不尽限于上述内容，例如酒井雄三郎、白石时康译兆民阅的E・阿格拉斯的《政理新论》（明治十七年）中，译者明写道："此政理新论与卢梭之立论完全相反，若其论各人自主之真理则意欲对迷信卢梭妄说者当头棒喝也。"宫村氏还发现在兆民所译的《理学沿革史》中也有不少的篇幅言J・巴鲁尼、基佐、J・B・塞拉等人对卢梭的批判，这些加上既已散见于卢梭论及《政理丛谈》中上述各人对卢梭的批判，那么可以断言在兆民的翻译世界中对卢梭的批判所占的比重绝不是小数。以上请参阅宫村治雄《理学者兆民——ある开国经验の思想史》之《附录・中江兆民と〈ルソー批判〉》。

哈耶克认为，英国的自由主义传统是一种"经验的且非系统的自由理论传统"，而法国的自由主义传统则"为思辨的唯理主义的（rationistie）的自由主义传统，前者立基于对自生自发发展的但却未被完全理解的各种传统和制度所做的解释，而后者则旨在建构一种乌托邦"。哈耶克写道："虽说人们此后亦曾反复尝试过这一乌托邦，但却未获致成功，然而不无遗憾的是，由于法国的论辩相当唯理，像是有理，似合逻辑，又极为夸张地设计了人的理性具有无限的力量，所以渐渐地赢得了影响并为人们所欢迎，但是英国的自由传统却未曾阐释得如此清楚，也不那么明显易见，所以日渐式微。"①

哈耶克所阐述的这种法国式的唯理主义倾向，在中江兆民氏的著作中表现得十分明显。兆民认为，大千世界，从自然到人类，全部为"理"所包括。他说："理者，事物之所由立，故分之可成万种，总合而来理应归为单一个圆圆之无形物。"②在他看来，正是因为理论可以分为万种，所以虽然"古今东西言论纷纷然而无一定"③，但是，如果好学深思之士"苟有完全之推理力，虚心平气考察时"，即使"不能逢着理其物之全部"，至少也能捕捉到其中之一小部分。他认为，自希腊罗马以至今日，学者辈出，其所获见，点滴相传，渐次增其员数，殖其量目，自兹暗黑之区域减，光明之领域博。所以，"吾人类之希望实在于得到'理'之全部"。换言之，求"理"即是人生目的之

---

① 弗里德利希·冯·哈耶克著、邓正来译：《自由秩序原理》，生活·读书·新知三联书店1997年12月，第61~62页。
② 中江兆民：《理论は邦家に必要なり》，《中江兆民全集》第十三册，岩波书店，1985年1月16日，第280页。
③ 中江兆民：《理论は邦家に必要なり》，《中江兆民全集》第十三册，第280页、281页。

所在。他认为"若吾人类最终不能找到彼'理'之其物,则唯无饥饿,无冻困,日复一日而了此生足矣"。而那种"日复一日过活,无饥饿,无冻困而了此生"的主张,正在"彼之'理'其物之支配中",所以"斯世界之万事万物,无非尽为'一理'所包含"①。既然世间万物尽为"一理"所包含,那么天下国家也必为"一理"所包含,所以,"讲理论之事,为经营天下国家者之义务"。这样,兆民提出了他的著名命题:"理论为邦家之必要物也。"②

兆民在"理"的海洋中最着迷的,当然是卢梭的理论。兆民不仅翻译了卢梭的《社会契约论》,而且还写了《民约译解》,对卢梭的人民主权论作了很多阐释和发挥,所以在兆民的著作中,随处可以寻见他受卢梭人民主权论影响的痕迹。那么,兆民究竟在何种程度上接受了卢梭的人民主权论?为了搞清这个问题,在此我们需对卢梭的人民主权论作一简要的介绍。

卢梭的人民主权论源于他的社会契约论,而社会契约论的宗旨是要寻找"某种合法的而又确切的政权规则"③。在卢梭看来,他的社会契约所要解决的根本问题是要寻找一种人们互相结合的形式,"使它能以全部共同的力量来卫护和保障每个结合者的人身和财富,并且由于这一结合而使每一个与全体相联合的个人又只不过是在服从自己本人,并且仍然像以往一样地自由"④。卢梭认为,要达到这样的目的,方法就是使"每个结合者及其自身的一切权利

---

① 中江兆民:《理論は邦家に必要なり》,《中江兆民全集》第十三册,第280页、281页。
② 同上。
③ 卢梭著,何兆武译:《社会契约论》,商务印书馆1980年2月,第7页。
④ 《社会契约论》,第23~25页。

全部都转让给整个集体"①。在卢梭看来，这样做有三个理由，首先，"每个人都把自己全部地奉献出来，所以对于所有的人条件便都是同等的，而条件对于所有的人既都是同等的，便没有人想要使他成为别人的负担了②。其次，转让既是毫无保留的，所以联合体也就会尽可能地完美，而每个结合者也就不会再有什么要求了③。最后，每个人既然是向全体奉献出自己，他就并没有向任何人奉献出自己；而且，既然从任何一个结合者那里，人们都可以获得自己本身所让渡给他的同样的权利，所以人们就得到了自己所丧失的一切东西的等价物以及更大的力量来保全自己的所有"④。在卢梭看来，他的社会契约论可以简化成这样一句话语："我们每个人都以其自身及其全部力量共同置于公意的最高指导之下，并且我们在共同体中接纳每一个成员作为全体之不可分割的一部分。"⑤

卢梭在其社会契约论的基础上，推导出了他的人民主权论，他说：

> 只是一瞬间，这一结合行为就产生了一个道德的与集体的共同体，以代替每个订约者的个人，组成共同体的成员数目就等于大会中所有的票数，而共同体就以这同一个行为获得了它的统一性，它的公共大我，它的生命和它的意志。这一由全体个人的结合所形成的公共人格，以前称为城邦，现在则称为共和国或政治体，当它是被动时，它的成员就称它为国家；当它是主动时，就称它为主权者；而以之和它的同类相比较时，则称它为政权，至

---

① 《社会契约论》，第23~25页。
② 同上。
③ 同上。
④ 同上。
⑤ 同上。

> 于结合者,他们集体地就称为人民;个别地,作为主权权威的参与者,就叫做公民,作为国家法律的服从者,就叫做臣民,但是这些名词往往互相混淆,彼此通用,只要我们在以其完全的精确性使用它们时,知道加以区别就够了。①

卢梭的这种人民主权论在当时即受到了众多学者的批评,如贡斯当就指出:"如果你确信人民主权不受限制,你等于是随意创造并向人类社会抛出一个本身过度庞大的权力,不管它落到什么人手里,它必定构成一项罪恶,把它委托给一个人,委托给几个人,委托给所有的人,你仍然发现它同样都是罪恶。"②在贡斯当看来:"卢梭忽视了这个真理,他在《社会契约论》中所犯的错误,经常被用来作为自由的颂辞,但是这些颂辞却是对所有类型专制政治的最可怕的支持。他给契约下的定义留给社会及其成员的印象是,每个人应当把他的所有权利毫无保留地全部让渡给共同体。为了某种抽象存在的利益而放弃了我们的全部存在,将会造成什么后果呢?为了消除我们的疑虑,他告诉我们,主权者,即社会既不能损害社会成员的整体,也不能损害他们中具体的任何个人,既然每个人都做了完全的奉献,所有人都享有同样的地位,因此,没人愿意让这种地位加重他人的负担。既然每个人都把自己奉献给了整体,他不会再把自己献给任何具体的个人,每个人都能从伙伴那里获得相同的权利。因此,他失去了一切,但又会获得这一切。这失去的一切将汇集更大的力量来维护他所拥有的东西。然而,卢梭忘了,他赋予了所有上述专有属性的这个抽象的存在,他称之为主权者是产生于这

---

① 卢梭著、何兆武译:《社会契约论》,第25~26页。
② 邦雅曼·贡斯当著,阎克文、刘满贵译:《古代人的自由与现代人的自由》,商务印书馆1999年12月,第56页。

一事实:它是由无一例外的所有个人组成的。但是,一旦主权者必须使用他所拥有的权利,或者换句话说,一旦必须开始运作实际的权力组织,那么,由于主权者不可能亲自行使主权,他必须把它委托出去,结果便是所有那些属性将会荡然无存。由于以全体的名义实施的行为,必定不管我们喜欢与否是由一个单独的个人或极少数人支配的,因此,当一个人把自己奉献给全体时,他并不是把自己奉献给了抽象的人,相反,他是让自己服从于那些以全体的名义行事的人。由此可见,我们做出了全部奉献之后,并不能取得与全体平等的地位,因为某些人会从其他人的牺牲中获得独享的利益。"①

对于这样的人民主权论,兆民所持的态度如何呢?只要一看他在其《民约译解》中为卢梭所作的辩解就清楚了。他写道:

> 英吉利边沁云:卢梭民约,世末闻有若者,彼岂不读此一段故为是言邪。卢梭固言,民约之条目,未尝有举之口,笔之书,盖卢梭尤恶世之论政述者往往据实迹而为说,故本书,专推道理立言,论义之所当然,而事之有无,初非所问也。边沁论用,而卢梭论体,边沁论末,而卢梭论本,边沁单论利,而卢梭并论义,其有不合也。固宜。②

既然兆民将边沁与卢梭的区别看成是体用、本末和义利的区别,那么对毕生都在追求"一理"的兆民来说,他追逐体、本、义而舍弃用、末、利就是顺理成章的事了。换句话说,兆民是将卢梭的人民主权论当成了他所追求的"理"。兆民又将这种"理"称之为"精神"。

---
① 贡斯当:《古代人的自由与现代人的自由》,第57~58页。
② 中江兆民:《民约译解》卷一,《中江兆民全集》卷一,岩波书店,1983年12月15日,第91页。

在他看来，只有"理论"才是"精神"，而当前国家所最需要的正是这种"精神"＝"理论"。他将这种理论，用社论的形式发表在他创办的《东洋自由新闻》上，向自由民权运动提供理论武器。他说：

> 今海内之士皆热心政治学，无不讲政体之是非得失者，然东洋之风习常凭耳，而未尝役脑，模拟其形态，而未尝问其精神。于是，耳食之徒，往往眩名而不究实。恍惚共和之字面，锐意必为昔年法国之所为，以欲改正本邦之政体者，亦不乏其人。谓其迷佞谬固，毋宁谓其由不学寡闻所致也。①

兆民认为，由于不学寡闻，对理论的不重视，结果只注意模仿"共和政治"的形态，而不知"共和政治"之精神，这种做法不仅是"莠苗淆乱，大妨碍吾侪自由之畅路"，而且还会"蠹毒侵蚀，暗中戕贼几分国家之元气"②。所以，他认为澄清迷雾乃当务之急，那么，"共和政治"的精神又是什么呢？兆民解释说：

> 共和政治之字面为拉丁语respublica所译来，res者，物也。publica者，公众也。故，republique者，即公众之物也。公有物之义也。推及此公有之义于政体之上，则为共和政治之名。其本义如此。故苟以政权为全国人民之公有物，而不为一二有司所私者，皆republique也，皆共和政治也，而不问其君主之有无。然则于今，如欲立共和政治，将就其名求之乎？将就其实取之乎？就其名而求之时，如古昔之维尼斯国亦称之曰共和，然其实，决非

---

① 中江兆民：明治十四年三月二十四日《东洋自由新闻》3号，社论。
② 同上。

使人民干预其政治者也，而不过众贵族相合议而行之。是岂真正之共和政治耶？不独唯此，即见如今法国之共和政治，与英国立君政体相比时，共和之果实，为孰在乎？由是观之，固未可眩惑共和政治其名也，固未可拘泥外面之形态也。①

兆民认为，共和政治（英语之republic，法语之republique）之语均源于拉丁文。它的本意是"公众之物"，共和政治即是把它的本意用到政体上，是指政权为全国人民所公有，而不为一二有司所独擅，这便是共和政治的精神和本质。换言之，共和政治就是由人民行使主权，即所谓的"民权"，这就是兆民所追求的"理论"即"义理"。兆民说："民权者，至理也，自由平等者，大义也。反此等理义者不能不受之罚，虽有百之帝国主义，终不得灭没此理义，虽帝王之尊，敬重此义理，以兹可得保其尊。"②兆民认为，民权、自由、平等是至理大义，而"理义者"，又是"天下莫之难获"③。所以，兆民决心"奋然率先于公众，明至理之所存"，这样才能"进则制止有司之专恣，退则挥霍人民自治之精神，坚守天赋之自由，伸畅固有之权利"，而使日本永定福祉之基。兆民认为，他所做的追求、宣传"理义"的工作，"其功烈所及，后来之民亦可得沾其赉，是其功，岂一时战胜攻取之士能企及耶"④。

然遗憾的是，被中江兆民标榜为至理的"民权"论是十分空泛的。它未给人们提示出任何实质性的内容，而且其"人民"一词的暧昧性，与人民行使权利程序的不明确性，又为某些独裁的统治大开

---

① 中江兆民：明治十四年三月二十四日《东洋自由新闻》3号，社论。
② 中江兆民：《一年有半》，《中江兆民全集》第十一册，第177页。
③ 中江兆民：明治十四年四月二十七日《东洋自由新闻》31号①。
④ 中江兆民：明治十四年三月二十三日《东洋自由新闻》2号③，《东洋自由新闻发行ヲ祝ス》。

了方便之门。事实证明，日本的自由民权运动也未像兆民所希望的那样发展，福泽谕吉很早即对自由民权运动作过批评，指出"民权"这种提法会导致的两种倾向，其一，将民权的"民"解释为"人民"，势必引起对与政府相对抗的"人民"这样集体全体权利的重视。于是，所谓"人民"集体中的"人权"（或者也称为"私权"）的侧面则必然会受到忽视，假如将"民权"视为"全体人民的权利"，那么一定会出现一种集体实在论的倾向。这里所说的集体实在论，是指轻视集体是由个人构成的侧面，而将集体看成是一个实际存在而超越个人的自然的有机体那样的观点。这种观点忽视集体内部个人表达意见的具体程序，因此，很容易将集团的全体意见视为当然的真理。其二，"民权"这种提法所包含的另一个问题，即如福泽谕吉所批判的那样有其政权偏重的倾向。福泽谕吉曾批评自由民权运动说："民权论虽甚嚣尘上，然其论锋却指向政权。"具体说，由于"民权这种提法，使得人们的注意力"由"基本人权"问题向参政权，或夺取政权，打倒专政政府的方向转移。在福泽谕吉看来，真正的民权，应当包括参政权与私权这样两方面的内容，而自由民权运动中的这种政权偏重的结果，使得"人权"或"私权"遭到轻视，于是"政权与人权界线不清的状态发生了"。对于这种特征，福泽谕吉批评说，"日本政府执政二十多年来，自家之权力还未巩固，却在不少的方面侵犯人们之私权"。这种有关对政权与人权界线不明的批判，原封不动地放到自由民权运动上，也是十分贴切的[①]。

而且，这种集体实在论的倾向，有向国权论转移从而被利用的危险。日本的石田雄教授在列举了日本自由民权运动中的大量的事

[①] 参阅石田雄《日本近代史における法と政治》，岩波书店，1976年2月27日，第120～121页。

实后写道:"更有甚者,是失去方向的'自由大义'在具体的自由民权运动的挫折中与国权论结合的问题。由于将'民权'视为'人民'这样的集团权利,因此为了实现该集团的权利,很容易诱导出首先必须加强国权的理论。而且也应充分地考虑到,以对外侵略作为国内政治挫折的心理补偿的因素。"①

如此看来,日本的自由民权运动(尤其是指自由党派),它在打破传统上的特权,鼓舞人们改变现状等方面,虽起过进步的作用,但在另一方面,也隐含着一种危险的倾向,这种倾向乃是源于西方的另一种自由主义传统。而在摄取这种自由主义时,中江兆民的作用是不容忽视的。

第三节 中江兆民积极自由观对梁启超的影响

梁启超最初接触中江兆民的著作应当是通过其师康有为的。康有为自20多岁起就对日本进行研究②,他在光绪十四年十月初八日(1888年12月10日)《上清帝第一书》中已提到借鉴日本变法经验的问题。此后随着其研究的不断深入,至光绪二十三年,他已积累了大量的日本书籍,这其中的一大部分,是他托人从日本购置的③。他在其女儿和弟子的帮助下,根据这些书籍编成了《日本书目志》十五卷。《日本书目志》中约收录了日本明治前后的书籍7000多种,而在"理学门"中即收有中江笃介(即中江兆民)的《理学沿

---

① 石田雄:《日本の政治と言叶》上册,《自由と福祉》,东京大学出版社,1989年11月24日,第46页。
② 参阅本书第一章。
③ 据康有为《自编年谱》光绪二十三年(1897年)条载:"至是所得日本书甚多,乃令长女同薇译之,稿乃具,又撰《日本国志》。"见康有为:《康南海先生自编年谱》,蒋贵麟主编:《康南海先生遗著汇刊》第二十二册,宏业书局有限公司,1986年6月再版,第37~38页。

革史》。对于老师的《日本书目志》,梁启超曾认真读过,并且还在《时务报》上发表过《读日本书目志书后》一文。通过《日本书目志》,梁启超了解了许多日本名著,当然梁启超那时并不可能全部读过这些书,但是其中主要部分经康同薇"译之",康有为又"因汉志之例,摄其精要,剪其无用","为撰提要"①,所以,这些书的精要部分,一定会给梁启超留下深刻印象。当然,此后的事实也证明,梁启超到日本后,无论是中江兆民的《理学沿革史》,还是伯伦知理的《国家论》,或是中村正直的《西国立志编》,井上圆了的《伦理通论》《心理学》《哲学一夕话》《哲学要领》,德富苏峰的《将来之日本》,阪谷芳郎的《经济学史讲义》,加藤弘之《国法泛论》,穗积陈重的《法典论》,小野梓的《国宪泛论》,志贺重昂的《地理学讲义》,坪井九马三的《万国近世历史》等这些曾为《日本书目志》上介绍过的著作,都是梁启超经常读的书,而这些著作对梁启超的思想也产生了深刻影响,对有些书他甚至加以翻译、改写,发表在他创办的报刊上,对中国的近代产生了深远的影响。而这些事若论其渊源,均会追溯到《日本书目志》。

梁启超真正开始接受中江兆民的思想,应该是在其亡命日本以后。在到日本的最初日子里,梁启超四处奔走,希望利用日本政府的力量帮助光绪帝复权,以达到其变法自强目的。但经多方努力后,其愿望并未能实现,在痛定思痛之余,梁启超认识到,要想真正地改造中国,还是要从教育做起,即做民众的启蒙工作。于是,他在旅日华侨的资助下,于1898年12月23日(光绪二十四年十一月十一日)在横滨创办了《清议报》。他深深地感到,若想做好民众的启蒙工作,自己必须先有丰富的学识。当时,梁启超正处在"中

---

① 康有为:《日本书目志·自序》,同上书,第十一册,第5页。

国自秦汉以后的学问全要不得的,外来的学问都是好的"的思想阶段①,通过日本人译自西方之书,向西方寻求真理,自然对他具有极大的诱惑力。抱着这种目的,梁启超在1899年春,康有为离日本赴美洲后,即与罗孝高前往箱根"习静读书"。当时,他们"广搜日本书而读之",而这些书使他"若行山阴道上,应接不暇"②。但当时梁启超满脑子都是如何才能使中国在"竞争"的世界中求生存,所以也来不及对这些著作细加咀嚼消化,而是略加改写、评注,便急急地发表在他所创办的报刊上,至于这些书中的思想将来会对中国产生何种影响,自然也就无暇细思了。根据梁启超创办的《清议报》上发表的文章来分析,他对明治日本有影响的学派的著作都有所注意,特别是对那些受西学影响的学派思想更是沉溺其间,所以,日本的以福泽谕吉为代表的英吉利功利主义学派,以中江兆民为代表的法兰西自由主义学派,和以加藤弘之为代表的德意志国家主义学派,均给了他极深刻的影响,使他"脑质为之改易,思想言论与前若出两人"③。但是,若从其发表文章的数量来看,受中江兆民影响而写的文章应该说最多。他在《清议报》和后来办的《新民丛报》上发表的《霍布士(Hobbes)学案》《斯片挪莎(Spinoza)学案》《卢梭(Rousseau)学案》《近世文明初祖二大家之学说》《上篇倍根(Bacon)实验派之学说(亦名格物派)》《下篇笛卡儿(Descartes)怀疑派之学说(亦名穷理派)》《法理学大家孟得斯鸠(Montesquien)之学说》《民约论钜子卢梭之学说》《乐利主义泰斗边沁(Bentham)之学说》《近世第一哲学家康德(Kant)之学说》等一系列介绍西洋思想的文章,其中大部分是

---

① 梁启超:《亡友夏穗卿先生》,《合集》文集四十四,第23页。
② 梁启超:《夏威夷游记》,《合集》专集之二十二,第186页。
③ 同上书,第188页。

以中江兆民的《理学沿革史》为蓝本写成的①。所以，从这点来说，

---

① 参阅宫村治雄《开国经验の思想史—兆民と时代精神》第九章《梁启超の西洋思想家论—その"东学"との关连において》。笔者曾将梁启超的文章与中江兆民的《理学沿革史》逐字逐句作过对照，梁启超的文章基本上可以说是对中江兆民文章的节译，我们先看几例：

中江兆民之《理学沿革史》：霍布士之议论，自始至此，前后紧密相连，无丝毫之亏隙，可谓极为整齐。彼本以为人类乃如一种无生气之偶像，常为其情愿所驱，而绝不能自制，世所谓道德者，乃空幻而非实相，于是乎以相争斗不已为自然之顺序，夫人果专为其愿欲所驱，无所谓德义者，而就利去害亦其天性时，则其相约而求和平，亦自然之顺序，如是契约一旦议定，则维持使之无坠而尚成力亦自然之顺序也。无他，以初即无所谓有道德之人也，余故曰，自始至此，霍布士之议论极为整齐而无有矛盾也。（アルフレット・フーイエ著、中江笃介译：《理学沿革史》，《中江兆民全集》第五卷，岩波书店，1984年7月18日，第187～188页。）

再看梁启超的《霍布士学案HOBBES》：按霍布士之议论，可谓持之有故，言之成理，如长山之蛇，首尾相应。盖彼本以人类为一种无生气之偶像，常为情欲所驱，而不能自制，世之所谓道德者，皆空幻而非实相，然则相争斗者，必为自然之顺序无疑，既无德义，则去利就害，亦自然之顺序。其相约而求和平，亦自然之顺序。如是则契约既成，必以威力护持之，亦自然之顺序也，使人之本性，而果如霍布士之所言，则其说自同盛水不漏，无有矛盾也。（梁启超：《霍布士学案HOBBES》，《清议报》第九十六册，第3页。）。

显然，梁启超这里完全是重复中江兆民的意思。我们再看一例，兆民写道：

斯片挪莎之政术于其理学之旨趣紧相应而极整齐，以为制度未立之初，人唯知有力，不知有义，而是者，正自然之道，极为合理者也，担任者，有良智者也，不久即知如是孤立为生，不如相聚和协立国，其势力更大，利益更广，是即契约所由出也。（アルフレット・フーイエ著、中江笃介译：《理学沿革史》，第341页。）

梁启超写道：斯片挪莎之政术。与其哲学之旨趣。紧相接而极整齐。以为制度未立之始，人惟知有力，不知有义。然此亦自然之道，正合于理者也。但人也者，有良智者也。寝假而知人人孤立谋生不如和协立国。其势力更大，利益更广，是即民约所由起也。（梁启超：《斯片挪莎学案BARVCH SPINOZA》，《清议报》第九十七册，第3页。）非常明显，这里梁启超也祖述着中江兆民的意思。他所写的《卢梭》更是深受兆民的影响，甚至其写的按语也与兆民原文相差不大。兆民写道：

卢梭此论诚当也，我若与人定立契约，而因此尽捐弃我之权利时，是我并遵守契约之权亦丧之也，果尔，则此约旋成随坏，一切当初所定之条款，后皆一时消散，若是者，当初即非真约也。（アルフレット・フーイエ著、中江笃介译：《理学沿革史》，《中江兆民全集》第六卷，第127页。）

我们再看梁启超的按语：

案卢氏此论，可谓铁案不移。夫使我与人立一约，而因此书捐弃我之权利，是我并守约之权而亦丧之也，果尔则此约旋成随毁，当初一切所定条件，皆成泡幻，若是者，谓之真约得乎？（梁启超：《卢梭学案JEANJACQUES ROUSSEAU》，《合集》文集之六，第101页）

这样的例子俯拾皆是，这里不再一一赘述了。

中江兆民的《理学沿革史》，即使梁启超深受了日本的法兰西自由主义学派的影响，同时也是梁启超了解西方世界的一个窗口。

梁启超受中江兆民影响最深的是他的自由思想，梁启超到日本的第二年发表在《清议报》上的短文，便都命名为《自由书》，而"自由"思想也被梁启超当成"今日救时之良药，不二之法门"①。梁启超这种对自由的热衷，引起其师康有为极大的不安，他生怕梁启超宣传自由，使中国会像法国那样引起动乱或革命而被列强乘乱瓜分，所以他写信严加指责，喻示"但当言开民智，不当言兴民权"②。梁启超当时对此不以为然，上书其师，进行辩解，表示尽管先生"于自由之义，深恶而痛绝之"，但他是"始终不弃此意"，认为"于天地公理与中国时势，皆非发明此义不为功也"。认为"中国数千年之腐败，其祸极于今日，推其大原，皆必自奴隶性来，不除此性，中国万不能立于世界万国之间"，而自由"正使人自知其本性，而不受钳制于他人"。所以，梁启超主张"今日非施此药，万不能愈此病"。他认为其师屡引法国大革命为鉴是过虑③，指出："医今日之中国，必先使人人知有权，人人知有自由，然后可，《民约论》正今日中国独一无二之良药也。"④显而易见，梁启超是将卢梭的自由思想当成了医治中国病患的灵丹妙药。上文已经谈到，梁启超了解卢梭是通过中江兆民，而兆民的自由思想又多来自卢梭，所以，若想了解梁启超的自由思想，就不

---

① 梁启超光绪二十六年四月一日《致南海夫子大人书》，《梁启超年谱长编》。
② 康有为此语请参阅梁启超光绪二十六年四月一日《致南海夫子大人书》，《梁启超年谱长编》。
③ 梁启超光绪二十六年四月一日《致南海夫子大人书》，《梁启超年谱长编》。
④ 梁启超：《答某君问法国禁止民权自由之说》，《合集》文集之十四，第31页。

得不先述兆民，又不得不先了解卢梭，不得不介绍卢梭的自由观。卢梭以他所谓的"社会契约"为界，将自由分为两类。在卢梭看来，人类在结成社会契约之前乃处于自然状态之中，他们并不受别人的约束，他们所享有的权利，"仅仅是由于强力的结果或者是最先占有权而形成的享有权"，而他们所享有的自由也只能称之为"天然的自由"①。而在"社会契约"结成之后，一切就发生了翻天覆地的变化。那时邦国已建，制度既设，人类由自然状态进入了社会状态，他们所享有的是"根据正式的权利而奠定的所有权"，而其所享受的自由乃是"被公意所束缚着的社会的自由"。在卢梭看来，人类的这种由"民约"带来的由"天然自由"到"社会自由"的变化，将给人类带来无穷的益处。他说："由自然状态进入社会状态，人类便产生了一场最堪注目的变化；在他们的行为中正义就代替了本能，而他们的行动也就被赋予了前此未有的道德性。惟有当义务的呼声代替了生理的冲动，权利代替了嗜欲的时候，此前只知道关怀一己的人类才发现自己不得不按照另外的原则行事，并且在听从自己的欲望之前，先要请教自己的理性。虽然在这种状态中，他被剥夺了他所得之于自然的许多便利，然而他却从这里面重新得到了如此巨大之收获；他的能力得到了锻炼和发展，他的思想开阔了，他的感情高尚了，他的灵魂整个提高到这样的地步，以至于——若不是对新处境的滥用使他往往堕落得比原来的出发点更糟的话——对于从此使他永远脱离自然状态，使他从一个愚昧的、局限的动物一变而成为一个有智慧的生物，一变而为一个人的那个幸福时刻，他一定会是感恩不尽的。"②

---

① 卢梭：《社会契约论》，第30页。
② 同上。

在卢梭看来，"人类由于社会契约而丧失的，乃是他的天然自由以及对于他所企图的和所能得到的一切东西的那种无限权利；而他所获得乃是社会自由以及对于他所有的一切东西的所有权"①。"天然自由"是"仅仅以个人的力量为其界限"的自由，它所享有的权利是暂时的、没有保证的。而"社会的自由"虽是被"公意"束缚着的自由，但是它所享有的权利却是正式而被保护的。卢梭认为，除了上述之外，人类在得到"社会自由"的同时，还会得到另外一种自由，卢梭将其称之为"道德的自由"，而"唯有道德的自由才使人类成为自己的主人"，这是"因为仅只有嗜欲的冲动便是奴隶，而唯有服从人们自己为自己所规定的法律，才是自由"②。

这样，在卢梭的自由观里，便出现了三种自由概念，其一是人类处于自然状态时的"天然的自由"，其二是人类在结成"社会契约"后的"社会的自由"，其三是在社会契约之后当人们在真正成为自己主人时的"道德的自由"。

对卢梭的这三种概念，中江兆民理解得很透彻，他在其《民约译解》中将卢梭的"天然的自由"（La liberté naturelle）译为"天命之自由"，而将"社会的自由"（La liberté civile）译为"人义之自由"。他解释道："虽自由权亦有二焉，上古之人肆意为生，绝无被检束，纯乎天者也，故谓之'天命之自由'"，而"民相共约，建邦国，设法度，兴自治之制，斯以得各遂其生长其利，杂乎人者也，故谓之人义之自由。……天命之自由，本无限极，而其弊也，不免交侵互夺之意，于是咸自弃天命之自由，相约建邦国，作制度以自治，而人义之自由生焉，如此者所谓弃自由权之正道

---

① 卢梭：《社会契约论》，第30页。
② 同上。

也。无他,弃其一而取其二,究竟无有所丧也"①。他还进一步解释道:

> 天命之自由,人人唯力是视,故毋论土地财贿,若见人之无为守,若人之未下手,辄进而取之,所谓夺有之权,与先有之权也,而一旦有人逾我,我亦为其所夺矣。故曰,此二权者与力俱生,与力俱灭也。人义之自由,民约所置,亦民约所限,盖民约既立,法制既设,土地财贿,必有定主,所谓保有之权也。而此权者,文书为之征,故得之与失之,并无关于力。②

这样,在中江兆民的自由观里,便出现了"天命的自由"与"人义的自由"这样一对自由概念,其"天命的自由"脱胎于卢梭的"天然的自由","人义的自由"则来源于卢梭的"社会的自由",而论其内涵,则与卢梭的这两种自由毫无二致。

中江兆民在其《民约译解》中对卢梭所说的第三类"道德的自由"解释不多,而仅引其端绪,他写道:

> 邦国未建之时,人人纵欲徇情,不知自修厉,故就貌而观,虽如极活泼自由,实不免为形气所驱役,本心始未能为主宰,非奴隶之类乎?民约既立,凡为士者,莫不皆与议法,故曰自我为法,而法制既设,莫不皆相率循之,故曰自我循之,夫自为法而自循之,则我之本心,曾不曾少受抑制,故心胸绰有余裕。要

---

① 中江兆民:《民约译解》,《中江兆民全集》第一卷,岩波书店,1983年12月15日,第75页。
② 同上书,第97~98页。

之，因民约所得，比其所失，相逾远甚。①

我们看到，在这段不长的解释中，中江兆民基本上是在祖述着卢梭的意思，而未有所生发，但是从其字里行间已透露出这样的一个信息，兆民追求的是卢梭所提倡的那种不受形气驱使的，作自己本身主宰的自由。兆民在明治十四年三月十八日《东洋自由新闻》的社论中将这层意思表达得更加清楚，在兆民看来，"自由对人类极为可贵，他就像膏液之于花木"。他说：

> 自由之为物，若以草木譬之，则犹如膏液，故恃人之干涉，受人之束缚之人民，犹窖养之花，盆栽之树，不能放其天性之香色，繁茂畅达其天禀十分之枝叶。遽见之则美矣，如迫视之时，则生气索然，未曾可观。若夫至山花野草，则异是也，其香馥郁，其色蓊郁，虽支瓣单叶，无不皆尽灵活，自由之于人，其可贵盖如此矣。②

自由对于人类既然如此重要，那自由又是什么呢？中江兆民说：

> 夫リベルテー（liberté 现译为自由）一语，可译之为自主、自由、不羁、独立等意，然至其义之深微之处，则非此数语之所能尽，盖于古昔之罗马，有政权之士君子，即所谓良家子，以此称当之，以为从吾天然之情性，而得保其真者，独可以此称当

---
① 中江兆民：《民约译解》，第97~98页。
② 同上。

之。盖意欲以此别夫受束缚拑制囚房之属也。①

显而易见，中江兆民所理解的自由，其核心在于"自主"与"不羁"。他进一步把自由分为两种。第一种是"心思自由"（la libertémorale），第二种是"行为之自由"（la libertépolitique）。

对于第一种"心思之自由"，中江兆民解释道：

"心思之自由"者，我之精神心思绝不受他物之束缚，是得谓完全发达而无遗余也。古人所谓，配义与道，浩然一气即此物也。内省无疚，自反而缩，亦此物也，乃俯仰天地无愧怍，外之则不为政府教门所拑制，内之则不为五恶六欲所妨碍，活泼泼，转辘辘，凡其得驰骛之所，愈驰骛之，则愈进，而亦不少挠者也。故心思之自由者，以我本有之根基，为第二类行为自由之始，其他百般自由之类，皆从此出，凡人生之行为，福祉、学艺皆从此出，盖吾人之最可当留心涵养之所，莫此物为尚矣。②

对第二种"行为之自由"，兆民说：

"行为之自由"乃人人之其所以自处者，及其之所以与他人者，皆在其中。举其目：曰一身之自由。曰思想之自由。曰言论之自由。曰集会之自由。曰出版之自由。曰结社之自由。曰民事之自由。曰从政之自由也。③

---

① 中江兆民：《吾侪，此新闻纸ヲ发兑スルヤ……》，明治十四年三月十八日《东洋自由新闻》一号社论。
② 同上。
③ 同上。

中江兆民认为,"心思之自由"与"行为之自由"两者之间,"心思之自由"是源泉和根基。只有以这种"心思之自由"为根基,才会有"行为之自由"。而社会人生之行为,其他各种自由,全部从"心思之自由"中衍出。而兆民所谓的"心思之自由",正是由卢梭的"道德之自由"脱胎而来。很明显,兆民的自由观完全来源于卢梭,其"真情径行,绝无自检饬","为血气所驱,唯嗜欲是徇,与禽兽无别"的"天命之自由",相当于卢梭的人类在"自然状态"中的"天然之自由";而"建之以众意所同然,而限之以众意所同然"①的"人义之自由",则相当于卢梭的"社会状态"中的"社会之自由"。而兆民所追求的"精神心思不受他物之束缚""完全发达而无遗余"的"心思之自由",则相当于卢梭的"服从人们为自己所规定的法律的"、"真正成为自己主人的""道德之自由"。

应当指出,中江兆民的自由观是与其爱国主义情结联系在一起的,当时最困扰日本知识分子的问题就是民族独立与富强。在兆民看来,"心思自由"乃是文明进步的总原因,日本唯有文明进步,才能保持民族独立,使国家富强而与列国抗衡,他说:

> 坚舰破涛以涉大瀛万里之远,此果然赖风力之便乎?曰:否。昔者有英人瓦特(James Watt,1736~1819)者,知以蒸汽可行舟,创意运思,主张以蒸汽驱使机械,使之一如人意,然后轮船之利世得行,向无瓦特之创意运思,艨艟之脆弱何以得冒狂澜怒涛之危。不独唯此,伽凡尼(Luigi Galvani,1737~1798)

---

① 中江兆民:《民约译解》,第97页。

牛顿（Isaac Newton，1642~1727）之于格物。拉菲尔（Raphael or Raffaello Sanzio，1483~1520）米开朗琪罗（Michelangelo Buonarroti，1475~1564）之于绘画。モイズ？之于基督之宗教。其他圣学贤士，以至一艺一能之士，莫不皆自创意运思，而有发现。不独西方诸国为然，于汉土亦然，尧舜之禅贤，禹汤之传子，仲尼之言仁，孟轲之说义，孙武、吴起之论兵法，左丘明与司马迁之于文，李白、杜甫之于诗。亦莫不皆自创意运思以有发现。其在本邦，本居、平田之于皇学，人丸、赤人之于和歌，宿祢、蹶速之于角觝，义家、为朝之于弓，纪平治之于砾，小栗判官之于马，马琴、春水之于戏作。莫不皆自创意运思，而有发现，向圣贤学士，艺能之士，皆唯蹈前人之轨辙，无自出杼轴，后世何以得观其大业伟绩，何以得观其名篇巨什，何以得观其妙诣巧造乎？非独圣贤学士，艺能之为然，至日常茶饭之事亦然，秉耒耜而耕于南亩者，执牙筹而坐于列肆者，操锯凿者，操镘者，曳车者，刺船者，从事代言者，从事演舌者，以至落语家（日本滑稽故事演员）俳优家（演员）之属，莫不皆自创意运思以求钓一利，弋一便也。①

中江兆民认为，无论古今中外，文明的发展，无不是由于圣贤学士以至于平民百姓的各自创意运思，有所发现而形成的。他认为，既然这种"自由之心"可以用到"立宗教、阐道学、讲技术、学伎能、力农、劝商"，那么将"自由之心""用之于政，奚独不然耶"。②然而不幸的是，西洋人能将"心思之自由"运用到

---
① 中江兆民：《心思ノ自由》，明治十四年三月二十五日《东洋自由新闻》社论，4号①。
② 同上。

政治上，而东洋人却不能。他感叹道："呜乎！何其福分之厚耶，均是人也，在欧美，则运用其自由之心，而莫不及之政，在亚细亚不唯不能及之政，亦曾不知及之政乃为急务，天之福人其不相等一至此耶！"① 在兆民看来，能否将"心思之自由"运用到政治上，乃是当时日本民权运动的首要问题。因此，他号召国民，"吾侪三千五百万之同产亦相议，制定宪法，以图与政"②。他鼓励民众："子渊曰：舜何人也，予何人也。拿破仑曰：苟欲可，皆可成也。吾侪何为怨天尤人哉？"③ 这样，兆民就将其"心思之自由"的最后落脚点放到了参政权上。

应当指出，若从西方自由主义史的观点来看，中江兆民所谓的自由乃属于"积极自由"或称之为"古代人的自由"，与此相对的是"消极自由"或"现代人的自由"。对以上这两种概念，历代自由主义者都有过精辟的分析。如拉吉罗曾指出：

> 消极自由存在于所有权威与法律的否认之中；新的积极自由则在于将权威与法律的源泉移入人的思想。做自己的法律。换言之就是自治，服从良知所认识的权威，因为，这来自其自身的法律，这就是真正的自由。④

贡斯当也曾注意到古代人的自由主要是指一种公民资格，"那

---

① 中江兆民：《心思ノ自由》，明治十四年三月二十五日《东洋自由新闻》社论，4号①。
② 同上。
③ 同上。
④ ［意］圭多·德·拉吉罗：《欧洲自由主义史》，杨军据［英］R·G科林伍德英译转译，张晓辉校，长春：吉林人民出版社，2001年1月，第329页。

种自由表现为积极而持续地参与集体权力"①。而现代人的自由,"必须是由和平的享受与私人的独立构成的"②。贡斯当指出:"古代人的目标是在有共同祖国的公民中间分享社会权力:这就是他们所称谓的自由。而现代人的目标则是享受有保障的私人快乐;他们把对这些私人快乐的制度保障称作自由。"③

继承贡斯当"古代人的自由"与"现代人的自由"的概念而将其淬砺发扬的是伯林。伯林在其经典名著《两种自由概念》中曾提出过"消极的自由"(negative freedom)与"积极的自由"(positive freedom)这样一对概念。在伯林看来,"消极自由"是指"在没有其他人或群体干涉我的行动程度之内,我是自由的。在这个意义下,政治自由只是指一个人能够不受别人阻挠而径自行动的范围"④。在伯林看来,"自由这个字的积极意义,是源自个人想要成为自己主人的期望。我希望我的生活与选择,能够由我本身来决定,而不是取决任何外界的力量"⑤。伯林认为,"要弄清楚这个现象,其中的一个方法,就是去了解自主(self-mastery)这个比喻,本身所造成的影响力"。在伯林看来,"'我是自己的主人'、'我不是任何人的奴隶'这种想法并没有害处可言。但是如柏拉图学派(Platonists)或黑格尔学派所想探讨的,我会不会是自然的奴隶?我会不会是我自己那种'不受约束'的激情的奴隶?这些难道不也同样是'奴隶'?进而言之,有些人是政治上的,或

---

① 贡斯当:《古代人的自由与现代人的自由》,第32页、33页。
② 同上。
③ 同上。
④ 伯林:《两种自由概念》,《市场逻辑与国家概念》,生活·读书·新知三联书店,1995年11月,第201页。
⑤ 伯林:《两种自由概念》,第211页。

法律上的奴隶，有些人则是道德或精神上的奴隶"①。伯林指出，从积极自由的观点来看，当人们有所欲求时。他的这种欲求有时可能来自他理智的"更高层次的本性"，这乃是人们"真实的""理想的"或"自主的"自我。而与之相对的则是人们"非理性的冲动，不受控制的欲望，我之'较低层次的本性'，立即乐趣的追逐，以及'经验界的'（empircal），'被他人或别种律则支配的'（heteronomous）自我，从而认为：这个自我被欲望与激情所左右，如果要上达它'真实'本性的充分高度，就必须受到严格的纪律"②。在伯林看来，"那个真实的自我，还可以被看成某种比个人（一般意义下的个人）更广泛的东西，它可以看成个人只是其中一个因素，或一个层面的社会整体，例如：一个部落、种族、教会、国家，以及由现在活着的人、加上已逝者和未到人世者，所构成的'伟大社会'等，这个整体于是被看成'真正的'（true）自我，它将集体的，'有机的'（organic）独一无二的意志，强加在顽抗的'成员'身上，从而获得它自己'更高层次'的自由"③。

伯林进一步写道：

> 这一类语言之所以显得有理，是因为我们承认：以某种目标的名义，例如正义，或大众健康的名义，来对人们施以强制，是可能的，而且有时是有理由的；因为群众若是在民智已开的阶段，他们自己也会去追求这些目标，如今他们没有去追求，只是因为他们盲目，无知或腐化。如此一来，我很容易认为，我是为了他们自己，为了他们的利益，而强制他们。于是，我就是在

---

① 伯林：《两种自由概念》，第211页。
② 伯林：《两种自由概念》，第211～212页。
③ 同上。

宣称：我比他们自己，更明白他们需要的是什么。其中隐含的意思，充其量只是：如果他们和我一样理性、睿知，并且也和我一样，了解他们自己的利益，他们就不会抵制我。但是，我却可以利用这一点去作更多的要求。我可以声言，他们实际上是在追求他们于蒙昧状态下有意抵制的目标，因为他们内心里有某种奥妙的东西，某种潜在的理性意志（rational will）或"真正的"目标，这种奥妙的东西，虽然被他们表面上的感觉、行动，或语言所掩饰，却正是他们"真实的"自我。而处于现时时空中的，可怜的"经验自我"（empirical self），对这个"真实的"自我一无所知，或所知极少。只有这个内在的精神的自我，才是唯一的自我，它的愿望，才值得我们考虑。一旦我采取这样的观点，我的立足点，就可能使我忽视人类或社会的实际愿望，借人们的真实自我为名，并且代表那个自我，去欺凌、压迫、折磨他们，同时心里却还坚持认为：只要是人类的真正目标，诸如：幸福、责任之履行、智慧、公正的社会或自我完成等，便一定能和他们的自由吻合，而这自由即是：自由地选择他"真正的"，但却经常埋没而未得表明的自我。[①]

如此看来，自由的概念表面像是简单，实际上却玄机暗藏，积极的自由其核心是"自主"，它源于人们"想要自己治理自己，或参与控制自己生活过程的欲望"；而消极的自由源于人们"希求一个能够自由行动范围的欲望"[②]。但是，人们的这两种欲望所需求的并不是同样的东西，这正如伯林所指出的那样："它们的区别非

[①] 伯林：《两种自由概念》，第210页、212~213页。
[②] 同上。

常重大，以致造成了今天主宰着我们这个世界的，各种意识形态的冲突。因为相信'消极的'自由概念信徒，认为'积极的'自由的概念，有时只不过是残酷暴政的华丽伪装而已；而'积极的'自由概念则认为，自由不是'免于……的自由'，而是'去做……的自由'去过一种已经规定的生活形式的自由。"①

显而易见，若从伯林的观点来看中江兆民的自由，毫无疑问乃是一种"积极的自由"，兆民追求的是一种"心思上的自由"，这种自由若放在个人方面，则表现一种自己做自己主人的心态，一种"精神心思绝不受他物之束缚"的进取精神，而将此种精神用在政治上，则表现为一种政治参与的愿望，即希求政治参与的自由。

实际上，日本自由民权运动也一直是围绕着参政权而进行的。民权运动的主要目标即是要求国民的政治自由，因为在民权理论家看来，国民参与政治与成立国会乃是国家统一与独立的必要前提。如自由民权运动的思想家植木枝盛就认为，"国事与民事原非二物"。在他看来，"国家毕竟由民集合而成，政府虽掌管国家之政事，但政事即民事，民事即政事。所以，国家安全，人民则安乐；国家危殆，人民之性命亦难保；政府良善，人民则得幸福；政府暴虐，人民则蒙不幸"。因此，植木号召"人民必须关心国事"②。

而有些自由民权者则认为"全部政治运动的目的则是迫使政府承诺开设国会"，或是"能促其开国会则足矣"③。这种想法，固然与他们所关心的民族独立富强的课题分不开，但这却使日本的自由民权运动呈现出这样的一种倾向，那就是"强调与国家权力一体

---

① 伯林：《两种自由概念》，第210页、212～213页。
② 植木枝盛：《民权自由论》，《现代日本思想大系》第三卷，筑摩书房，1965年12月20日，第58页。
③ 参阅松本三之介：《明治思想史》，新曜社，1998年3月17日，第69页。

性和'依靠国家的自由'的国家主义思想,优先于对权力强化的恐惧感和'远离国家的自由'这样的自由主义思想"①。

梁启超是在日本的国土上接受自由主义思想的,因此日本自由主义的这些特色都或多或少地给了他一定的影响,然而细析起来,给梁启超影响最多的还是兆民的自由观。在中江兆民的影响下,梁启超也认为自由是立国之本原,他说:"'不自由毋宁死'斯语也,实十八九两世纪中,欧美诸国民所以立国之本原也。"②他认为,泰西四百年来改革之进步,皆为"'不自由毋宁死'之一语耸动之,鼓舞之,出诸壤而升诸霄,生其死而肉其骨也"③。他大声赞美自由:"於戏,璀璨哉,自由之花。於戏,庄严哉,自由之神。"④

那么,梁启超心目中的自由,究竟是什么意思呢?

梁启超的自由观同中江兆民一样,也是安放在近化论的框架之中,梁启超说:"自由云者,团体之自由,非个人之自由也。野蛮时代个人之自由胜而团体之自由亡,文明之时代团体之自由强而个人之自由减。斯二者盖有一定之比例,而分毫不容忒者焉。"⑤在梁启超看来,人类是由野蛮时代逐渐向文明时代进化,而自由也由个人自由逐渐向团体自由转变,在他的眼里,中国正处在野蛮时代,所以只有所谓的个人自由。他说:

使其以个人自由为自由也,则天下享自由之福者,宜莫今日之中国人若也,绅士武断于乡曲,受鱼肉者莫能抗也,驵商逋债

---

① 松本三之介:《明治思想史——近代国家の创设から个の觉醒まで》,第65页。
② 梁启超:《论自由》,《合集》专集之四,第40页、42页。
③ 同上。
④ 同上。
⑤ 梁启超:《新民说》,《合集》专集之四,第44~45页。

而不偿，受欺骗者莫能责也，夫人人皆可以为绅士，人人皆可以为驵商，则人人自由亦甚矣。不宁维是，首善之区，而男妇以官道为圊溷，何其自由也。市邑之间，而老稚以鸦片为菽粟，何其自由也。若在文明国，轻则罚锾，重则输城旦矣。①

在梁启超看来，当时的中国社会，正是一种凭借着所谓强者的权力、势力而对弱者行使个人自由的社会，也就是中江兆民所说的"唯力是视"的无秩序、无法律的社会。在梁启超看来，野蛮时代人类虽因统治力薄弱而处于一种自由状态，但是此种自由"不敢谓之自由"，因为这只可能算是一种野蛮时代的"自由之俗"，而无"自由之德"。梁启超写道：

中国何规矩绳尺之与有，人人言奉法，然国家有宪令，官吏且勿守。无论民氓也。人人言尊教，然圣贤有训条，士夫且勿遵，无论杂流也。尧典曰：天叙有典，天秩有礼。秩序者，一群所以团治之大原也。今试观我中国，朝野上下，其所谓秩序者安在乎？望其官府，则魑魅魍魉所出没，黑暗诡僻，无复人道也。察其民间，则盗贼之薮，贪诈之府，与野蛮时代，未立政府者，无以异也。②

在梁启超看来，中国当时的社会与兆民所说的"邦国未建之时"的野蛮时代，尽管二者在形式上可能有若干不同，而究其本质，还是"纵欲徇情""不知自修厉""唯力是视"的社会。

---

① 梁启超：《新民说》，《合集》专集之四，第45页、52～53页。
② 同上。

所以，此种社会之所谓自由也是"野蛮自由，正文明自由之蟊贼也"①。显而易见，兆民所谓的纵欲徇情，不知修历的"天命自由"在梁启超的自由观里被称之为"野蛮的自由"或"个人自由"。而兆民的"民约立后，法制既设，自立法而自循之"的"人义之自由"，则被称之为"文明之自由"或"团体之自由"。在他看来，"文明自由者"，乃"真自由"，而"真自由者，必能服从，服从者何，服从法律也。法律者，我所制定之，以保护我自由，而亦钳束我自由者也"②。梁启超所谓的"我所制定"的法律，是一种"非由外铄也，非有一人首出制之以律群生也"。它是"发于人人心中良知所同然，以为必如是乃适于人道，乃足保我自由，而亦不侵人自由"的法律。所以"不待劝勉，不待逼迫，而能自置于规矩绳墨之间"③。在梁启超看来，这种自我约束若能发展到极致，则"其身如一机器然，一生所志之事业，若何而预备，若何而创始，若何而实行，皆自定之。一日之行事，某时操业，某时治事，某时接人，某时食，某时息，某时游，皆自定之。禀气之习惯，嗜欲之熏染，苟觉为害吾事业戕吾德性者，克而治之，不少假借，一言一动，一颦一笑，皆若有金科玉律以为之范围"④。梁启超认为这种金科玉律不单要一人如是，还要人人如是，只有那样才能成为群的自治，而群之自治之极致，则出现一种"举其群如一军队然，进则齐进，止则齐止，一群之公律罔不守，一群之公益罔不趋，一群之公责罔不尽"⑤的局面。显而易见，梁启超所期望的局

---

① 梁启超：《新民说》，《合集》专集之四，第45页、52~53页。
② 同上。
③ 梁启超：《新民说》，第51~52页。
④ 同上。
⑤ 同上。

面里，人们所遵守的纪律或法律正是卢梭与兆民所谓的"其旨原乎义，本于情，确乎不可易，而凡为民者，未始不默采暗听，以为邦国之本"①的民约式的法律。在梁启超看来，这种如机器如军队式的自由，非但不约束人，反而使人更加自由，他说：

> 古哲曰："天君泰然，百体从令"，夫能使其一身之起居动作如机器者，正其天君活泼自由之极者也。军队之形式专制也，而有其精神焉。一群如一军队，其军队之将帅，则群中人人之良心所结成的法律是也，故制则制矣，而不可谓之专，以其法律者出自众人，非出自一人，是人人为军队中之小卒，人人为军队中主帅也，故夫自治者，与彼霸者之所束缚，儒者之所矜持，固有异焉。②

梁启超用这种"发于人人心中良知所同然"的"公意"法律束缚下的"文明自由"的观点来评论局势。他说：

> 天下民族中，最富于服从性质者，莫如英人，其最享自由幸福者，亦莫如英人。夫安知乎服从之即为自由母也。嗟夫，今世少年莫不嚣嚣言自由矣，其言之者，固自谓有文明思想矣，曾不审夫泰西之所谓自由者，在前此之诸大问题，无一役非为团体公益计，而非一私人之放恣桀骜者所可托以藏身也，今不用之向上以求宪法，不用之排外以伸国权，而徒耳食一二学说之半面，取便私图，破坏公德，自返于野蛮之野蛮，有规语之者，犹敢靦然

---

① 中江兆民：《民约译解》第六章《民约》，第91页。
② 梁启超：《新民说》，第51~52页。

抗说曰:"吾自由,吾自由。"吾甚惧乎自由二字,不徒为专制党之口实,而实为中国前途之公敌也。①

显而易见,梁启超所谓的"文明的自由",与卢梭的"社会的自由"和中江兆民的"人义的自由"一脉相承,其最后的落脚点也与日本的民权运动一样,放在了"向上以求民权,排外以伸国权之上"。对于这一点,梁启超表述得十分清楚。他在其《新民说》中曾将自由分为四种:政治上之自由,宗教上之自由,民族上之自由与生计上之自由。而政治上之自由又进一步可分为三个方面,即平民对于贵族而保其自由,国民全体对于政府而保其自由,殖民地对于母国而保其自由。

因此,自由最终将涉及六个方面的问题,对于这六方面的问题,梁启超作了如下的解释:

(一)四民平等问题,凡一国之中,无论何人不许有特权(特别之权利与齐民异者),是贫民对于贵族所争得自由也。(二)参政权问题,凡生息于一国中者,苟及岁而即有公民之资格,可以参与一国之政事,是国民全体对于政府所争得自由也。(三)属地自治问题,凡人民自殖于他土者,得任意自建政府,与其在本国时所享之权利相等,是殖民地对于母国所争得之自由也。(四)信仰问题,人民欲信何教,悉由自择,政府不得以国教束缚干涉之,是教徒对于教会所争得之自由也。(五)民族建国问题,一国之人,聚族而居,自立自治,不许他族若他国握其主权,并不许干涉其毫末之内治,侵夺其尺寸之土地,是本国人

---

① 梁启超:《新民说》,第40~41页、45页。

对于外国所争得之自由也。(六)工群问题(日本谓之劳动问题或社会问题)凡劳力者,自食其力,地主与资本家不得以奴隶畜之,是贫民对于素封者所争得之自由也。①

在梁启超看来,上述六方面的问题并非与中国有关,首先四民平等问题即与中国无关,因为中国"自战国以来即废世卿之制,而阶级陋习早已消灭也"②。其次,第三条属地自治问题也与中国无涉,这是因中国"无殖民地于境外也"③。再次,第四条信仰问题在中国更是无有,因为中国"非宗教国,数千年来无教争也"④。最后,第六的工群问题,中国在将来或许有之,但在今日尚无有,这是因为"生计界尚沈滞,而竞争不剧烈也"⑤。既然以上诸问题都与中国无关,那么中国当时最急需的是什么呢?梁启超说:"今日吾中国所最急者,惟第二之参政问题与第四之民族建国问题而已。"⑥

在梁启超看来,当时中国人所应当要求的,只有以上所说的政治上之自由与民族自由而已,在梁启超那里,这两种自由都十分重要,并且前者还是取得后者的先决条件。他说:"此二者(指政治之自由与民族之自由)事本同源,苟得其乙,则甲不求而自来,苟得其甲,则乙虽弗获而无害也。"⑦十分明显,在梁启超看来,要想争取民族的独立与富强,必须先争取国民的政治自由,这样,在

---
① 梁启超:《新民说》,第40~41页、45页。
② 梁启超:《新民说》,第44页。
③ 同上。
④ 同上。
⑤ 同上。
⑥ 同上。
⑦ 同上。

如何取得民族独立的问题上,梁启超也同日本的民权理论家一样,将其着眼点放在了国民参政问题上。

涉及国民参政,必须考虑参政的主体,所以国民道德教育人问题最重要,这样,梁启超又提出了"思想自由"的概念。梁启超说:

> 文明之所以进,其原因不一端,而思想自由,其总因也。欧洲之所以有今日,皆由十四五世纪时,古学复兴,脱教会之樊篱,一洗思想界之奴性,其进步乃沛乎莫之能御,此稍治史学者所能知矣。我中国学界之光明,人物之伟大,莫盛于战国,盖思想自由之明效也。①

那么,思想自由是什么呢?梁启超认为,"人莫不有两我焉"。其一是指:"与众生对待之我,昂昂七尺立于人间者是也。"其二是指:"与七尺对待之我,莹莹一点存于灵台者是也。"②对于与众生相对之我,梁启超解释说:"孟子曰,物交物,则引之而已矣。物者,我之对待也,上物指众生,下物指七尺(即耳目之官)。要之,皆物,而非我也。"③这里,梁启超所说的"我"是指与众生相对的"我",只是一种肉体的"物",即孟子所说物交物之"物"。

对第二种与七尺相对之我,梁启超解释道:"我者何,心之官是矣。"④梁启超所指的第二种我,是指孟子所说的心之官,是

---

① 梁启超:《保教非所以尊孔论》,《合集》文集之九,第55页。
② 梁启超:《论自由》,《合集》专集之四,第46页。
③ 梁启超:《论自由》,第46~47页。
④ 同上。

指与自己的肉体相对的精神或心思,他认为这才是真正的"我"。而第一种与众生相对的肉体的"我",只不过是一种"物"。在"物"与"我"之间,梁启超主张,"先立乎其大者,则其小者不能夺也"。并且在"物"与"我"之间,自然"惟我为大,而两界之物皆小也",所以"小不能夺大,则自由之极轨焉矣"①。

由此看来,梁启超的那种与自己肉体相对的精神或心思才是"真实的我",而与众生相对的肉体乃是一种"物"或"虚假的我"。在这两者之间,"虚假的我"要绝对服从"真实的我",因为虚假的自我乃是兆民所谓的"本心始未能为主宰""为形气所驱使"而未有理性的个人。这是一种不能自主,为自己本心所奴役的人。满足其欲求,若从其本质上看,乃是对自主的否定。所以,梁启超认为,要求"真自由"者,必须为自己心思之主人,而不能为外物之奴隶。他说:

> 人之奴隶我,不足畏也,而莫痛于自奴隶人,自奴隶于人犹不足畏也,而莫惨于我奴隶我。庄子曰:哀莫大于心死,而身死次之。吾亦曰:辱莫大于心奴,而身奴斯为末矣。夫人强迫我以为奴隶者,吾不乐焉,可以一旦起而脱其绊也,十九世纪各国之民变是也。以身奴隶于人者,他人或触于慈祥焉,或迫于正义焉,犹可以出我水火而苏之也。美国之放黑奴是也。独至心中之奴隶,其成立也,非由他力之所得加,其解脱也,亦非由他力之所得助,如蚕在茧,著著自缚,如膏在釜,日日自煎,若者欲求真自由者乎,其必自除心中之奴隶始。②

---

① 梁启超:《论自由》,第46~47页。
② 同上。

由此可见，梁启超所谓的"真自由"或"思想的自由"即来源于上所分析过的兆民的那种"我之精神心思绝不受他物之束缚""古人所谓，配义与道，浩然一气"的"心思之自由"。在梁启超看来，若要除去心中之奴隶，而获得"心思之自由"，就要做到四点：一是"勿为古人之奴隶"，二是"勿为世俗之奴隶"，三是"勿为境遇之奴隶"，四是"勿为情欲之奴隶"。

对于勿为古人之奴隶方面，他认为古之圣贤尝有大功德于人类，我们敬之爱之是当然之事。但"古人之所以能为圣贤，为豪杰者，岂不以其能自有我乎哉"，假如不是这样，"则有先圣无后圣，有一杰，无再杰矣"①。他认为："世运者进而愈上，人智者溶而愈莹，虽有大哲，亦不过说法以匡一时之弊，规当世之利，而绝不足以范围千百万年以后之人也。"②他反对为古人思想之奴隶，他主张："我有我耳，我物我格，我有心思，我理我穷，高高山顶立，深深海底行，其于古人也，吾时而师之，时而友之，时而敌之，无容心焉，以公理为衡而已，自由何如也！"③

在勿为世俗之奴隶方面，他认为人性的弱点是趋慕世俗，俯仰随人，因此主张，人既然"秉天地清淑之气以生"，就要做到"能铸造新时代"。即使做不到这一点，也不能"为旧时代所吞噬，所汨沈"。

在勿为境遇之奴隶方面，他认为，"以一身立于世界，周围之境遇无时不与相斗，所以战境遇胜之者则立，不战而为境遇所压者

---

① 梁启超：《论自由》，第47~49页。
② 同上。
③ 同上。

则亡"①。他进一步反证此理,说:"谋国者而安于境遇也,则美利坚可无独立之战,匈牙利可无自治之师,日耳曼意大利可以长此支离破碎,为虎狼奥之附庸也。使谋身者安于境遇也,则贱族之士礼立,何敢望挫俄之伟勋,蛋儿林肯何敢企放奴之大业,而西乡隆盛,当以患难易节,玛志尼当窜谪灰心也。"②以国内论,美利坚等国正是不为境遇之奴隶,才能取得国家的独立。以人而论,士礼立、林肯等也是因为不为境遇所奴隶,才取得事业的成功。而他回顾自己的国中,"所谓识时之彦者,开口辄曰,'阳九之厄,劫灰之运,天亡中国,无可如何'",指出这些人"非贫贱而移,则富贵而淫,其最上者亦遇威武而屈也"③。他极端鄙视这种为境遇所奴隶的思想,他希望国人要像陆象山那样,不为"利害毁誉,称讥苦乐"所动。他赞尚邵尧夫那种"卷舒一代兴亡手,出入千重云水身"的气概,他大力鼓吹这种不为境遇所屈的精神,表现出他追求"心思之自由",做自己主人的强烈愿望。

在勿为情欲之奴隶方面,他认为情欲之毒人最深,而此情欲则与形为缘,认为为情欲所奴隶者,即是心为形役。他说:"形而为役,犹可愈也,心而为役,将奈之何,心役于他,犹可拔也,心役于形,将奈之何,形无一日不与心为缘,则将终其生赵趄瑟缩于六根六尘之下,而自由权之萌蘖俱断矣。"④他指出:"凡有过人之才者,必有过人之欲。"但如果只有"过人之才,有过人之欲,而无过人之道德心以主之",那么,"其才正为其欲之奴隶,曾几何时,而销磨尽矣",虽然"日日恣言曰,吾自由,吾自由,而实

---

① 梁启超:《论自由》,第47~49页。
② 同上。
③ 同上。
④ 梁启超:《论自由》,第49~50页。

为五贼所驱遣,劳苦奔走,以借之兵,而赍其粮耳"[①]。梁启超认为,能不为自己情欲所奴隶者,才可谓真正的心思自由。

诚然,我们从以上的分析中可以看出,梁启超的自由观与中国的儒家传统有着千丝万缕的联系,但是,毋庸置疑,梁启超的自由观在很大程度上是受了兆民积极自由观的影响,而若论其渊源,都应追溯到卢梭,追溯到法国式的思辨的唯理主义的自由主义理论。梁启超是经由中江兆民之中介与影响,而用他那枝生花妙笔将这种自由观传布于国人,对中国的近代产生了深刻的影响。

---

① 梁启超:《论自由》,第49~50页。

第五章　日本国家主义思潮与梁启超

第一节　甲午战后日本国家主义的发轫

日本的国家主义（Nationalism）①，是在日本的近代化中由西洋列强的外压而产生的，这种反抗帝国主义压迫的思想，应当说是正义的。但不幸的是，日本在近代化过程中，由于这种国家主义的

---

① 日语ナショナリズム是从英语Nationalism翻译过来的。它有时译为国家主义，有时译为民族主义，有时译为国粹主义，随着不同的情况而被赋予了多样的含义。日本学者丸山真男认为："ナショナリズム一词本来就是极具感情色彩，并且极有弹力的一个概念。为此，极难给其下一个抽象的定义。它常被译成民族主义、国民主义、国家主义等各种意义，虽各自在某种程度上符合原意，但是无论是哪一个都仅反映译语一方面的含义。ナショナリズム随着历史的状况，或者唤起憧憬乃至鼓舞之感情，或者唤起憎恨乃至嫌恶的感情。源于相同之概念，一方表示自由与独立，另一方则意味着压抑与侵略，这绝不仅仅是用语之恣意滥用，而毋宁说是在用语混乱的自身中，在形成近代世界史的政治单位的过程中，印上了民族国家（或国民国家）Nation state的各式各样的历史足迹。"参阅丸山真男《ナショナリズム・军国主义・フアッシズム》，《丸山真男集》第六卷，岩波书店，1997年9月25日第二版，第303页。由于ナショナリズム一词含义的丰富与复杂，故本文所涉及的国家主义，仅指一般日本政治思想史意义的国家主义。具体地说，是指甲午政治后日本所兴起的一股帝国主义思潮。

畸形发展，最终使日本走上了帝国主义的道路。

一般而言，近代日本的国家主义几乎贯穿了整个明治时代。日本学者松本三之介氏在其《明治精神の構造》中称为明治精神脊梁的三种精神的第一种便是国家主义精神①，可见国家主义思想在明治思想史所占有的重要地位。

但若仔细区分起来，整个明治时代，日本国家主义思想的发展，似乎又可以分为两个阶段。从明治维新到中日甲午战争以前为一个阶段，之后为又一个阶段。

中日甲午战争以前，出于西方列强东渐的危机意识，日本不得不把目光放在国内，其间富国强兵的内治优于对外的膨胀与扩张。其主要目标乃在对内打破身份制，克服地方分散性，集结全国国民于明治政府之下，以达到民族的统一与国家的富强，此后再凭此"富国强兵"的实力向欧美列强确保取得民族独立与平等的国际地位。具体地说，即在国内通过"文明开化"达到民众的启蒙，在国外废除幕末安政年间列强所加给日本的不平等条约。在此期间，"表现在政府与人民大众方面的对立，是政府侧的专制，与人民侧的立宪的对立，总而言之是围绕在方法上的对立。自由民权运动瓦解的原因，一方面由于政府的弹压政策，而另一方面，则是由于在民权派中有政府方面意识的国权主义，即所谓'为国权的民权'的倾向，民权派中此种倾向不断强化之结果，终于动摇了民权派思想上，组织上的统一"②。如上所述，甲午战争以前日本知识分子的

---

① 其他两种精神是"进取之精神"与"武士之精神"，详细请参阅松本三之介：《明治精神の構造》第一章《明治精神のバックボーン》，岩波书店，1995年4月20日第三版。
② 岩井忠熊：《明治国家の思想構造》，古田光、作田启一、生松敬三编：《近代日本社会思想史》第一册，《近代日本思想史大系》，有斐阁，昭和四十三年十一月三十日，第194页。

政治倾向，一般都集中在如何完成国家的独立与统一与建立何种的国家形态的构想上，对外扩张与膨胀的意向并未十分明显。但是，当时日本由于追慕西方文明思想的泛滥，使日本国内产生了一股蔑视亚洲其他国家的风气，如福泽谕吉1885年在《时事新报》上发表的《脱亚论》就是其中的代表。此种思想为日本最终走上帝国主义道路埋下了种子，关于这点，本书在后边还会谈到。

中日甲午战争以后，情况则发生了变化。

首先是甲午战争的胜利，使日本的知识分子欣喜若狂，他们感到明治初期所提出的"富国强兵"的口号似乎已经实现，至中日甲午战争爆发以前，除了关税问题以外，废除不平等条约之交涉基本上已全部解决[①]。日本已不复是"蛰居之日本"，而成为"世界之日本"，他们认为日本应进一步发展，以成为一个世界性的国家。

明治二十八年（1895）一月，博文馆创刊的《太阳》杂志上，其发行人大桥新太郎（1863~1944）所写的发刊词便代表了这种思想：

> 今外则征清军所向之处而奏大捷，内则不能禁浩然之气磅礴郁积，我帝国三千年来蕴蓄之实力，焕然发扬，耸动世界之耳目，宇内一大强国诞生之感，世界到处反响，愉绝快绝。今后四千余万同胞不复是眠于深窗之日本人，而是阔步于五大洲中之大日本人，此岂不谓为我邦第二维新之时耶？当此时，大求智识于世界，发扬我邦真正之文明，而宏之于宇内，盖国民之任务也。[②]

然而，好景不长，没多久这种欣喜的情绪，即被三国干涉还

---

① 岩井忠熊：《明治国家の思想構造》，第195页。
② 大桥新太郎：《太阳の发刊》，铃木正节：《博文馆（太阳）の研究》，《资料一》，アシア，经济研究所，1979年5月10日，第37页。

辽的冷酷现实所打破。当时国民新闻社的社长德富苏峰正在中国的辽东半岛上考察,他听到辽东半岛返还的消息后,深深感到了一种"无泪之愤懑"。他回忆起当时的情况:

> 日本人作为国民而言,长久以来,自癸丑到甲寅,饮下了三斗苦酒,此即是三国干涉还附辽东半岛之事,当时余获知辽东半岛为日本新领土时,即从旅顺口、营口、海城、大石桥,盖平等地踏查,将还旅顺口之时,忽接此报,即上归途,携之而还之物,仅有旅顺口海滨沙砾一掬,曰:是尚为日本领土之一片也。后又有诗曰:
>
> 谁下天书泣万民,辽东复见竟荆榛。
> 诸公谋国襟怀大,百战山河举附人。
>
> 恐怕当时之志士,皆与余有同感也。①

由上边的例子可以看出,当时日本的知识分子是处在两种心理的夹缝中。一方面,由于"欧化政策"的成功与甲午战争的胜利,使他们觉得日本是"亚洲之先进国","东西文明之总汇流"②,因此对亚洲诸国产生了一种轻视感。而另一方面,由于三国干涉还辽事件,又使他们产生了一种自卑感,使他们感到日本与欧美列强相比,还有一定的距离,必须奋起直追。日本学者鹿野政直曾言:"(在亚洲诸国之中)'大国'日本的自负感,和(与欧美列强相比时的)后进的急躁感。这种感情的交织,是帝国主义突入期的日本国家主义的特色。"③诚如上述,当时的日本知识分子,由甲午战争欣喜的顶峰,

---

① 德富苏峰:《昭和国民读本》,东京日日新闻社,昭和十四年二月十一日,第196页。
② 梁启超:《新民说》,《合集》专集之四,第69页。
③ 鹿野政直:《国家主义の抬头》,桥川文三、松本三之介《近代日本政治思想史》第一册,《近代日本思想史大系》,第290页。

经三国干涉还辽事件，一下跌入了愤懑的深谷，使他们感到民族团结的重要。于是，配合着明治政府在三国干涉还辽后所提出的"卧薪尝胆"的口号，一种新的国家主义思潮产生了，这就是高山樗牛的日本主义，德富苏峰的大日本膨胀论，山路爱山的适者生存论，浮田和民的伦理帝国主义[①]。当然，甲午战争之后，日本的国家主义思潮并不是突然产生的，它产生的因子，远在中日甲午战争以前，为了搞清这个问题，笔者不得不对甲午战前的日本思想史作一个简单的分析。

日本在近代化过程中，启蒙思想家们对于西洋文明的回应，是很有特色的。本书前此两章所述的以明六社著名的思想家福泽谕吉和中村正直为例，便可以说明这个问题。

当时，在西洋列强强大的军事压力面前，福泽谕吉把西洋分为"现实之西洋"与"理念之西洋"。对"现实之西洋"，他主张"为了不让国家蒙受耻辱，日本国中即使一人不剩，抛弃生命，也不能有损国威"[②]；而对于"理念之西洋"，福泽谕吉则主张学习西洋文明的本质和精髓，用他的话来说即是"内之文明"或"文明之精神"。可见他在西洋文明的冲击面前，其着眼点是放在西方文明与日本传统文明之相异上，主张吸取"敌人"文明本质的东西来武装自己，而与"敌人"对抗。

中村正直与福泽谕吉不同。面对西方文明，他不像福泽谕吉那样把目光集中在"异"上，而是把目光放在"同"上。在他看来，东西文明虽然表面上有所不同，但究其本质，并不互相对立，在其最基本、最普遍的要素之中，东西文明有很多相通之处。因此，他提出"古今东西道德一致之说"，他认为西方基督教文明之本原"敬天爱人"与东方

---

① 鹿野政直：《国家主义の抬头》，桥川文三、松本三之介《近代日本政治思想史》第一册，《近代日本思想史大系》，第290页。
② 福泽谕吉：《学问のすすめ》《国は同等なること》，永井道雄《福泽谕吉》，中央公论社，1984年《日本の名著》中公バックス第三三卷，第61页下。

儒学之本质并无区别，所以"洋学进步之迟疾，全视其汉学得力之深浅"。换言之，则对所谓儒学经义体会越深，则越能对西洋文明有很好的理解。在这种认识的基础上，中村正直提出了"汉学不可废论"，认为"儒学始终是一种通于天人之际的普遍原则"。所以，中村正直通过留学欧洲所得出的结论，只是增强了对本国之东方文明的自信而已。

日本学者石田雄在其《近代日本の政治文化と言语象徴》中有一段话可以支持上述观点，他说：

> 对福泽谕吉而言，"文化接触"之结果，使他强烈地意识到西欧之文明与日本传统文明之间的相异点，他从此种区别的意识出发，展开了探究日本通往近代文明社会之途的努力。中村正直则与之相反，他认为日本或东洋传统文化之中所具有的普遍要素，与西洋文明，尤其是作为其中心的基督教的普遍要素存在着共同性，由于此种发现，可以说他为日本传统文化的发展指明了方向。①

一般来说，由于东西方文明接触之时，西洋列强是以武力为后盾，而强迫东方诸国接受其种种观念的，因而这给东方诸国造成了一种逆反心理，东方民族本身即对西方文明产生了一种抵抗的情绪，日本幕末的"攘夷"思想即是这种抵抗情绪的反映。但是，摆在面前的西方列强强大的军事、经济、科学、技术等实力又是一种不容否认的事实，如何摄取"敌人"之文明武装自己，以达到所谓的"与万国对峙"的地位，是当时摆在明治思想家们面前的一个十分紧迫而又十分困难的课题。明治时期的思想家们在处理这方面问题时采取了区别

---

① 石田雄：《近代日本の政治文化と言语象徴》，东京大学出版会，1988年10月31日二版，第45页。

对待的方式,即上述的福泽谕吉类型和中村正直的类型,福泽谕吉对"现实的西洋"的侵略,主张发扬民族主义精神,予以坚决的回击;而对于"理念的西洋",则主张摄取西方文明之本质与精髓,从而使本国赶上或超过西方。中村正直则通过强调东西方文明中普遍要素的相通性的途径使西方文明对日本传统的文化加以补足和加强。

由于此两种"文化接触"型的巧妙,使得日本在近代化过程中未出现巨大的动乱,而在相对安定的环境中,于极短的时间内达到"富国强兵"而跻身于西洋列强的行列,至日俄战争之后,甚至可以与欧美帝国主义列强分庭抗礼了。

以上仅论述福泽谕吉与中村正直启蒙思想在日本近代化上的正面作用,其实,在二人的思想中均隐含危险的因子,对于中村正直的道路,日本学术界认为:由于强调东西方文明中普遍要素的共通性,"减少了异质文化相接触时所引起的紧张感",因而极容易削弱由这种紧张感所引起的"探索新的世界像的努力"。加之从此种"概括主义"(一缠め主义)对异文化的理解,容易"减弱对传统文化的批判",极难抑制思想向"传统主义倾斜"的情况[①]。

对于福泽谕吉的道路,基于对日本文明与西欧文明的区别与对比,福泽谕吉始终停留在"为达到'至大至洪'之普遍文明的概念的操作上",而一旦不再进行此种西欧之文明与东洋之儒教概念上的对比,而把现实中的西欧世界与东洋社会进行对比时,"'脱亚入欧'中表面性的西欧化则成为正当的理论"。在这种场合之下,"由于'脱亚'即表面西欧化而急速成功的日本,则被赋予了最优越的地位"。这种泰戈尔(Rabindranath Tagore,1861.5.6~1941.8.7)所谓的"仅被称为欧美流的近代化"的日本,则把"西洋国家主义的原动

---

① 石田雄:《近代日本の政治文化と言语象征》,第50页。

力，作为自己之物"，而以"适者生存"之态度对待亚洲邻国①。当然，在明治前期，福泽谕吉与中村正直思想中所表现出来的上述负面因素并不十分明显，他们思想中所表现出来的正面因素使得他们在当时的日本言论界居于领导地位，在民众中享有崇高的声誉。

"众所周知，由于明治维新自上而下革命的成功，无论如何，东方第一个中央集权的民族国家是建立起来了，日本不但驱除了欧洲势力的浸润，并以震惊世界之速度，迅速跻身于帝国主义列强之行列。"②伴随着日本近代化的成功，日本的思想界也开始发生变化，"至昨天为止还是消极的防卫意识，明日忽然变为无限制的膨胀主义"③。福泽谕吉与中村正直思想中所含有的负面因子，被其后续的人们在各自道路上推进，各自进行卓有成效时，实际上暴露了日本近代发展上的重大问题：中村正直的道路不久即变为"东西文明融合论"，而谕吉的道路则向泰戈尔所谓的"西洋之国家主义"即帝国主义强国方向倾斜。于是，此两种思想，在承认日本于亚洲具有优越性与主导权这一点上互相结合起来，这也是无论中村正直还是福泽谕吉都想象不到的归结，这也是急速奔跑在"成功"途上的日本的悲剧④。

诚如上述，福泽谕吉与中村正直思想中的负面因子，由于日本近代化的成功而迅速地膨胀起来，其后在承认日本在亚洲的优越性和主导权上合流，成为日本在甲午战争以后最终由国家主义进入帝国主义的潜在因素。

此外，以提倡平民主义而著名的德富苏峰在甲午战争以前由于其平民主义中含有"优胜劣败"社会达尔文主义，以及顺应历史潮

---

① 石田雄：《近代日本の政治文化と言語象徴》，第50页。
② 丸山真男：增补版《現代政治の思想と行動》，未来社，1996年第百五十版，第158页。
③ 同上，第157页。
④ 石田雄：《近代日本の政治文化と言語象徴》，第51页。

流，以西方文明为终极的一元化等意蕴，使它的平民主义在理论上存在着很多缺陷，最后终于以甲午战争为契机，而一变而成为帝国主义理论。对于这点，学界已有很多评论①，本文不再赘述。

---

① 李永炽在其《日本帝国主义思想的形成》中分析道：
　　总之，苏峰的精神第二革命希望使日本国民都具有近代西欧的市民精神。全国人民都具备这种精神之后，才能讨论如何建立生产性的平民社会。在意识上，苏峰似乎认为近代市民精神是建设平民社会的先决条件。除了输入近代市民精神之外，苏峰的平民社会正是维新日本的自我展开，由此更衬托出他在体制内求改革的意志，但也显露出他未来国家图像的脆弱性——无法真正地超越日本的现实。再者，苏峰的思维形式是顺应世界大势的——这与本土化的思想家颇有相通之处。世界（其实是欧美国家——原注）大势变迁，他的构想亦必因之而异，这已内含转向帝国主义的因子。就理论而言，苏峰似乎很乐观地认为西方世界内含"富"之因子，将会使生产机构无限扩大，自由贸易无限推展，而使武备机关日益缩小，而臻及和平之境。这是他对西方社会过分乐观的观察与评估，而忽略了西方资本主义社会内蕴的侵略可能性。因此，苏峰相信西方世界是日本未来国家图像的典范，同时，也使他误信自由贸易会带来和平，这其中暗含将自由贸易作为帝国主义合理化的触媒剂。这正是他后来"变节"（由平民主义转向帝国主义，山路爱山语）的主要原因。
　　李永炽氏此论文载于中华文化复兴运动推行委员会主编《中国近代现代史论集》第十一编《中日甲午战争》，台湾商务印书馆，1985年1月初版。
　　日本学者植手通有认为：德富苏峰对社会发展的认识带来一种社会发展阶段论的性格。它表现在以下四个方面：其一德富苏峰对社会构造变迁的着眼点放在社会发展阶段论上（381页下）。其二具有强烈的相信历史无限进步的乐观主要精神（382页上）。其三具有相信历史是单线的，一方向进步的强烈倾向（382页下）。第四则与第一方面有很大的关联性。即在主张历史单方向发展的基础上，又强调历史发展的前阶段与后阶段的严重对立（382页下）。所以苏峰的阶段发展史观，不言而喻，将其着眼点放在展开欧美资本主义之上，其中表现出来的无视政治构造之独自性的经济史观的倾向，历史之单线的，一方向无限进化的乐观主义等，在今天看来，无论如何，也给人以平板和浅薄的印象（383页上）。同时还认为，德富苏峰把作为生物有机体的人与作为人民集合体的国家，个人生存与国家生存，个人的自爱心与国家之自爱心极其轻意地对比，此种国家有机体论中蕴含的危险性已经开始萌芽（381页下）。详细请参阅植手通有编《德富苏峰集》，筑摩书房，昭和四十九年四月十五日。
　　隅谷三喜男认为：德富苏峰的平和主义也好，平民主义也好，还是与此相关联的生产主义也好，这在理论之构成上存在许多弱点，其中有些已经被指摘过。不仅理论自体穿凿附会之点不少，当时在读者中广泛地具有感染力的自由民权论那样的理念论，也在其理论上、现实上破产之后，将其用社会进化的新式样加以武装，社会进化之潮流是阻挡不住的，无论有多少迂回曲折，最终生产主义、平民主义一定要实现。此理论一方具有强韧性，而另同时又存在着陷阱，假如在此理论中加以别的要素，于潮流掌握上稍有不同的话，相同的理论亦可得出别的结论，事实上，数年后这样的事情就在苏峰那里发生了。详细请参阅隅谷三喜男：《明治ナショナリズムの軌跡》，中公バックス《日本の名著》之四十，《德富苏峰・山路爱山》所收。中央公论社，昭和五十九年九月二十日，第22页。

日本国家主义思潮形成的近因则是上文所述的中日甲午战争的胜利与三国干涉还辽事件。当时，配合着明治政府的"卧薪尝胆"，和猛烈的扩军备战形势，日本的国家主义声浪甚嚣尘上。除了上文所述的高山樗牛的日本主义，德富苏峰的大日本膨胀论，山路爱山的适者生存论，浮田和民的伦理帝国主义之外，望月小太郎、高田早苗、泷本诚一等也在提倡着各式各样的帝国主义理论。他们各自存在着微妙的差异，描绘着各式各样"膨胀的日本"像，鼓舞着国民精神，使之走向帝国主义化①。

　　梁启超流亡日本时，正赶上日本以俄国为假想敌，"卧薪尝胆"扩大军备，帝国主义论充溢全国之时。梁启超置身于日本国中，无时无刻不感到这股浪潮的存在，上至国会、会议，下至报纸杂志，无处不在宣扬各式各样的国家主义，漫步而游，所见日本一般之国民士兵，亦为此浪潮所驱动，同仇敌忾，充满了尚武的精神。梁启超偶游上野，深为日本举国一致之尚武精神所感染，其在《自由书》中记载着当时的感想，其云：

> 冬腊之间，日本兵营士卒，休息瓜代之时，余偶信步游上野，满街之红白标帜相接，有题曰欢迎某师团步兵某君，某队骑兵某君者，有题曰送某步兵某君，某炮兵某君入营者。盖兵卒入营出营之时，亲友宗族相与迎送之以为光宠者也。大率每一兵多者十余标，少者亦四五标。其本人服兵服，昂然行于道，标则先后之，亲友宗族从之者率数十人。其为荣耀则虽我中国入学中举簪花时，不是过也。其标上仅书欢迎某君送某君等字样，无甚赞颂祝祷之语，余于就中见二三标，乃送入营

---

① 鹿野政直：《国家主义の抬头》，第290页。

者，题曰祈战死三字，余见之矍然肃然，流连而不能去。日本国俗与中国国俗有大相异者一端，曰尚武与右文是也。中国历代诗歌皆言从军苦，日本诗歌无不言从军乐。吾尝见甲午乙未间，日本报章载赠人从军诗，皆祝其勿生还者也。杜甫兵车行，车辚辚，马萧萧，行人弓箭各在腰。耶娘妻子走相送，尘埃不见咸阳桥，牵衣顿足拦道哭，哭声直上干云霄。以视此标上所谓祈战死者，何相反之甚耶。①

梁启超漫步上野之时，目睹日本军队瓜期出入营，其尚武之精神已使他肃然起敬。随后观日本国中的帝国主义浪潮，更使他对自己的祖国感到担忧。他感到此种武士道之精神，正是日本民族之魂，日本靠它才能维新立国。而中国今天所缺的，又正是这种民族之魂。他说："日本人恒言有所谓日本魂者，有所谓武士道者，又曰，日本魂者何，武士道是也。日本之所以能立国维新，果以是也。吾因之以求我所谓中国魂者，皇皇然大索四百余州，而杳不可得，吁嗟乎伤哉，天下岂有无魂之国哉，吾为此惧。"②那么为什么中国没有尚武之风呢？梁启超认为，尚武之风由人民之爱国心与自爱心两者和合而成。"因为每个人都有性命财产，而国之设立军队的目的是'保人人之性命财产'。所以，人民当兵，'不啻各自为其性命财产而战也'。以此为战，战犹不勇者，未之闻也。"③但是反观清政府之兵，则是"所以钤制其民也"，是"夺民之财产为己有"而又"惧民知之而复之"，于是才设立兵。可见，在梁启

---

① 梁启超：《祈战死》，《清议报》光绪二十五年十一月二十一日，第2页。
② 梁启超：《中国魂安在乎》，《清议报》光绪二十五年十一月二十一日，第2~3页。
③ 同上。

超看来，清政府设兵的目的完全是为了对人民进行掠夺和对人民进行防范。所以，"政府之视民如盗贼，民之视政府亦如盗贼，兵之待民也如草芥，民之待兵也亦如草芥"。他认为，像这样的兵士，"虽日日激励之，奖荣之，以求成所谓武士道者，必不可得矣"①。在他看来，当前最紧迫的问题是使中国也具有这种国魂。那么，如何才能使中国也具有这种国魂呢？他说："中国魂者何，兵魂是也，有有魂之兵，斯为有魂之国。"可见，在梁启超看来，所谓国魂者，即是兵魂，而兵魂即是所谓的武士道，也是他在日本所感受到的那种国家主义。他希望在自己的祖国也形成这样的浪潮，用此来制止帝国主义的瓜分而挽救民族的危亡。当然，梁启超在当时不可能预料到，正是这股国家主义的浪潮而把日本逐渐推上了帝国主义的道路。他当时的目的，仅是希望制造出中国魂，而使自己的国家免于被瓜分。关于如何才能制造中国魂，他说："夫所谓爱国心与自爱心者，则兵之魂也，而将欲制造之，则不可无其药料与其机器，人民以国家为己之国家，则制造国魂之药料也。但使国家成为人民之国家，则制造国魂之机器也。"②梁启超认为，若要真正使人民具有爱国主义精神，有所谓的国魂，必须从建立真正的国家开始。由此可见，不论是梁启超所强调的武士道精神也好，还是国家主义也好，其主要的目的是要建立一个强大的国家来回应列强瓜分中国的威胁，以达到保障国民生命财产的目的。

由于当时梁启超提倡国家主义，曾引起一些人的非议，梁启超在《清议报》上发表文章，表明自己的观点：

---

① 梁启超：《中国魂安在乎》，《清议报》光绪二十五年十一月二十一日，第2～3页。
② 同上。

> 客难任公曰：子非祖述春秋无义战，墨子非攻之学者乎？今之言，何其不类也。任公曰：有世界主义，有国家主义。无义战，非攻者，世界主义也，尚武敌忾者，国家主义也。世界主义属于理想，国家主义属于事实。世界主义属于将来，国家主义属于现在。中国岌岌不可终日，非我辈谈将来理想之时矣。故坐吾前此以清谈误国之罪，谓吾今日思想退步，亦不敢辞也。①

在梁启超看来，世界主义属于高远之理想，而国家主义才属切近之现实，所以在民族危亡万分紧急之今日，一切高远之理想都不能解决现实问题。他认为，当时最主要的课题是拯救民族之危亡。而中国之存亡绝续之问题又是"天下万国大政治家，所来往于胸中第一大问题"，因而也可以称为世界主义。所以，中国人"言国家主义，即不啻言世界主义"②。看来，这里梁启超是用广义的世界主义来解释他所提倡的国家主义。但是，他也顾虑到如过多地提倡国家主义思想，也会起到加强清政府专制统治的作用。为了避免此种弊病，他特别强调了自己所主张的"国民之兵"与"民贼之兵"的区别，说："吾之所言兵，与荣禄、张之洞所言兵，有大异之点。彼所言者，民贼之兵也；吾所言者，国民之兵也。民贼之兵，足以亡国；国民之兵，足以兴国。吾特谓兴国之兵不可以已云尔，若夫亡国之兵，则吾之恶之如故也，与吾前数年所论，实无矛盾。"③由此可见当时梁启超在中国岌岌可危的民族危亡面前，提倡国家主义的主要目的，是希望建设一个人民的国家以抵御帝国主义的侵略。

---

① 梁启超：《答客难》，《清议报》光绪二十五年十一月二十一日，第3页。
② 同上。
③ 同上。

由于受到日本国家主义思潮的深刻影响,梁启超在那些日子里"专驰心于国家主义"①,感到他老师的学说中最大的缺点,便在缺少国家主义上。他说:

> 先生教育之大段,固可以施诸中国,但其中最缺点者有一事,则国家主义是也。先生教育之所重,曰个人的精神,曰世界的理想,斯二者非不要,然以施诸今日之中国,未能操练国民以战胜于竞争界也。美犹为憾,吾不敢为讳。②

就这样,梁启超在异国的土地上,为了使中国于他所谓的"弱肉强食,优胜劣败"的国际角逐中获得生存,又开始了他对国家主义思想的探索。

第二节 高田早苗译《十九世纪末世界之政治》与浮田和民伦理帝国主义思想对梁启超的影响

梁启超流亡日本的最初几年,正是日本在三国干涉还辽后,以俄国为假想敌而实行扩军备战的时候。其时思想界的一些人物,配合着明治政府"十年磨一剑"的口号,纷纷提出自己的理论,以致使帝国主义的呼声甚嚣尘上。置身于此环境中的梁启超,自然受到它的刺激与影响,他在《论民族竞争之大势》一文中描绘着他在日本所见到的现象,其云:

---

① 梁启超:《南海康先生传》,《合集》文集之六,第83页。
② 梁启超:《南海康先生传》,第66~67页。

> 日本者，东方后起之秀，而东方先进之雄也。近者帝国主义之声，洋溢国中，自政府之大臣，政党之论客，学校之教师，报馆之笔员，乃至新学小生，市井贩贾，莫不口其名而艳羡之，讲其法而实行之。试问今日茫茫大地，何处有可容日本人行其帝国主义之余地。非行之于中国而谁行之。①

从这段引文中，我们足可以想象出当时帝国主义思潮洋溢日本国中的情景，同时也能体会到梁启超为祖国命运而担忧的焦灼心情。

面对当时的形势，他大声疾呼，振聋发聩：

> 昔者忧国之士，以瓜分危言，棒喝国民，闻者将信而将疑焉，及经庚子之难，神京残破，銮舆播荡，而至今犹得安然于湖山歌舞之下，不丧匕鬯，而各国联盟保华之议，且相应相和。彼梦梦者以为瓜分之祸，可以幸免，吾高枕无患矣。不知有形之瓜分，或至殆而致生，无形之瓜分，则乃生不如死，亡不如存，正所以使我四万万国民，陷于九渊而莫能救也。夫今日之竞争不在腕力而在脑力，不在沙场而在市场，夫既言之矣。野蛮国之灭人国也如虎，皮肉筋骨，吞噬无余，人咸畏之。文明之国之灭人国也，如狐媚之蛊之，吸其精血，以瘵以死，人犹昵之。今各国之政策，皆狐行也，非虎行也。姑无论其利用政府疆吏之权，以政府疆吏为彼奴隶，而吾民为其奴隶之奴隶也。即不尔，而握全国平准界之权，已足使我民无复遗类。何以言之，二十世纪之世界，雄于平准界者则为强国，嗇于平准界者则为弱国，绝于平准

---

① 梁启超：《论民族竞争之大势》，《合集》文集之十，第26页。

界者则为不国，此中消息，不待识微者而知之矣。①

在梁启超看来，当时列强的帝国主义政策已发生了变化，即由武力侵略而转为和平的扩张，世界形势也由腕力的竞争而转为脑力的较量。为了抵抗帝国主义列强的扩张，梁启超先后写了《论民族竞争之大势》《论教育当定宗旨》等文章介绍国家主义思想，以及中国应当采取的措施。据梁启超在《论民族竞争之大势》的附言中说，他写该文章的宗旨在于"综览现今世界各国之大势，推原其政略所从出，及其所以集势于中国之由，而讲求吾国民应变自立之道"。而其文章取材"多本于美人灵绥氏所著《十九世纪末世界之政治》，洁丁士氏所著《平民主义与帝国主义》，日本浮田和民氏所著《日本帝国主义》《帝国主义之理想》等书，而参以己见，引申而发明之"②。梁启超既然明言他的《论民族竞争之大势》是以以上几部书为参考写成的，所以，为了搞清梁启超究竟受了以上各书何种影响与启发，在此，不得不对以上几部书及其作者做一个简要的介绍。

洁丁士所著《平民主义与帝国主义》，笔者曾在日本各主要图书馆查找，可惜并未找到，今暂付之阙如。

灵绥氏之《十九世纪末世界之政治》，其书原名为《东洋问题の影响の被りたる十九世纪末世界の政治》（*World politics at the end of the Nineteenth Century as influenced by the Oriental Situation*, 1900），其作者灵绥（P.S Reinsch.）是美国威斯康星（Wisconsin）大学政治学教授，该书是他在该大学政治经济学部的首席教授埃利

---

① 梁启超：《论民族竞争之大势》，第10页、32页。
② 同上。

的指导下写成的，随后即作为"国民丛书"的一种在纽约出版①。全书共分为五编，第一编论述从民族主义到民族帝国主义的变迁，第二编主要论述当时中国的局势，第三编主要论述中国问题对世界的影响，第四编主要论及德意志帝国的政策，第五编论述美国在东洋政治中的地位。可见，这本书是围绕着中国问题论及当时世界列强所执的帝国主义战略。高田早苗称此书"是解释刻下重大问题的最有价值之书"②。此书1900年在纽约出版，明治三四年左右，高田早苗将其译成日文，由日本东京专门学校（早稻田大学前身）出版部出版③。当时梁启超所参考的即是高田早苗的日文译本。

译者高田早苗，万延元年（1860年）三月十四日生于日本江户之深川，号半峰，是明治昭和期的教育家和政治家。他曾就读于东京英语学校、东大预备门等，最后毕业于东京大学文学部。明治十五年（1882年）参加东京专门学校（早稻田大学）的创建工作，他在东京专门学校任教时与同志社出身、耶鲁大学毕业的浮田和民关系很近④。甲午战争以后，他和浮田和民等配合着日本当时的国家主

---

① 参阅レイニシユ著、高田早苗译：《十九世纪末世界之政治》之高田早苗《绪言》，东京专门学校出版部，明治三十三～三十四年。
② 同上书，第2页。
③ 笔者所据之书，系日本国会图书馆所藏レイニシユ著、高田早苗译《十九世纪末世界之政治》，该书由东京专门学校出版，其书高22厘米，209页，但未署出版年月，笔者是根据高田早苗绪言推测此书约在明治三十四年左右出版的。日本学者森时彦先生在其《清末知识界对西欧经济学说的接纳》一文中谈道："有一本芮恩施（Reinsch, Paul Samuel）著、高田早苗译《十九世纪末的政略与政治》（东京专门学校出版部，明治三十三～三十四年，原著为 World Politics at the end of the Nineteenth Century: as influenced by the Oriental Situation, New York, 1900. 明治三十四年十二月再版时改名为《帝国主义论》）一书，对亡命日本时的梁启超产生过较大影响。"估计森先生所说的《十九世纪末的政略与政治》，可能是Reinsch原著的另一种译本。森先生的论文发表于 The conferece on European Thought in Chinese Literati culture, Garchy, France, Septernber13～16，1995。
④ 参阅石田雄《日本の社会科学》第一章的第三节《个别科学への途》，东京大学出版会，1996年3月25日，第6版。

义的思潮,提倡着各种各样的帝国主义理论①。明治四十四年为早稻田大学校长,大正十年(1921年)就任总长(综合大学校长),此后直至昭和六年(1931年)一直从事大学的教育与领导工作。在此期间,明治二十三年曾为众议院议员(共当选六次),历任外务省通商局长、文部省参事官兼高等学务局长等职,大正四年大隈第二次组阁时曾担任文部大臣,卒于昭和十三年(1938年)十二月三日。

高田早苗属于大隈派知识人,梁启超亡命日本时,他因大隈的关系,与梁启超等过从甚密。当时,由于他和浮田和民均在东京专门学校任教②,所以高田早苗很有可能将自己翻译的《十九世纪末世界之政治》和浮田和民的《国民教育论》及《帝国主义と教育》介绍给梁启超。浮田和民的两部书,我们将在后面讨论,这里先对高田早苗的译著进行分析。《十九世纪末世界之政治》的一个重要的观点,是将帝国主义的形成解释为历史发展之必然,书中指出了从民族主义发展到民族帝国主义乃是一股不可抗拒的潮流。此理论与梁启超所一贯服膺的进化论十分合拍,所以梁启超很自然地接受其影响。高田早苗译书中云:

综观自古典复兴时代至今日世界史之发展,不可不承认(Nationalism)民族主义为唯一占中心地位之主义。于中古时代(World state)世界性的国家虽常为政治家之理想,及其一旦云

---

① 鹿野政直:《国家主义の抬头》,桥川文三、松本三之介编集《近代日本政治思想史》第一卷,第290页。
② 杨维新《与丁文江书》中称:"初到东京时,系住牛込区马场下町(原住待查),当时大隈左右如犬养毅、高田早苗、柏原文太郎(原注:此君与任公先生交厚,当时约为兄弟)时有来往,并力为讲解日本文法,(原注:和文汉读法为任公先生著)彼时事,弟非目见不能详言。"丁文江、赵丰田《梁启超年谱长编》,第169页,此外,中国社会科学院近代史所藏《外务省记录》各国内政关系杂纂,支那の部,革命党关系中也有一些梁启超与高田早苗来往的资料。

消雾散，民族主义即代之而兴。公正之政治家以之为其政略之根本……不论如何天才秀拔之人，苟抵抗此天然发达之潮流，遂至陷于逆境。例如拿破仑其失败之真原因除其反抗民族主义发达之外而别无其它。反之，法国路易十一、英相乌鲁斯、英女皇依丽莎白、法相黎塞留、法王亨利四世，其它如克伦威尔、查扎姆、加富尔、俾斯麦等之所以成就其功业，皆因彼等顺应自然之大势、扶植民族国家之独立，以其力助其发达之故也。①

由此可见，灵绶是将民族主义解释成为一股顺之者昌、逆之者亡的历史潮流。此一点对梁启超影响最深，他在其《论民族竞争之大势》中开宗明义便重申了灵绶氏的观点：

天下势力之最宏大最雄厚最剧烈者，必其出于事理之不得不然者也，自中古以前，欧洲之政治家，常视其国为天下，所谓世界的国家World state是也，以误用此理想故，故爱国心不盛，而真正强固之国家不能立焉。近四百年来，民族主义日渐发生，日渐发达，遂至磅礴郁积，为近世史之中心点，顺兹者兴，逆兹者亡，所号称英君哲相，如法王路易第十一、显理第四、英女王意里查白、英相格林威尔、渣沁、意相嘉富洱、德相俾士麦，皆乘此潮流，因势而利导之，故能建造民族的国家，声施烂然。苟反抗此大势者，虽有殊才异能，卒归败衄，法帝拿破仑是也。拿破仑所以取败者，由欲强合无数异种异言教异习之民族，而成一绝大之帝国，其道与近世史之现象太相反，其不能成固宜。②

---

① レイニシユ著、高田早苗译：《十九世纪末世界之政治》，第3~4页。
② 梁启超：《论民族竞争之大势》，第10页。

看来，这里梁启超已开始用灵绥的进化论观点解释民族主义发达的历史，将其视为一股无法抗拒的大势或潮流。

其次，在近代国家形成的原因上，灵绥也对梁启超有所启发。灵绥认为，民族主义对近代各国政治产生深刻的影响，它是近代各国分合的原因。他说：

> 于十九世纪，民族主义于政治生活上发生了重大的影响，此世纪初，一半取得独立之民族，为其取得完全之政治生存而努力奋斗，于此世纪，生活于异民族不正抑压下之民族，为得其独立，虽粉身碎骨之事不一而足。其中或有殆达其目的者，如德意志、意大利是也。而德意志则不禁怀有吞并奥地利以建成其民族国家之企图，意大利则希望并吞托里埃斯特（Trieste意大利东北部临托里埃斯特湾的港市，今两属。）以完成其事业。又或有未能达其目的者，如爱尔兰人、如波兰人、如芬兰人即是也。①

在他看来，19世纪以来民族主义的发达，给各国政治带来了极大的影响，近世国家之分合无不与民族主义有关。梁启超在这方面完全接受了灵绥氏的观点，他把民族主义看成是形成近代国家的动源，他说：

> 夫此民族主义所以有大力者何也，在昔封建之世，分土分民，或同民族而异邦，或同邦而异民族，胡汉吴越，杂处无猜。及封建之弊，极于坠地，民求自立而先自团，于是种族之界始

---

① レイニシユ著、高田早苗译：《十九世纪末世界之政治》，第4页。

生,同族则相吸集,异族则相反拨。苟为他族所钳制压抑者,虽粉身碎骨以图恢复亦所不辞,若德意志,若意大利,皆以同民族相吸而建新邦,若匈牙利以异民族分离于奥地利,皆其最著者也。民族主义者,实制造近世国家之原动力也。①

此外,在民族帝国主义形成的问题上,梁启超也采取了灵绶的观点。灵绶认为"十九世纪为民族主义时代,二十世纪为民族帝国主义时代,盖无不可也"②,民族帝国主义是由民族主义发展而来的,民族主义发展之极,即变为民族帝国主义。他说:

> 与民族主义如此发达同时,于各民族间,试发挥其特性之竞争渐渐显露。即在风俗、习惯、法律、文学、美术等上的狭隘的民族理想与中古及古典复兴时代的世界统一主义梦幻的理想相交替的时代到来了。③

他又说:

> 此时代之性质,于今日应在各国民的行动上清楚地反映出来,各国国民经过种种历史变迁,今互相睥睨,不肯相让,而如其活动之范围,洵极广大,盖彼等渐至觉其土地过于狭隘之境,此原因乃是随着人口之增加则土地势必有增加之必要,为此,他们以至不得不用帝国主义取代从来的民族主义。所谓帝国主义,

---

① 梁启超:《论民族竞争之大势》,第10~11页。
② レイニシユ著、高田早苗译:《十九世纪末世界之政治》,第5页、8页、13页。
③ 同上。

即不外希望在彼等力量与机会允许的范围之内,于地球表面割取大量领土。①

灵绶认为,由民族主义发展成为帝国主义的原因是各国过分发展,人口增长,而土地有限,故不得不伸展于外。他的此种见解,与浮田和民较为接近,关于这点本书在后边还会谈到。梁启超对于上述观点,也是大体接受,他说:

> 此主义(民族主义)既行,于是各民族成汲汲然务养其特性,发挥而光大之,自风俗、习惯、法律、文学、美术皆自尊基本民族所固有,而与他族相竞争,如群虎互眈,莫肯相下,范围即日推日广,界线亦日接日近,渐有地小不足以回旋之概。夫内力既充,而不得不思伸于外,此事理之必然者也。于是由民族主义一变而为民族帝国主义,遂成十九世纪末一新之天地。②

显而易见,灵绶的《十九世纪末世界之政治》对梁启超影响最大的一点,是他用单向的进化史观解释历史,因此在梁启超看来,无论是近代国家的形成也好,还是民族帝国主义的形成也好,全为一股所谓的潮流或大势所驱动,是出于事理不得不然,在他看来"近世列强之政策,由世界主义而变为民族主义,由民族主义而变为民族帝国主义,皆迫于事理不得不然,非一二人之力所能为,亦非一二人之力所能抗也"③。在这部书的影响下,他经常用进化的

---

① レイニシュ著、高田早苗译:《十九世纪末世界之政治》,第5页、8页、13页。
② 梁启超:《论民族竞争之大势》,第11页、13页、23页。
③ 同上。

观点解释人类历史的发展，他说：

> 盖自人群初起以来，人类别为无量之小部落，小部落相竞，进而为大部落，大部落相竞，进而为种族，种族相竞，进而为大种族，复相竞焉，进而为国家，进而为大国家，复相竞焉，进而为帝国，近而为大帝国。（国家者State之义也，帝国者Empire之义也，其性质各不相同——原注）自今以往，则大帝国与大帝国竞争之时代也。①

在这种所谓的竞争与进化的历史潮流中，梁启超始终认为中国必先经民族主义时代而入民族帝国主义时代，他坚信"若夫帝国主义之一阶级，吾中国终必有达之之一日"②。

十分明显，在高田早苗的《十九世纪末世界之政治》这部书中，其将人类历史看成是不断进步的竞争的历史的观点，对梁启超的影响是不容忽视的。

以下，我们再来讨论浮田和民。

浮田和民是日本明治至昭和时期的政治学者，安政六年（1859年）十二月二十八日生于日本熊本藩，其父为熊本藩藩士。浮田和民幼名叫栗田龟雄，他少年时曾在熊本的洋学中学习，大概在此期间，他与德富苏峰成了好朋友③。在熊本的洋学校中，浮田和民接受了基督教思想的影响，成了一名基督徒。洋学校关闭后，又

---

① 梁启超：《论民族竞争之大势》，第11页、13页、23页。
② 梁启超：《答某君问法国禁止民权自由说》，《合集》文集之十四，第31页。
③ 德富苏峰在明治三十四年七月十日在为浮田和民的《帝国主义と教育》一书所写的序言中称："予与著者相识已二十五年，虽其趋向不同。但相与莫逆。"据和田守编《苏峰年谱》来看，二十五年前德富苏峰正在熊本洋学中学习，所以推断二人在熊本洋学校中相识。

入同志社英学校中学习，毕业后去《六和杂志》工作。从明治十九年至三十年（1886~1897）去同志社英学校教书。在此期间，明治二十五年（1892年）他曾去美国耶鲁大学留学，归国后自明治三十年（1897年）至昭和十六年（1941年）在东京专门学校（早稻田大学）作讲师、教授。此时他与大隈重信、高田早苗等接近，是此时期英美派政治学的代表人物，他和接受德意志国法学系统的帝大学者相比，存在着很大的差异，以自由主义思想的政治学者而广为人知。明治四十二年至大正六年（1909~1917）曾为《太阳》杂志的主笔，其间，他宣扬他的自由主义政治学和政治评论，对大山郁夫、吉野作造等产生了很大的影响。

梁启超在写《论民族竞争之大势》中当作蓝本的浮田和民的《日本帝国主义》与《帝国主义之理想》两书，是浮田和民在明治三十三年至三十四年间出版的。其中《帝国主义之理想》收入浮田和民所著的《国民教育论》，而《日本帝国主义》则收入浮田和民所著的《帝国主义と教育》一书之中。在此两书中，集中地反映了浮田和民的伦理帝国主义的思想。

浮田和民认为："凡不仅维持一国之独立，乃进而欲参与世界之文明与政治之主义，即吾人所谓帝国主义，故帝国主义者，未必非有侵略之意义也。"[1]他又说："现今之帝国主义，是民族膨胀的自然之结果，并不单单是富于侵略的帝国主义。其之经营，并非是纯粹的军事经营，也不仅仅是国家机关，官府的事业。"[2]所以，浮田和民认为，帝国主义有两个侧面，其一，是带有侵略性质的侧面，"其经营原则，带有政府和军事之性质。其二，是带有

---

[1] 浮田和民：《帝国主义と教育》，民友社，明治三十四年八月一日，第19~20页。
[2] 浮田和民：《帝国主义と教育》，第23页、47页、49页。

自然性质膨胀的侧面，其原则，则带有人民及经济的性质"①。基于帝国主义的这样两个侧面，浮田和民说："帝国主义有两种，其一为侵略之帝国主义也，其二为伦理帝国主义也。"②他认为："过去的帝国主义，则专属于前者，而当今的帝国主义则专属于后者。"③浮田和民认为，世界上英俄美三国为当今帝国主义的代表者，此三国是根据各自的状况而发展起来的，"日本以自国之兵力虽足能长久保其独立自主，但不能在与英俄美三国同一意义上主张帝国主义。在这点上，是十分明了的"④。显而易见，浮田和民主张日本应走第二条帝国主义的道路，即他所谓的伦理帝国主义的道路，他说：

> 在今日，日本欲行具有侵略性质的帝国主义，无论朝着何种方向，都甚为不可，唯有始终保持伦理帝国主义之一途。吾人于此再欲重申，日本今日应提倡的唯一之帝国主义，是在国际法范围之内，向欧美各国充分扩展自国人民之权利，同时扶植亚洲各国之独立，为扶植其独立，开发和诱导亚洲各国的改革，而唯在使日本人民在世界各处享产业上的利益。⑤

可见，浮田和民的所谓的伦理帝国主义的最终着眼点，还是落在与欧美帝国主义角逐，以达到日本人民在世界各地享有经济方面的利益的目的。浮田和民认为，为了达到这样的目的，对每一个

---

① 浮田和民：《帝国主义と教育》，第23页、47页、49页。
② 浮田和民：《国民教育论》，民友社，明治三十六年三月二十八日，第212页。
③ 同上书，第23页、47页、49页。
④ 同上。
⑤ 浮田和民：《帝国主义と教育》，第218~219页。

日本国民，不能仅将其视为日本国民的一分子，而应将其"作为世界人类的一分子来教育"，使他们可以移居世界各地。成为"守秩序，讲信用，品格高尚的人民"，从而使当地拥有主权之国家没有拒绝他们居住的理由。而日本政府则对此种生活在海外的日本人加强管理。与此同时，对不论是体力工作者还是工商业者，凡从事正当职业之人，"都要与居住在日本国内日本人民一样，予以完全之保护。使彼等必须安全地享有生命，财产及自由的权利"[①]。浮田和民希望用这样奖励移住殖民的政策，"使多数的日本国民即使是变更国籍也不足为忧"[②]。那么，如何才能使自己的国民成为"守秩序，讲信用，品格高尚的人民"呢？浮田和民认为要达成此目的手段主要是在于教育。他认为"地方之教育方针经常要以一国之大势而定其标准，国民之教育方针则必须以顺应世界潮流为其要点"[③]。他认为，无论是作为个人也好，还是作为国民也好，教育之最终目的，无非是令其人格发达圆满，但是若论其直接的目的，"则在于令其具备能适应当下生存竞争之能力上"。所以，他认为，"无补于此生存竞争之教育，是无用之教育"，"无益于此生存竞争之学问是有害之学问"。他要求从事教育之人"先知社会之所需，然后围绕社会察其四边之状势"；作为个人，要努力养成"适合社会之形势"的品质，作为国民，则要努力养成"顺应世界潮流的特质"[④]。在浮田和民看来，个人或国民教育最直接的目的，是在培养其适应生存竞争努力上，可见，浮田和民是把他的伦理帝国主义理论放在了社会进化论的理论架构之中，他认为，在19

[①] 浮田和民：《国民教育论》，第10～13页，19～21页、220页。
[②] 同上。
[③] 同上。
[④] 同上。

世纪，由于三大交通工具的发明，"世界大势之一变，列国国民之活动，超越区区国际上之境界，千里若比邻，世界各国经济之关系，渐渐有成有机体之倾向"①。他认为，在这种形势下，"今后世界上列国之竞争，非单为生存之竞争，而是为利益之竞争，为权利之竞争"。所以，"非军事上之竞争"而是"经济上之竞争"。换言之，"世界之竞争不单单是物质上的生存竞争"，而是"经济上及政治上的生存竞争"②。浮田和民认为，人类世界的竞争，已经不像下等动物在野蛮世界中一样，仅仅是"为了生存的竞争"，而是"欲为幸福生活的竞争"，"欲为圆满之开发的竞争"③。所以，"今后文明世界之兴废存亡，决非存于武力之一事"，兵力之强弱虽足以决一时之胜败，但是世界各国永远之成败，则不得不决定于"其国民之智力及道德之势力"④。浮田和民说，"下等动物在进行自然竞争之时，除了用爪、牙、角、蹄等有机器官之外而别无他途，但是，人则不然，人能思维，可以预见利害，所以应避有害无益之竞争"，而不可不为"合理的，有利有益的竞争"，而这种竞争正是"国民教育之要务之所为也"⑤。

浮田和民认为，教育有两个侧面，一是个人教育的侧面，一是国民教育的侧面。在他看来，这两个侧面虽然大概相符，但是还是有细微的区别。他认为在对个人的教育上，"不可不先将养成善良人物的教育放在第一位，而将劝诱其成为伟大人物的教育放在第二位"⑥。而在国民教育上则不然，对于国民"首先要劝诱其成为伟

---

① 浮田和民：《国民教育论》，第10~13页，19~21页、220页。
② 同上。
③ 同上。
④ 浮田和民：《国民教育论》，第21~23页、26~29页。
⑤ 同上。
⑥ 同上。

大的国民,此种教育十分必要"。他认为,正如对于个人来说"善良人物是成为伟大人物的第一要件"那样,对于国民来说"伟大的国民是成为善良国民的必要的条件"①。为什么这样说呢?浮田和民认为,在人类世界,仁义不能离开势力而单独成立,无论中外,个人之间"之所以能互相行仁义,施慈善,为任侠之名","全凭其背后有国家的势力保护",假如没有国家强大的势力保护,"人人皆汲汲于自守自卫,无余裕而及其他"。因此可以说"孔孟之仁义因周之统一而起,基督之博爱因罗马帝国才得实现"②。所以,浮田和民认为,对个人来说,劝其成为伟大人物的劝告往往不切合实际,但对于国民而言,"使其成为伟大国民的劝说,决非不当之要求也"。他认为,"夫国民者,不外无数个人之一致之结合也,而一致结合之结果,形成伟大之势力则并非难事"③。按照他的见解,带有组织性质的结合的成绩,要比一个个单独个人势力之总和大得多。他说:"在物质的数理上,二加二必等于四,但在关于社会方面的算术上,则以一当十,以十当百,以百当千当万之事毫不稀奇。"他认为,"这便是一致团结的结果,这便是分业协力之效验"。简言之,"这不外是训练组织之功能,特别于军事上是这样,于产业上是这样,此是教育者不可不知之处也"④。浮田和民又说:"英雄无论如何伟大,但其仅是一个个人,其能力及生命是有限的。然而,伟大的国民,作为一个个的个人,无论其如何平凡,确立其意志,而成其品格勇性之时,固非一个英雄之所及

---

① 浮田和民:《国民教育论》,第21~23页、26~29页。
② 同上。
③ 同上。
④ 同上。

也。"①可见，浮田和民国民教育的宗旨是希望造就伟大的国民，而以此伟大的国民作为基本力量，与其他帝国主义角逐。他说："于自国内部大行制度革新，确立宪法政治，与开发地方自治同步，完备社会教育之普及，使举国人民具备先进国人民之资格，要不愧于亚洲诸国之师范。"浮田和民认为，真正做到这点，并不是一件容易的事，所以，在此种意义上说，"帝国主义是日本人民在生存及发展上一个不可缺少的要件"②。按浮田和民的观点，日本当前的帝国主义应当"于国内先以帝国主义大力对人民进行教育，于国外使人民自由地在世界各处享有产业上之利益，在国际政治上，在其能力限度之内，维持远东各国之独立，促进其改革，前进"。按他的见解，这样做的结果，才能使"东西洋文明融合，于万国史上开一大新时期，以期于世界文明有所贡献"③。

由此可见，浮田和民认为帝国主义形成的原因是由于民众膨胀的自然之结果，在这种生存竞争的国际环境之下，日本欲行帝国主义外交政策，则不可不对国民进行帝国主义的教育。在浮田和民看来，在当时，日本不可能像英、俄、美那样实行侵略的帝国主义政策，而只有实行伦理的帝国主义的政策。所谓伦理的帝国主义，即是将日本国民教育成善良、守秩序、讲信用、品格高尚的国际人，使他们可以移住世界，而不为当地政府所拒，他们将具有"顺应世界潮流之特性"，是"经济与政治的生存竞争""幸福生活""圆满之开发的竞争"中的强者。由于这些日本人民品格高尚，又能顺应所谓的世界之潮流，所以在这样优胜劣败的世界中，自可以"优胜"，从而可以在世界各地享有产业上的利益。而日本政府则应对

---

① 浮田和民：《国民教育论》，第200页。
② 浮田和民：《帝国主义と教育》，第36～37页、39页。
③ 同上。

这些生活在海外的日本移民加以充分的监督和保护，使他们的生命、财产和自由的权利得到确实的保证。与此同时，日本政府在国内则应大力进行制度之改革，确立宪法政治，普及社会教育，使日本国民具有先进国民的资格，以此作为日本实行伦理帝国主义的资本和实力，来推动日本国民的海外移住政策。同时又由于"完备日本内部之教育，优美内部之制度，刷新中央地方之行政，养成人民自治之习惯"，使散住在世界各地的日本人，惟对本国文化有一种钦慕感，对日本国有一股向心力。他认为如果能做到这点，那么在海外的日本人，即使其改变国籍，岂有失大和民族特性之理耶[①]? 在浮田和民看来，这就好像古代之希伯来人被转移到巴比伦河上时一样，一日也不能忘怀故国，挂琴河边柳，怆然而泣下，总是将回归故国当成极欢喜之事[②]。浮田和民希望用这样改革内政与提高人民道德水平的方法与其他帝国主义相角逐。他认为世界最后之统合不外两途，其一，是一国强大起来，进而征服全世界，而将世界各国统一于其权威之下。其二，是多数国民并立而相存，互无相侵之事，亦无服从他国之事，共以合意相团结，相和合，可得协同生活，协同之进步。他认为若组织世界之大联邦，则唯此二途。但前者，可忌之点甚多，而后者不得不谓之为文明进步最有效之途。所以浮田和民说："吾人所择亦世界大势之所趋，实在后者。"[③]但值得注意的是，浮田和民所谓的多数国家并立相存，并不是指当时世界上现有国家的并立相存，而是指几个强大国家的并立相存。他说："伦理帝国主义之理想者，是在不允许如今日之宇内分裂成多数之列国之同时，又不允许举世界于单一之国也。何也，使多数之

---

① 浮田和民：《国民教育论》，第221页、240页、254～256页。
② 同上。
③ 同上。

列国并立，生无用之轧轹与纠葛，如现今，处处现战争爆发之患，此亦反道德上的理想。"但"组织宇内统一之国家，灭各国民之特性，造单调之人类社会，使世界无变化，无活气，而出停滞不动之非进步之状态，亦非道德上之理想也"①。那么，浮田和民所谓的将来世界应当是什么样呢？他说："自今并不难预想，在将来，世界有依照五大陆地理上之形势，而结成四五个强大国家或大联邦之倾向。"②由此可见，浮田和民所谓的伦理帝国主义的最后理想，还是由几个在优胜劣败的角逐中处于优胜地位的强大国家来主宰和分割世界。那时，日本从内部来说，早已实行了良好的立宪政治，完善了社会教育制度，从而使国民具备了伟大国民的品质和先进国国民的资格。从外部来讲，使散居在世界各地的日本人在当地成为守秩序、讲信用、品格高尚的具有"经济与政治上的竞争"能力的人，并牢固地握有当地产业上的利益。而他们对故国的典章制度仍然怀有一种钦慕与依恋之情，而日本政府对他们像待内地人民一样予以充分的保护。那么以这样的国势，这样的人民，在优胜劣败的竞争中处优势则是不言而喻的，而将来在世界上处于支配地位的也自然除这样的人民而莫属。这可以说是浮田和民的理想，也是他的伦理帝国主义的实质之所在。

此外还应该指出的是，浮田和民虽一再强调伦理帝国主义不同于侵略的帝国主义，但是他反对权利天赋之说③，他从生存竞争的角度上将当时帝国主义的权力行径予以合理化，他说："现在的帝国主义实际上往往带有侵略之性质，此乃民族生存竞争之自然结果也，由于世界上依然有半开化及野蛮民族存在，作为国家而言，

---

① 浮田和民：《国民教育论》，第221页、240页、254～256页。
② 同上。
③ 浮田和民：《帝国主义と教育》，第50～51页。

其将无独立之价值,虽不可消灭,但是,其之结果,则具有开发世界人类文明之倾向,故如为此而悲叹,即所谓妇人之仁,不足取也。"① 由此可见,在此浮田和民已经将他自己所反对的侵略性帝国主义加以合法化了。

以上,我们将浮田和民表现在《帝国主义と教育》及《国民教育论》中的伦理帝国主义思想作了一个简单的分析介绍,了解了这些之后,自然能很清楚地看到梁启超是在哪些地方受到他的影响。

首先,在帝国主义形成之原因上,梁启超接受了浮田和民的观点,把它视为民族自然之膨胀力的结果。他说:"夫所谓民族帝国主义者,与古代之帝国主义迥异。昔者有若亚历山大,有若查里曼,有若成吉思汗,有若拿破仑,皆尝抱雄图,务远略,欲蹂躏大地,吞并弱国。虽然,彼则由于一人之雄心,此则由于民族之涨力,彼则为权威之所役,此则为时务之所趋。故彼之侵略,不过一时,所谓暴风疾雨,不崇朝而息矣。此之进取,则在久远,日扩而日大,日入而日深。"② 而对于形成此民族自然膨胀力之原因,梁启超按照浮田和民的观点,将其视为是由于人口的增长。他在其《论民族竞争之大势》一文中,引用了浮田和民《国民教育论》中近百年来欧美各国人口增加的表格来说明这个问题③。他说:

> 近世诸儒之学说,其于孕育民族帝国主义与有力者不一家,而以玛尔梭士(Malthus,1766~1834),达尔文二氏为最。玛氏尝著《人口论》一书,谓人类日渐繁殖,其增加之率常与食物

---

① 浮田和民:《帝国主义と教育》,第50~51页。
② 梁启超:《新民说》,《合集》专集之四,第4页。
③ 梁启超在其《论民族竞争之大势》一文中的表格及其小注,见《合集》文集之十,多取材于浮田和民《国民教育论》中的第二编《帝国主义の理想》的第二章后半部与第三章的前半部,第12~23页。

增加不能相当。食物之增加，算术级数也，人口之增加，几何级数也，苟无术以豫防之，则人满之患，必不能免，而战争，疾疫，自杀之风日盛。此论一出，大耸动全欧之耳目，而政治家之思想，几为之一变。故当玛氏以前，欧洲列国，尚以奖励产子为急务，及于今日，则除法兰西一国外，殆无不以人满为患者矣。……以此之故，欧洲区区之地，断不能容此孳生蕃衍之民族，使之各得其所，势固不得不求新政策以调剂之，此事理之易见者也。于是乎殖民政略，遂为维持内治第一要着，此近世帝国主义发生之原因也。①

其次，梁启超和浮田和民一样，也把帝国主义分为两种。上文已提到，浮田和民将帝国主义分为侵略性的帝国主义与伦理帝国主义。梁启超在《论民族竞争之大势》一文中也认为民族帝国主义有两种，他说："甲种者优强民族自移殖于劣弱民族所居之地，绉其臂而夺之。"②梁启超这里所说的绉其臂而夺之的帝国主义，自然与浮田和民所说的第一种侵略性的帝国主义无任何区别，关键是第二种，梁启超说："乙种者，优强民族以同化力（能化人使之同于我谓之同化力——原注）吞纳劣弱民族，而抹煞其界限。"③梁启超的此种提法，若从表面上看来，似乎与浮田和民的伦理帝国主义有所不同，但若从浮田和民的伦理帝国主义的本质上来看，应当说十分相近。上文已经介绍过，浮田和民伦理帝国主义的理想是根据五大陆地理形势之不同，世界结成四五个强的国家或联邦。浮田和民所谓的四五个强大国家或联邦都是在优胜劣败的竞争环境中所剩

---

① 梁启超：《论民族竞争之大势》，《合集》文集之十，第11~13页。
② 梁启超：《论民族竞争之大势》，第11页。
③ 同上。

下的优强者,而这四五个优强者吸收或抹杀了其他劣弱国家之界线自是不言而喻的事情。所以,从这个意义上,说这是优强民族同化了劣弱民族应当不算勉强。因此在这种意义上,可以说梁启超所说的第二种民族帝国主义和浮田和民所说的没有本质的区别。

再次,在帝国主义成立之原因上,梁启超与浮田和民一样,认为这是由于达尔文的物竞天择、优胜劣败理论出现而造成的。上文已谈到,浮田和民不承认天赋人权之说,他说:"夫权利者,非天赋也,非自然也。不能自维持,善用权利之人,乃不应有权利要求之人。若夫生命之权,所有之权,均不应谓出于天赋自然之权利也。"①从这种理论出发,他认为"国家虽然神圣,但其之所以神圣,是由于有作为国家活动的能力,以能完成国家之任务为必要条件。无用之国家,或无能力之国家既然缺少作为国家的机能,丧失作为国家之资格,使这样的国家灭亡,不可不谓是正当之事。这是席勒(Sohann Christoph Friedrich von Schiller, 1759.11.10~1805.5.9)所谓的世界之法庭也,是世界历史之判决亦不可改也,是上帝之裁判而非人意所能左右也"②。梁启超在此方面也接受了浮田和民的观点,他说:"前代学者,大率倡天赋人权之说,以为人也者,生而有平等之权利,此天之所以与我,非他人所能夺者也。及达尔文出,发明物竞天择,优胜劣败之理,谓天下惟有强权,更无平权。权也者,由人自求之,自得之,非天赋也。于是全球之议论为一变,各务自为强者,自为优者。一人如是,一国亦然,苟能自强自优,则虽蕲灭劣者弱者,而不能谓无道。何也,天演之公例则然也,我虽不蕲灭之,而彼弱者劣者,终不能自

---

① 浮田和民:《帝国主义と教育》,第50页。
② 浮田和民:《国民教育论》,第247~248页。

存也。以故力征侵略之事，前者视为蛮暴之举动，今则以为文明之常规。欧美人常扬言曰：全世界三分之二，为无智无能之民所掌握，不能发宣其天然之富力，以供全球人类之用，此方人满为尤，彼乃货弃于地。故优等民族，不可不以势力压服劣等者，取天地之利而均享之。其甚者以为世界者，优等民族世袭之产业也，优等人斥逐劣等人而夺其利，犹人之斥逐禽兽，实天演强权之最适当而无惭德者也。兹义盛行，而弱肉强食之恶风，变为天经地义之公德，此近世帝国主义成立之原因也。"①

综上所述，浮田和民的《国民教育论》与《帝国主义と教育》二书给了梁启超深刻的影响，使他以社会进化论的理论来解释历史。梁启超在写《论民族竞争之大势》等文章时，无论在民族帝国主义发生、成立的原因上，还是在民族帝国主义的种类上都依照了浮田和民的观点。但这还并不是主要的，主要的是，浮田和民的书，使他更加清醒地认识到，"今日之竞争，不在腕力而在脑力，不在沙场而在市场"，从而使他的民族危机感更加强烈，而建设一个民族主义国家以抵抗帝国主义的想法也日渐成熟。他说："不及一纪，而十八省千百州县之地，势必全为欧美资本家之领域，则夫此间之数万万人，所恃以赡饔飧而资事畜者，惟有鬻身入笠，充某制造厂之工匠，某洋行之肩挑，某铁路公司之驿卒，某矿务公司之矿丁，某轮船公司之水手。其最上者，则为通事焉，为工头焉，为买办焉，至尊矣，至荣矣，蔑以加矣。"他认为这并非过激之言，在他看来："二十世纪之人类，苟不能为资本家，即不得不为劳力者，盖平准界之大势所必然也。夫事势至若彼，则我民族无噍类矣，然而政府可以如故也，官吏可以如故也。彼所取者实，而岂惟

---

① 梁启超：《论民族竞争之大势》，第13页、34～35页。

其名，所吸者血，而岂惟其肤也。所谓无形之瓜分者，如是如是，以视有形焉者之利害轻重何如哉？呜呼险哉。工商政略之可畏，如此其甚也。"①

在这种情况下，为了抵抗帝国主义经济上的侵略，只有发扬中国的民族主义之一策。他说："今日欲救中国无他术焉，亦先建设一民族主义之国家而已。以地球上最大之民族，而能建设适于天演之国家，则天下第一帝国之徽号，谁能篡之。而特不知我民族有此能力焉否也，有之则莫强，无之则竟亡，间不容发，而悉听我辈之自择。"②他认为，若要建成一个民族主义国家，先要造就一种特色之国民，而欲造就此种特色之国民，不可不定教育之宗旨。浮田和民在《帝国主义と教育》与《国民教育论》中反复强调的一点，即将日本国民教育成适合物竞天择、优胜劣败的国际环境中的伟大国民，将其教育成世界的国民。因此他的教育宗旨十分明确，即将日本建造成世界性的国家，以在帝国主义的角逐中获胜。浮田和民这种明确的教育宗旨对梁启超启发很大，梁启超在此后一系列的文章中，一直强调这个问题。他认为一个国家之教育与一个个人的教育完全相同，父兄教育子弟，欲使其为士或为工为商，必先确定方向，然后才能施之教育。他认为，国家也是一样的道理："一国有公教育也，所以养成一种特色之国民，使之结为团体，以自立竞存于优胜劣败之场也"。但是如想达到此种目的"决非可以东涂西抹，今日学一种语言，明日设一门学科，苟且敷衍，乱杂无章，而遂可以收其功也"③。他认为真正有志于教育之人，必须第一明确教育乃是"制造国民之具"；其次"不可不具经世之炯眼，抱如

---

① 梁启超：《论民族竞争之大势》，第13页、34~35页。
② 同上。
③ 梁启超：《论教育当定宗旨》，《合集》文集之十，第53页。

伤之热肠,洞察五洲各国之趋势,熟考我国民族之特性,然后以全力鼓铸之"①。他认为只有这样,才算懂得教育宗旨。他认为当时中国经甲午战争与庚子八国联军之难,教育之论由萌蘖而遂满于全国,这虽可说是中国渐进于文明的一种征兆,但那些倡此论、任此责之人,既不了解教育之定义,又无教育之宗旨。他说:

> 虽然,吾骤责彼等以无宗旨,彼必不服。何也,彼固曰:吾将以培人才也,吾将开民智也,若是者,安得谓非宗旨。然则吾于其宗旨果能成为宗旨与否,其宗旨之有用与否,无弊与否,其宗旨能合于今世文明国民所同向之宗旨与否,不可不置辩。夫培养汉奸之才,亦何尝非人才,开奴隶之智,亦何尝非民智,以此为宗旨,谁能谓其无宗旨耶。彼等之宗旨,虽未必若是,然五十步与百步之间,非吾所敢言也。②

他批评当时清政府搞所谓新教育,认为那只能说是学科之进步,而不能说是宗旨之进步。他说:

> 今之教育者必曰:吾之新教育不如是,吾将教之以格致物理,吾将教之以地理历史,吾将教之以政治理财。若是者,谓为学科之进步也可,至其宗旨之进步与否,非吾所敢言也。夫使一国增若干学问智识,随即增若干有学问、有智识之汉奸、奴隶,则有之不如其无也。③

---

① 梁启超:《论教育当定宗旨》,《合集》文集之十,第53~54页。
② 同上。
③ 梁启超:《论教育当定宗旨》,第55页、60~61页。

那么,在梁启超看来,我国的国民教育,宗旨应当定在何处呢?他说:

> 今日之世界,民族主义之世界也。凡一国之能立于天地,必有其固有之特性。感之于地理,受之于历史,胎之于思想,播之于风俗。此等特性,有良者焉,有否者焉,良者务保存之,不徒保存之而已,而必采他人之可以补助我者,吸为己有而增殖之。否者务刮去之,不徒刮去而已,而必求他人之可以匡救我者,勇猛自克而代易之。以故今日各国之教育宗旨,无或有学人者,亦无或有不学人者。不学人然后国乃立,学人然后乃强。要之,使其民备有人格(谓成为人之资格也。品行、智识、体力皆包于是——原注)享有人权,能自动而非木偶,能自立而非附庸,为本国之民而非他国之民,为现在之民而非陈古之民,为世界之民而非陬谷之民,此则普天下文明国教育宗旨之所同,而吾国亦无以易者也。①

从以上梁启超为建设民族国家所提出的教育宗旨来看,他无论是对传统还是外国,都是采取了一种客观和冷静的态度。对于传统,他认为,凡一国能立于天地,必有其合理之因素。对于传统中优秀部分,必须努力保存;而对其不良成分,则务必加以扬弃。对于外国,则吸收其优秀的东西来补助增殖我们传统中的优秀部分,匡救代易我们传统中的不良成分,教育自己的国民,使其成为具有人格、享有人权的世界性的公民。

综上所述,梁启超在写《民族竞争之大势》时所参考的浮田和

---

① 梁启超:《论教育当定宗旨》,第55页、60~61页。

民的《国民教育论》及《帝国主义と教育》二书，给了梁启超极大的启发和影响，使得梁启超无论是在帝国主义发生、成立的原因上，还是在帝国主义的种类上都沿袭了浮田和民的说法。但更主要的是，浮田和民将日本国民教育成世界性国民以与其他帝国主义国家角逐的思想对梁启超的启发更大，它使梁启超关于养成一种特色之国民，使之结为团体，以建设一个民族主义国家的思想逐渐成熟起来。

当然，浮田和民在《国民教育论》与《帝国主义と教育》中，将日本国民教育成伟大国民的目的，是想将日本建设成世界性的国家，以使在"民族生存竞争"中取胜，最后达到支配和主宰世界命运的目的。因而其在理论中必然将侵略性帝国主义予以合理化。而梁启超的建设一民族主义国家之目的，不过是欲借此以抵挡列强之民族帝国主义的侵略与瓜分，因而纯属于防范与自卫的性质。在此一点上，梁启超还是与浮田和民有明显的不同。

第三节　加藤弘之《强者の权利の竞争》对梁启超的影响

梁启超刚流亡到日本后不久，即与加藤弘之相识，那是1899年（光绪二十五年）5月13日，在日本的哲学会春季大会上。当时，梁启超由日本宗教学者姊崎正治介绍，参加了那次大会，并在会上发表了《论中国宗教改革》的演讲，那次大会，出席者20余名，其中包括了加藤弘之、井上哲次郎等著名学者[①]。也就是在那次大会上，梁启超与加藤弘之等相识，并开始接触加藤弘之的著作。为了

---

① 狭间直树：《梁启超来日后对西方近代思想认识的深化——尤其在"国家"与"国民"方面》，载 Conference on European Thought in Chinese Literati Culture in the Early 20th Century, Garchy, France, September 12~16, 1995, 第8页。

了解加藤弘之在哪些方面影响了梁启超，在此先简单介绍一下加藤弘之的生平及学术思想。

天保七年（1836）六月二十三日，加藤弘之生于日本出石藩（兵库县）的谷山町，其父名加藤正照，是出石藩的用人①兼小姓头②，按经济地位来讲，在武士中属于中等偏上的水平。其母是同藩山田八左卫门孝德的女儿，名叫锡子。加藤弘之是长男，他还有2个弟弟和2个妹妹，除弟弟加藤正矩活到成年外，另3个皆在早岁夭折。按加藤家的家谱讲，到弘之这代已经是第十一代。其父为其取名叫土代士，据加藤弘之说，这是十一代士的意思③，后又改为弘藏，最后又改名弘之。加藤弘之的家庭经济地位虽属中等以上的水平，但他出生那年正逢天保七年的海内大饥馑，又加上因所谓的仙石骚乱而引起的俸禄减半，所以加藤弘之幼年的生活十分艰苦。

加藤弘之的外祖父山田八左卫门孝德是出石藩的家老④，为人方正谨直，但因其妻（即加藤弘之的外祖母）是仙石骚乱首谋仙石左京的姐姐，加藤弘之的外祖父虽未与谋其事，但也被追究责任，骚乱平息后即被解往江户，审问后被幕府处以流刑，从江户解往东海道的途中，死于藤枝驿旅店，或说系自刃而亡以谢其责者⑤。

加藤弘之10岁前后入藩学弘道馆中学习文学，由于加藤弘之家族自七代以前之后就代代是甲州流派兵学的教师，所以他除了去诸师范的门下去学习武事之外，还在自己家中听父亲的兵书讲义，并

---

① 江户时代武家的职名，是掌管大名、旗本等家中出纳、杂务等事务的重要职位。
② 武家的职名，从事将军及大名、旗本日常杂务的头目。
③ 加藤弘之：《经历谈》，植手通有编《西周・加藤弘之》中公バックス《日本の名著》第三十四册，中央公论社，昭和五十九年七月二十日，第466页上。
④ 江户时代，大名家中掌管藩政的重臣。
⑤ 参阅加藤弘之《经历谈》，第466页下～467页上。

从事练兵的活动，但由于其身体并不强壮，对实地的武艺及练兵等活动自然不堪承受，因而更倾向于学问及讲义等方面。加藤弘之虽然出身于学问上最负盛名的弘道馆，但其不喜欢绵密的考证，而尤喜欢发表议论，因而经常受到教师的诫谕①。

加藤弘之少年时，朋友甚少，据加藤弘之自己分析，此中有两方面的原因：其一是因为他生来并不喜欢交际，其二是自己也不很讨别人的喜欢，所以别人也不愿与他来往②。但是，这不等于加藤弘之完全没有朋友，多田弥太郎即与加藤弘之关系极好。他比加藤弘之约大十岁，加藤弘之对其十分崇拜，据加藤弘之自己看来，与其说他是朋友还不如说是师长。多田弥太郎在藩校是有名的才子，不知何故他对加藤弘之青眼有加，在各方面都对加藤弘之加以诱导。多田早年曾去江户、大阪等地游学，学业越发精进，归藩之后虽有教官之职位，但深忧时势，弘化、嘉永年间，曾游长崎，专门研究西洋炮术，归藩后，以无大炮铸造之术，自己制造巨大木炮，试炮时，其巨大声响使近邻诸藩大为惊愕。后为藩政革新等事，忤犯家老堀新九郎之意，被幽闭数年。后堀新九郎以事获罪，始恢复自由，自此专为尊王攘夷之事四处奔走，后参与野银山事件③，虽一时侥幸逃脱，但以后终遇刺身亡，明治政府论其功，赠从四品爵位，合祀靖国神社④。多田弥太郎对加藤弘之有很大的影响，加藤弘之成名后也不忘多田的情谊，他在其《经历谈》中有一节专门记述他与多田的友谊。

嘉永五年（1852），加藤弘之17岁，其父奉命出仕江户，加藤

---

① 参阅加藤弘之《经历谈》，第466页下～467页上。
② 加藤弘之：《经历谈》，第467页上。
③ 即生野之变，文久三年（1863年）尊攘派志士福冈藩士平野国臣拥立公卿泽宣嘉，于但马生野组织农民举兵起义的事件，其与天诛组之乱相呼应，旋被镇压，平野国臣被捕后被斩于京都六角狱。
④ 加藤弘之：《经历谈》，第467页。

弘之为其家学即兵学的修业也随同前往。那时他经常随甲州流兵学家岛津、八条、横山、中津等人游，听其议论与讲义，后经横山忠告，始悟方今若无西洋流之兵学，其他将无济于事。其时，其父也想从事西洋兵学的研究，于是，加藤弘之入佐久间象山之门，学习兵学与炮术。其间，加藤弘之的父亲也不时访问佐久间氏，请教兵学与炮术。在佐久间的门下，使他更加感到西洋兵学的重要。

佐久间象山（1811~1864），名启，通称修理，号象山，生于信浓国植科郡松代町，是日本幕末时期的著名思想家，年轻时曾入佐藤一斋之门专修儒学，归藩后深得藩主宠信，30岁以后始悟西洋兵学与炮术之重要，并开始钻研兰学原典。嘉永四年（1851）于江户木挽町开炮术塾，培育人才，吉田松阴、桥本左内等多出其门下。加藤弘之入其门时，正是他在江户开炮术塾之时。安正元年（1854），他因送吉田松阴密航美国之事遭到牵连，被幕府幽禁于藩地，后因对外关系逐渐紧张，幕府赦免其罪，专为一桥卿（大将军庆喜）出谋划策，一日乘马出行时，为尊攘派的河上彦斋所刺。

加藤弘之入佐久间象山门下其实不满一年，但佐久间很喜欢加藤弘之，热情对他加以指导，据加藤弘之回忆，佐久间身材高大，不胖不瘦，态度于威严中流露出温和，即所谓威而不猛。当时，世人都将佐久间象山与藤田东湖、横井小楠等人相提并论，但加藤弘之则认为，此后两人之识见，远不及佐久间，在他看来，佐久间象山与西乡南洲（隆盛）在性质、气象、性行、风采、学问、事业等方面，虽毫无相同之处，而且相反之点也并不少，但若以豪杰一点而论，在当时皆可成为日本东西之两大英杰[①]。

加藤弘之在佐久间门下学习不久，即逢佐久间即因吉田松阴之

---

① 参阅加藤弘之《经历谈》，第470页上。

事被幕府幽禁。加藤弘之无奈，又入大木忠益塾中学习兰学，并于此结识了大鸟圭介、子安峻、宫内广、鸣户义民及中村正直等人。万延元年（1860），加藤弘之25岁，经大木忠益先生介绍，入洋书调所工作。洋书调所始称蕃书调所，后因与外国接触频繁，"蕃"字影响对外关系，所以改为"洋"字。它是嘉永（安政）年间，幕府根据川路左卫门尉（圣谟）大久保右近将监（后越中守，又称一翁）等的建议创建的。他们曾经担任过总裁，加藤弘之去那里工作时由古贺谨一郎负责。此外，还有箕作阮甫、川本幸民等教授，当时作为教授助手的有彬田玄端、木村军太郎、市川兼恭、松本弘安、坪井信良、津田真道、西周、杉亨二等，这里有好几位日后都成了明六社的成员。加藤弘之在洋书调所的月薪是白银四五两（当时日本月薪四五两白银可以供养15人的生活），而且又可以从学校中借阅书籍，加之同事中的津田、西周，以及杉等均比加藤弘之大七八岁，从学问上能得到不少指点，由于这里条件比较优越，加藤弘之开始自学"英学"和"德意志学"。他随着读书日多，兴趣渐渐由兵学而转到政治学、道德学和哲学等方面，当时日本社会上兵学、炮术等学问十分流行，而学习政治学、道德学却寥寥无几，但是加藤弘之却宁可中辍兵学的学习，而专门从事政治学等的研究[①]。

据加藤弘之回忆，随着自己读西洋的政治学、道德学以及哲学书的日益增多，渐悟西洋各国的风俗、政治等大大优于东洋，尤其是由于有立宪政体，在政治上听取人民舆论，乃是东洋古来未曾有之良制[②]。既然发现了为东洋专制国所远不及的立宪政体，

---

① 参阅加藤弘之：《洋书调所の人人》与《英学、ドイツ学を始める》，《经历谈》。
② 加藤弘之：《经历谈》，第477页上。

加藤弘之便开始著书立说，比较东方与西方的政治。他所著的第一部书叫《邻草》。那是他26岁那年写成的，《邻草》是用问答体写成的，它是用邻国中国的事情来影射幕府的政治。加藤弘之认为清朝失败的原因是，它只追求"船炮的制造，武技的操练"等等形式上的东西，在他看来，这些"仅仅是武备之外形"，而不是"武备之精神"①。

所谓"武备之精神"，加藤弘之认为应该是"人和"，"人和"才是战争获胜的真正原因。而"人和"又是由"仁义之政"而来的，即所谓"专以仁义治下"，"选贤举能"，"努力从事治国之事"，故"下民皆感服，上下之情和合融洽如父子，四海万民相亲相睦如兄弟"②。但问题是"仁义之政"，"圣主、贤君"虽可以施行，而"暗愚之君""佞邪之臣"当道时则不能实行。如何能有一"良术"使"暗愚之君自然贤明，佞邪之臣自然失势"呢？加藤弘之认为，只有将原有之专制政体改成一种"公明正大"的政体才有可能实现③。就这样，加藤弘之在指出清政府的失败原因是专制政体的同时，又为日本描绘了一幅将来的国家像。这部书于文久元年（1861年）写成，实为日本立宪政体论的嚆矢。

紧接《邻草》之后，加藤弘之又写了一系列的著作，来宣传他的思想。与此同时，加藤弘之的地位也发生了变化。元治元年（1864年），加藤弘之被选为幕府的直参，开成所的教授。元治三

---

① 加藤弘之：《邻草》，植手通有编：《西周·加藤弘之》，第310页下～311页上、312页下～313页上。
② 同上。
③ 同上。

年（1867年）加藤弘之著《西洋各国盛衰强弱一览表》①。

明治元年（1868年）加藤弘之被任命目付②。同年，又被提升为大目付③，同时兼任御勘定头④。同年十月二十九日，加藤弘之被明治政府任命为政体律令取调御用挂，相当于中国体制的宪法调查委员。这一年，他写成了《立宪政体略》。

明治二年（1869年）五月十九日，加藤弘之被任命为学校判事，七月十九日被任命为大学大丞，此年，写成《交易问答》。

明治三年（1870年），加藤弘之开始列席国法会议，并被任命为宫内省侍读。国法会议每月二十七日在天皇御前举行，参加者为各大臣及参议，会议主要讨论宪法之基础。后因天皇政务繁忙，曾一度中止。宫内省侍读自此年十二月开始，每月五六次、每次一小时左右为天皇讲解西洋的政治与法律。当时加藤弘之使用的主要教材是伯伦知理（Bluntschli Johann Caspar，1808.3.7～1881.10.21）的《国法泛论》⑤，到后来改为每天讲两小时，之后因天皇政务的关

---

① 据安世舟研究，加藤弘之此书是根据布洛克（Maurice Block，1816~1901）所著《西洋各国盛衰强弱一览表》（*Die Machtstellung dereuropäischen Staaten*, Gotha, 1862）翻译而成。参阅安世舟《明治初期におけるドイツ国家思想の受容に关する一考察—ブルンチュリと加藤弘之を中心として》，日本政治学会编：《日本における西欧政治思想》，岩波书店，1975年，第116页下～117页上。
② 日本室町至江户时代武家职名，是负责检查违法，直接向主君报告的检察官。
③ 日本室町至江户时代武家职名，它直属于老中，负责监视各大名的违法行为，然后将其结果直接报告给主君。相当于后来的高等监察官。
④ 管理金钱出纳的官吏。
⑤ 此书原为伯伦知理所著《一般国法学》（*Allgemeines Staatsrecht 1852*〈第三版，1863〉）。加藤弘之将他认为有必要的部分译出为天皇进讲后，其译稿自明治五年始共费九年时间。分册由文部省以《国法泛论》为题出版。参阅安世舟《明治初期におけるドイツ国家思想の受容に关する一考察——ブルンチュリと加藤弘之を中心として》，以及松本三之介《天皇制国家と政治思想》第五章《日本宪法学における国家论の展开——その形成期における法と权力の关系を中心に》，未来社，1969年，第120页下～121页上。

系恢复成原来的每月五六回①。此年他的《真政大意》刊行。

明治四年（1871年）七月十九日，加藤弘之被任命为文部大丞，八月十五日被任命为大外史，十月八日被任命为外务大丞。

明治五年（1872年）他为天皇进讲的讲稿开始以《国法泛论》为题，由文部省出版。

明治七年（1874年）加藤弘之成为明六社会员。

明治八年（1875年）四月二十五日，加藤弘之任元老院议官，这一年他的《国体新论》刊行。同一年他又翻译了毕德尔曼（Karh Friedrich Bidermann，1812~1901）的《西洋各国立宪政体起立史》。

明治十年（1877年），加藤弘之被委任为开成学校总理，四月十三日又被委任为东京大学法、理、文三学部的总理。

明治十二年（1879），加藤弘之成为东京学士会院会员。同年十一月，他在芝青松寺的演讲会上发表《天赋人権なきの说ならびに善恶の别天法にあらざるの说》，开始否定他以前所推崇的"天赋人权论"。

明治十三年（1880年）四月二十二日为文部省三等出仕。

明治十四年（1881年），加藤弘之为东京大学总理（包括医学部为全校总理）。同年十一月二十二日，加藤弘之对自己以前所著的《立宪政体略》《真政大意》《国体新论》等著作提出绝版要求。（翻译著作《国法泛论》与《各国立宪政体起立史》除外）同日，内务卿根据加藤弘之自己的要求，下令禁止出售加藤弘之的《真政大意》与《国体新论》等书。

明治十五年（1882年），加藤弘之著《人权新说》，否定自己

---

① 加藤弘之：《经历谈》，第485页上。

以前所信奉的"天赋人权论",并将其指斥为谬见①。加藤弘之此举在日本引起了深刻的反响,矢野文雄著《人权新说驳论》,植木枝盛著《天赋人权辩》,均对加藤弘之进行反驳。加藤弘之被认为是"变节",其学说被说成是"转向"。加藤弘之为什么对自己以前的著作提出绝版请求,他为什么对自己以前所信奉的"天赋人权论"提出非难,为了搞清这个问题,我们在此不得不对加藤弘之以前的学术观点作一个简单的回顾。

明治初年,随着"天赋人权"的思想传入日本,人们的国家观念发生了巨大变化,认为"国家不过是为了保卫每个人天赋的人权和幸福的实现而设立之物,实现个人的天赋的人权的目的应先于国家,而国家则不过是为达成此目的的一种手段而已"②,这种国家观从根底上动摇了封建体制的意识形态,而加藤弘之在提倡"天赋人权思想方面起了巨大的作用"。加藤弘之说:"余之旧著大抵依据天赋人权主义而作"。③他在其《国体新论》中论述了人民自由的权利和自由的精神,并将其看成是上天赋予的,他说:"法国唤作孟德斯鸠的大学者说:'自由者,德意志森林中之产物也。'"④他指出,在对自由权的认识上,各国依照本国的宪法,虽各自有所不同,但是若举出二三条最重要的自由权,则无论何国,都能共同承认,这就是:"能自保其生命之权利,能自由使用自己身体之权利,能自由处分其所有物之权利,能自由信奉自己所信仰之宗教的

---

① 参阅加藤弘之《人权新说》第一章《论天赋人权乃妄想之理由》,谷山楼,明治十五年十月二十日出版。又加藤弘之1864年至1882年的经历是参照植手通有《加藤弘之年谱》写成的,收于中公バックス《日本の名著》第三十四卷,中央公论社,昭和五十九年七月二十日。
② 松泽弘阳《日本政治思想》,放送大学教育振兴会,1993年3月20日改订版,第24页。
③ 加藤弘之:《经历谈》,第489页上。
④ 加藤弘之:《国体新论》,第402页上。

权利,能将其思想自由论述发表之权利,及同志互相结合自由谋事之权利。"①加藤弘之认为,自由权虽有许多种类,但以上所举的诸种自由之权是"天赋之自由",若无此自由之权,"则不能求得安宁与幸福",假如别人夺此自由权之时,"则等于连同此安宁幸福一并夺去",故"只要有人民,则这种自由权必具,此固乃当然之事也"②。但是,"在未完全开化之国,君主政府动辄以暴力连此天赋自由之权尚且夺走,以人民为君主与政府的臣仆和奴隶,人民之不幸,真可叹也"③,而在文明开化的立宪国里,情况则完全与此相反,不单以上自由权完全具备,而且"于上所述人民私事上的自由权之外尚有所谓公事上的自由权,这就是人民参与国事之权利"④。加藤弘之指出,"作为人民,必须深刻地理解以上的道理,同时必备此自由之精神,假如我们没有敢于保卫自由精神之决心,则人民自我卑屈而失其自由之精神",而当人民"一味想成为君主之臣仆、奴隶之时,即真正自失其求幸福安宁之路"之日,而随之而来"国家之精力又全部至于衰耗之地"。所以,加藤弘之认为,"每个国民皆要为自己,同时也是为国家,保持此种自由之精神"⑤。在加藤弘之看来,保持这种天赋的自由之精神,对个人和国家均有好处。对个人而言,既可以免去卑屈之心,免于沦为君主与政府之臣仆和奴隶,同时又可使人民获得安宁和幸福;而对国家而言,由于人民都具有此种自由之精神,因而国家之强盛自然会随之而至。因此,加藤弘之认为,"所谓政府之职责,应分为两部分,第一部分是对人

---

① 加藤弘之:《国体新论》,第402页下~403页。
② 同上。
③ 同上。
④ 同上。
⑤ 同上。

民加以保护，第二部分是对人民加以劝导"。所谓保护，即是"首先制定宪法，把始终保护臣民的生命、权利及私有当成治术的第一急务"①。所谓劝导，是指对人民的教化与抚育等事。具体地说，就是"首先从开知识、明伦理、整风俗开始，此外全面劝导臣民开百工技艺，尽利用厚生之术，及养病济贫之业"②。在加藤弘之看来，对人民实行教化抚育乃是获致幸福的重要之事，政府切不可等闲视之。在对人民的保护与劝导两者的关系上，加藤弘之指出，这就像建房子先要打基础一样，"第一必须要在保护之术完全确立之后才能转移到劝导的第二阶段"。但在一些未开化的国家，因为不了解保护政策应为治国之第一急务，而一味从事劝导，反将其视为至极之仁政，这是犯了不知先后缓急之序的错误③。加藤弘之认为，无论何人都具有"不羁自立之情与权利，无论何人，有了此情，才能各自不甘落后而力争上游"。在他看来，"有了此种力争上游之情，人人才可以自由自在地招致幸福，因此，此种情可使自然和世间之开化进步"，可以使"百工技艺，奇器良巧也逐渐地发展，而随之而来，利用厚生之术也逐渐完备，最终，国家之财富逐步增加"。所以，"政府若能不束缚羁縻此情及权利，任人民互相竞争追求其自己之幸福，所谓安民之境自会自然而至"④。正是因为如此，所以在制定宪法之时，"首先必须深刻懂得不得限制此情及其权利"。此外，在对人民进行劝导之时，"政府也不能过分地介入"，"使（不羁自立之情）与权利受到束缚与羁縻"⑤。既然加藤弘之认为这种不羁自

---

① 加藤弘之：《真政大意》卷下，植手通有：《西周·加藤弘之》，第364页上。
② 加藤弘之：《真政大意》，第335页下～366页、369页上～下。
③ 同上。
④ 同上。
⑤ 同上。

立之情与权利是自然界与人类进步的动力,所以保护此情及权利即被视为极为重要,因而在政府与国民的关系上,国民则重于政府。加藤弘之指出:"国家之主眼在于人民,天皇及政府只应作为一种对人民进行保护和劝导,并使人民得到安宁和幸福之物而存在,天皇及政府应依照此理而尽职,此乃最为紧要之事。"①

那么,要达到以上的目的,应当采取何一政体呢?加藤弘之认为,世界万国,其风俗人情各自相殊,但若论其政体,实不过君政与民政二种②。加藤弘之将君政政体分为三类,即君主擅制,君主专治与上下同治。又将民政政体分为两类,即贵显专治与万民共治。

所谓君主擅制,加藤弘之认为,即是:"君主以天下为一己之私有,而擅制亿兆,生杀予夺之权唯心所欲之政体。"③

加藤弘之认为,君主专制是指:"君主私有天下,其一人专礼乐、征伐之权,其臣民不得参与国事。与君主擅制稍有不同的只是习俗自然成为法律,此则对君权稍稍有所限制而已。"④

上下同治(又译作君民同治)是指:"君主虽君临亿兆之上而统御之,但不敢将天下据为一己之私有,而且必制立公明正大,确然不拔之国宪,万机必则国宪而行,臣民则有参预国事之权。"⑤

贵显专治则是指:"国中贵戚、显族数员,累世掌握政权之政体。即所谓贵显以天下为私有之物的政体。"⑥

所谓万民共治之政体是指:"国中无君臣尊卑之别,但是选择一名或数名有德之君子使掌握政权,且如上下同治那样,也制定公

---

① 加藤弘之:《国体新论》,第390页上~下。
② 加藤弘之:《立宪政体略》,植手通有:《西周·加藤弘之》,第332页上。
③ 同上书,第332页下~333页上、334页上。
④ 同上。
⑤ 同上。
⑥ 同上。

明正大,确然不拔之国宪,万机无不以国宪为则,并使国内庶民享有参与国事之权。"①

在此五类政体之中,加藤弘之认为:"确实能制定公明正大,确然不拔的国宪,以求得真正治安之政体,唯有上下同治与万民共治二政体而已。"②因此他称这两类政体为立宪政体。由此可见,在加藤弘之看来,君政或民政的形式并不重要,他的着眼点只是放在能否制定公明正大、确然不拔的国宪的内容上。换句话说,他追求的政治目标,是在能予实行宪政这一点上。因此,君主擅制、君主专制与贵显专制这三类政体,不论其形式是君政或民政,其共同特征都是将天下视为一人或一部分人的私有之物,是由一人或者一部分人臣妾亿兆人民,因而被称为家产国家论。而上下同治与万民共治政体则不然,任何人不仅不能将天下视为私有财产,而且不论其在形式上采取君政或者民政,其特征则在于均能制定公明正大、确然不拔之宪法,万机则遵照宪法而行。全国无论何人,既是治人者,又是被治者。所以,加藤弘之认为这两类政体是可以真正地能使国家长治久安的政体。此外,为了防止权力专制化,加藤弘之又提出了三权分立的主张,用他的话来说,是要使立法权柄、施政权柄(又称为行法权柄)与司律权柄互相制约而不至于擅权③。

加藤弘之还指出立宪二政体的国民应享有"公""私"两种权利。所谓"公权"是指:"参预国事之权利,是对最重大之事选择的权利,即指选择立法府官员的权利,或被选为立法府官员的权利。"④此时,国民是以治者的面貌出现的。

---

① 加藤弘之:《立宪政体略》,第332页下~333页上、334页上。
② 同上。
③ 同上。
④ 同上书,第341页下、343页上~下。

所谓"私权"是指:"私身所关系之权利,即所谓任意自在之权利。"①关于私权,种类很多,这里加藤弘之仅举出主要的八种,第一,"生活之权利,生活为天所赐,而夺之权亦在于天,非人恣意所能夺之物,此为人生诸权利之基础"。第二为"自身自主之权利,即不得被随意逮捕,不得被任意监禁之权利"。第三种"为自由行事之权利,唯于宪法禁止之外,可以任意而无障碍地选择所有人生诸业的权利"。第四种"是结社与集会的权利"。第五种"是思想、言论、出版自由的权利"。第六种"是信仰自由的权利"。第七种"是万民平等的权利"。第八种"是个人可以自由地处置其所有物的权利,即每个人可以将其所有物品自由处置,而不为他人所妨碍之权利,所以在立宪政体之各国,即使是罪人的房屋、财产,也绝无没收之理,而必将其交给其妻、子或亲戚,盖没收不仅不能称为刑罚,反应称之为盗贼之行也"②。加藤弘之列举的这八种,是"私权"中最重要和最基本的八种,它是不受国家权力所干涉的私人领域,此时,国民虽以被治者的身份出现,但是,他还保留着为国家权力所不能侵犯的权利。

以上,是加藤弘之前期著作的大致内容,它基本上体现了加藤弘之以西方自然法中的"天赋人权思想"为理论武器的宪政思想。但是自明治十四年(1881年)加藤弘之对其旧著提出绝版声明后,紧接着,次年加藤又写出新著《人权新说》,对"天赋人权论"大加攻击。这里的原因究竟何在呢?让我们还是先看看加藤自己的解释,加藤说:

> 余自读西洋之政治、法律等书,始信奉卢梭等倡导之天赋人权主义,一时把凡吾人类生来,皆同有平等之权利,同具有自由

---

① 加藤弘之:《立宪政体略》,第341页下、343页上~下。
② 参阅加藤弘之《立宪政体略》之《私权》部分。

之说当成无上新奇之真理，把共和政治当成无上公明正大的政体来信奉。（虽然未敢明言——原注）其后，等到读了著名的伯伦知理和其他温和学者之书，则以卢梭等过剧之学说为真理的想法消失了。虽意识到了将共和政治当成无上之政体的想法为谬见，但由于绝对信奉吾人类有天赋之权利。所以旧著全部依照上述的想法写成。其后，随着逐渐读到欧洲新学者之书，于此，始悟天赋人权乃无根据之说，及读了达尔文和斯宾塞等进化主义之书，越来越清楚地认识到吾人类本来并非特殊之生物，只是由于进化才成为今日之人类，无有仅吾人类有天赋人权之道理，故于此始悟吾旧著甚属谬见，更欲著书公示旧著之谬见与新著之真理。①

在这里，加藤弘之明确地叙述了他思想转变的过程，如按他的说法，此过程可分为两个阶段。第一阶段，是他的西方自然法的天赋人权观发生动摇的时期，在这一阶段，加藤弘之虽依然认卢梭的"天赋人权"论为真理，但是因为读了"伯伦知理及其他温和态度学者"之书，使他"以卢梭等过剧之说为是的想法消失"，开始意识到"以共和政治为无上政体观点实乃谬见"。这里加藤弘之仅说了他思想转变的一方面原因，其实，自由民权运动本身所存在的问题，也加速了他这种转变的过程。笔者在前章已经谈过，法兰西型的自由理念，其中包含有变革传统的因素，而与其相对的英吉利复数型自由则以自发的成长为基础，植根于深厚的传统之中。因此，英吉利型的自由要在缺乏这种传统的日本生根，就显得困难重重。然而，在某种意义上来说，日本的传统也存在着能使"自由"这样的词语流行的因素，例如在"人欲不亦天理乎"（《直毗灵》）这

---

① 加藤弘之：《经历谈》，第488页上~下。

样的国学思维的传统中,将"自由"理解为解放"人欲"的自由,从而使"自由"一词有时的的确确能使那些"自私任性""放恣桀骜"行为正当化且用之极为方便的词语而流行起来。

当然,国学里面的"人欲"解放,在批判幕藩体制的意识形态、儒教严格主义方面,曾起过促使旧体制解体的作用。但是,这种人欲解放的非政治性的态度,不仅没有积极的创造秩序的力量,而且也生发不出任何抵抗权力的因素,因此,在被赐予的秩序中,只能不断地解放人欲而已。

维新以后,日本进入了"文明开化"时代,由于摆脱了旧时代封建主义的束缚,今日才得以恣肆情欲式的"自由"也大肆流行,其原因的确是因为日本的历史中含有这种传统。于是,这样的流行,只不过是一种非政治态度的普及。它不仅不能产生任何直接的政治效果,反而间接地酿成了对"自由"的反感,为后来对"自由"的反动打下了基础。

然而,"自由"一词里伴有"放恣"的含义并不仅限于日本,即使在英国莎士比亚的作品中,"リベラル"(自由)一词也在近于"放恣"(Licentious)的意识上被使用过,如此一来,与放恣同一意义的自由,则很容易被王权神授的倡导者菲克麦(Robert Filmer,约1588~1653)所批判,以致菲克麦的论敌洛克才将其主张的"市民自由"用"社会自由"的概念与"恣意的自由"严密地区别开来。如此看来,即使在英国,为了创造近代的"市民自由"的概念,也有必要克服那种为所欲为的恣意的自由。也就是说,不是那种毫无拘束地解放自己欲望的"自由",而是要造成一种置身于社会环境中的个人(市民)理性的自我决定的自由[①]。

---

① 以上参阅石田雄《政治と言叶》上,第58~59页。

但是，当时在日本能明确地区别这两种自由的实在是鲜有人在①，文明开化期间，很多人将"自由"理解成情欲解放的自由。这种对自由的理解方式，除了一场从药品、糕点到化妆品的商标都使用自由一词从而引发了自由一词流行外，并未达到任何积极的政治效果。然而在消极的意义上，这却使人们对"自由"一词产生了恶的联想，引起了人们对自由民权运动，或更广泛的意义上对"自由"这种概念本身的反感②。当明治七年（1874）一月，加藤弘之看到板垣退助等的"民选议院设立建白书"提出的运动，以及二月的"佐贺之乱"等事件给日本造成的混乱，特别是自由民权运动中那种"欲望自然主义自由"给人们带来的反感，使得加藤弘之的立场逐渐地发生了变化。他联想起了伯伦知理的关于卢梭的天赋人权论与法国大革命的关系的见解，认识到这种激烈的行动只会给社会增加动荡和不安，而于社会之进步将丝毫无补。于是，加藤弘之对"民选议院建白书"高唱反调，提出了他的著名的"尚早论"，从而表明了他的开明专制主义的立场。在"尚早论"中，加藤弘之主要依据的理论有两方面，其一是毕德尔曼的"时势论"③，其二是

---

① 当然。在日本也有极例外的例子·小野梓曾在指出"交际上权利自由"的重要性时，将其与"天性上的权利自由"加以区别，可以说是对洛克所说的"社会的自由"这样的历史性的意义的理解。石田雄：《政治と言叶》，第59页。
② 石田雄：《政治と言叶》，第60页。
③ 加藤弘之于明治八年十月翻译了毕德尔曼的《各国立宪政体起立史》，因深受其影响，该书绪言中言及"时势论"的主张。其云："虽古来被称之为圣主仁君之辈，或不察人情世态之如何，漫取他邦之良制美法用之于其国而误其制之例不少，盖其意虽固出仁惠，独为其知识不足，由于不悟彼我之世态人情及风俗习惯之差异而制度亦应自异，又不悟开化未全之人民时势民情之如何。漫然取开化国之法制，以欲增益其国之安宁福祉，而终不能达其志之例亦不为少，是亦不可不云为知识不足而招祸也。"参阅ビーデルマン著加藤弘之译《各国立宪政体起立史》绪论，谷山楼，明治八年十月十八日，第4~5页。

伯伦知理的"腓特烈大帝论"①。在"尚早论"中，加藤弘之先用毕德尔曼的理论指责民选议院不合时势，为时尚早，又根据"腓特烈大帝论"断言"今日普鲁士人民自主之心与敢为之气旺盛，其国称雄欧洲，决非唯夙昔议院之设立，殊自腓特烈二世以来，政府之心专尽于人材教育之由也"，从而主张自上而下的"文化保育"应优先于议院设立。最后加藤弘之又指出："方今政府虽姑且不得不施特裁之政，但并未忘本来政府为民而设而非民为政府而存之真理，完全是以腓特烈之公心自限制政权，务伸张民之私权，洞开言路，劝励教育，以使吾邦速成开明国为要。"在加藤弘之看来，当时日本国家的发展阶段相当于腓特烈大帝时代的普鲁士的阶段，所以，他主张应暂时以开明专制主义体制、腓特烈大帝之精神，渐进地进行改革，而反对急激的发展②。

按加藤弘之的说法，他的思想转变的第二阶段是在其读了达尔文等人的进化论书籍之后，这些书使他越来越感到人类是由进化而来，"而并非特殊之生物"，"并无仅吾人类唯有天赋人权之道理"。于是，他于明治十五年（1882）要求明治政府将其旧著绝版，而著《人权新说》阐明其新观点。加藤弘之在新著中用西方最

---

① 腓特烈二世（FriedrichⅡ，1712.1.24～1786.8.17）是普鲁士国王，于1704～1786年在位。伯伦知理认为他是"近代国家与近代世界观的最重要的代表者"，腓特烈曾在王位上宣布了反对绝对君主制的重要命题。他说，国王既不是国土的所有者，也不是人民和国家的主人，而是国家第一公仆。伯伦知理认为，腓特烈大帝否定了绝对君主制的原理，而以近代国家的原理为基础进行统治，所以，应以腓特烈大帝的国家思想作为近代之始。他的此种理论再进一步，即可成为国家形态即使绝对君主制原封不动，只要国王具备绝对国家思想，即可由绝对君主制国家向近代国家转变。详细请参阅安世舟《明治初期におけるドイツ国家思想の受容に関する一考察——ブルンチュリと加藤弘之を中心として》第四章的第一节《フリードリヒ大王の摂取——启蒙专制主义者としての自觉の形成》。
② 参阅安世舟《明治初期におけるドイツ国家思想の受容に関する一考察——ブルンチュリと加藤弘之中心として》，第153页。

新物理学进化主义来反对天赋人权主义，用他的话来说就是用"实理"来反驳"妄想"，加藤弘之说：

> 盖于体质心性之遗传与变化中生出优劣之异同不得限于动植物。居于动物之上位之吾人类亦不例外。即吾人类亦与动植物相同，于体质心性上受父母之遗传，并由自己生涯中所遭遇万事万物之感应影响，而体质心性所受变化亦各有异同，必不得不生优劣之等差。吾人类体质心性若果有优劣之等差，则其间之生存竞争亦决然生而不息，于此竞争中，优者常获胜而压倒劣者，于是则发生所谓自然淘汰之事，此事绝然在所难免，是即所谓优胜劣败也。由是观之，则应知优胜劣败这一万物法之大法则不仅存在于动植物世界，于吾人类世界也必然发生。优胜劣败之作用必然于吾人类世界发生之理既已不容置疑，则敢曰那种吾人类人人生来固有自由、自治、平等、均一之权利的天赋人权主义绝不可信，如此看来天赋人权主义之为妄想说，其理不甚明耶？①

按加藤弘之的逻辑，人类社会中的"优劣之差等"既然是受"父母之遗传"及"其生涯中所遭遇之万事万物之感应影响"，那么自然法之天赋人权也自然就成了"妄想"了。最后，加藤弘之笔锋一转，开始对日本自由民权中的急进态度大张挞伐。他说：

> 今社会活动之两主义，保守与渐进，即不异遗传与变化，此两主义相须方能使社会进步。其理宛若动植物之遗传与变化相须方能长育进化一样，若其一获全捷，遂变为或急进，或守旧。保

---

① 加藤弘之：《人权新说》，谷山楼，明治十五年十月，第24~25页。

守与渐进者，兴社会与邦国之道也，急进与守旧者，倒社会与邦国之术也，岂不可谨耶？①

他认为日本民权派不懂上述道理，一味喜欢急进，崇尚共和政治，是不懂此理的妄想论者，其云：

伯伦知理氏其著书中，论述诸党派之性质与事迹，详细论证了保守渐进二党之利与守旧急进二党之害。如我邦今日民权者流，视其所论所说，盖唯急进是喜，欲使我邦成为欧美亦未曾见之理论社会，因而余不得不称此辈为不知社会之遗传变化之实理的妄想论者。加之过激民权者流中，往往非无崇共和政治，或欣慕社会党共同党等之主义者，实不可不云不思之甚也。②

那么，若依加藤弘之之见，日本应采取什么样的政体呢？加藤弘之认为，"欧洲各国，在今日无有可称之为一民族或一民种而能成为一国者"，或数民族、数民种混合而成一国，或一民族、一民种而分为数国。即使是比较纯粹的民族或民种而成为一国的，又因多次易姓革命，无有自太古以来万世一系，连绵不断的王室。但是"独吾邦与之不同，建国以来一帝室至今连绵延续"，实乃吾日本民族之宗家③。而大和民族"今日也纯然浑成一民族，此间亦未见任何人种混合之迹。事实上以纯一民族而视之亦未有任何不妥之处"④，所以加藤弘之认为，日本应采取"立宪的族父统治的政

---

① 加藤弘之：《人权新说》，第102页、103页，谷山楼，明治十五年十月。
② 同上。
③ 加藤弘之：《吾が立宪的族父统治の政体》，第208页、209页、210~211页。
④ 加藤弘之：《吾国体を如何せん》，第499~500页。

体"①。加藤弘之指出，此种政体与路易十四的"朕即国家"有天壤之别，路易十四是完全绝对的独裁统治，而"立宪的族父统治的政体"，则是先设立立宪政体，制定确乎不拔之宪法，天皇与吾臣民一样，于宪法范围内活动，只不过"依照宪法对吾臣民进行统治而已"②。

由此可见，加藤弘之所谓的最新科学进化主义，只不过是一种维护藩阀政府合理化统治的理论而已，在客观上，它"不仅起了批判自由民权理论的作用，而且对于正处在向着帝国主义阶段突进前夜的日本统治阶级提供了新的思想武器"③。日本的石田雄教授曾对日本政治中的这一段过程有过总结，他说：

> 在日本由于与放恣被同等的看待的欲望自然主义，未能被洛克式的，为近代自然法所证实的"市民自由"所充分克服，以致欲望自然主义自由中所存在的自然成长要素与社会进化论相结合，被人们当成了最新的科学理论，从而起到了扼杀未成熟的近代自然法思维的作用。④

就这样，加藤弘之用所谓的西方最新的科学理论的进化论，将自由民权运动所提出的天赋人权主义斥为"妄想"，在配合藩阀政府镇压民权的运动中，起到了它无可替代的作用。

加藤弘之继《人权新说》之后，又于明治二十六年（1893）写了《强者的权利的竞争》，明治二十七年（1894）写了《道德法

---

① 加藤弘之：《吾が立宪的族父统治の政体》，第208页、209页、210～211页。
② 同上。
③ 近代日本思想史研究会编：《近代日本思想史》，商务印书馆，1983年，第118～119页。
④ 石田雄：《近代日本思想史》，第63页，第118～119页。

律与进步》。在这两部书中,加藤弘之继续阐述他的进化主义思想和实力权力论,以期在社会上扩展影响,为藩阀政府统治和帝国主义合理化服务。明治三十二年(1899),他又著《天则百话》,明治三十三年(1900)著《道德法律进化之理》。同年五月九日,他被封为男爵,明治三十八年(1905)五月二十日被授予法学博士学位,七月二十日任帝国学士院院长。大正五年(1916)二月九日,加藤弘之逝于东京。其生前主要著作还有明治三十九年(1906)的《自然界の矛盾と进化》、明治四十年(1907)的《吾国体と基督教》、明治四十一年(1908)的《迷想的宇宙观》、明治四十二年(1909)的《基督教徒窮す》、大正元年(1912)的《自然と伦理》、大正四年(1915)的《加藤弘之自叙传》等。

由以上的介绍可以看出,加藤弘之的学术思想以其所著《人权新说》为界,大体上可分为两个阶段。其前一阶段,加藤弘之以西方自然法的"天赋人权论"为主要思想武器,认为共和政治是无上之政体。其后一阶段,主要以达尔文进化论和伯伦知理国家学说为思想武器,而提倡"立宪的族父统治的政体"[①]。

梁启超亡命日本之时,正是加藤弘之学术思想转变后的阶段。梁启超究竟读过多少加藤弘之的著作,现在很难考证,若从梁启超本人著作来分析,至少有四种他是确实读过的,这就是加藤弘之的《各国宪法の异同》《强者の权利の竞争》《道德法律进化の理》与《天则百话》,此外《清议报》上还刊登过加藤弘之的《十九世纪思想变迁论》。这几部著作都是加藤弘之思想转变以后的著作,在这之前,加藤弘之已用进化论思想来反对西方自然法的天赋人权

---

① 参阅加藤弘之《吾が立宪的族父统治の政体》,加藤弘之:《学说乞丐袋》,弘道馆,明治四十四年七月十三日。

论，用伯伦知理的腓特烈大帝论和毕德尔曼的"时势论"来论证日本设立民选议院为时尚早，而认共和政治为谬见。而梁启超在写《加藤博士天则百话》等文章时，正是他醉心于卢梭思想，高唱革命、破坏，而与其师康有为发生分歧之时①。当时梁启超思想十分激进，对加藤弘之所持的渐进保守主义态度自然不会欣赏，但是加藤弘之的著作中也有令他十分感兴趣的地方，这就是："加藤弘之介绍社会达尔文主义，认为国与国的竞争是国民的竞争，此一想法增强了他从前得自严复的观念。"②而且加藤弘之所主张的强权理论，又与当时梁启超所关心的国家主义思想有很密切的关系，对他有很大的吸引力。所以，当时梁启超对加藤弘之的思想持一种矛盾的态度，他说：

> 日本文学博士加藤弘之，德国学派之泰斗也，专主进化论，以爱己心为道德法律之标准，其言固多偏激有流弊，然持之有故，言之成理，故其影响及于日本学界者甚大焉。余凤爱读其书，故不欲介绍其学术于中国，盖虑所益不足偿所损也。虽然，今日学术思想勃兴之时代，终非可以人力阻止某种学派，不使输入我国，苟强阻止之，是又与顽固之甚者也，况能成一家之言者，必自有其根柢条理，苟其能理会其全体，而不藉口其一端，则不论何学派而皆有裨于群治。且天下方术多矣，择而从焉，淘而弃焉，岂不在我。③

---

① 梁启超《论强权》发表于1899年《清议报》第三十一册，《加藤弘之博士天则百话》发表于1902年《新民丛报》第二十一号，自1899年至1903年之间，梁启超于许多重要问题上与其师产生了重要的分歧。详细分析请参阅耿云志、崔志海《梁启超》第三章的第五节《因言革而师徒不睦》。
② 黄克武：《一个被放弃的选择——梁启超调适思想之研究》，"中研院"近代史研究所，1993年2月，第52页。
③ 梁启超：《加藤博士天则百话》，《合集》专集之二，第92页。

可见，梁启超对加藤弘之的思想是采取了一种"择而从焉，淘而弃焉"的态度。而且由于上述的理由，梁启超的目光自然会落到了加藤弘之的强权思想上。梁启超之强权思想实本之于加藤弘之，对这一点他本人并不讳言，说他所写的强权论是"述加藤弘之先生之余论而引申之者也"①。

加藤弘之根据达尔文进化论的观念将强权的产生原因归结为生存竞争与优胜劣败。加藤弘之认为，"凡万种之生物皆由其遗传与应化而得其身心之资质"，又因"各生物其遗传与应化之不同"，故随之"其身心之资质之异同生焉"。加藤弘之认为，"此固当然之理也"。而"随生物其身心资质之不同"，又生出"身心之强弱优劣"，其结果，"于生物界中，常起强者权利之竞争"，优强者翦灭劣弱者之事在所难免。加藤弘之认为"吾人人类亦与万种生物同源"，而"决本非特殊之物"，所以，"与万种生物俱共为一天则所支配"。因此，"由其身心之优劣强弱之异同"，而"常起强者权利之竞争"，故"强者常翦灭弱者之天则与生物界毫无不同"②。加藤弘之援用了斯宾诺莎（Baruch de Spinoza, 1632.11.24～1677.2.21）的意见来论证他的观点。加藤弘之指出："凡万物之所以生存活动，全由有自在力之神的大权所由出"，万物以其自己所有之权力而活动，"此即其当然之权利"。吾人若能仔细观察万物界所发生之事，自应晓"其间自有整然之秩序而互不相戾"，如"大鱼吞食小鱼，强兽捕食弱兽皆天然之权利"。即使吾人类"由己之欲望与良知而自为事亦天然之权利，强者以其权

---

① 梁启超：《论强权》，《清议报》光绪二十五年九月二十一日，第4页。
② 加藤弘之：《强者の権利の競争》，哲学书院，明治二十六年十一月二十九日，第29～30页。

力役弱者，弱者以其欺诈免强者之暴权，俱其天然之权利也"①。由此可见，加藤弘之是用达尔文的进化论来解释强权。进化论对梁启超来说并不陌生，梁启超自从通过严复接受进化论以来，便对此种理论十分服膺，在很长一段时间将其当成千真万确的真理②。所以，加藤弘之的这种理论，梁启超接受起来十分自然。因此，梁启超在其《论强权》中，完全蹈袭了加藤弘之的观点：

> 凡一切有机之生物，因其内界之遗传与外界之境遇，而其体质心性，生强弱优劣之差。此体质互异之各物，并生存于世界中，各谋利己，即不得不相竞争，此自然之势也。若是者名之为生存竞争，因竞争之故，于是彼遗传与境遇优而强者，遂常占胜利，劣而弱者，遂常至失败，此亦当然之事也，若是者，名之为优胜劣败。生存竞争，优胜劣败，此强权所由起也。生存竞争与天地俱来，然则强权亦与天地俱来，固不待言。③

按加藤弘之的观点，强者的权利虽出于一定不变的天则，但至于强者权利的现象，则根据"开否文野之异同，而各有所不同"。加藤弘之发现，于野蛮未开之民，"强者之权力专粗暴而猛恶"，但是"于文明开化之社会则反之，强者之权力专高尚而优大"。在加藤弘之看来，"粗暴猛恶之权力和高尚优大的权力仅在其程度上有所不同，而于其性质上并无不同，不能以之为全然异性质之权力"。所以，"学者通常只将粗暴猛恶的权力认为是强者之权力，

---

① 加藤弘之：《强者の权利の竞争》，第30～31页。
② 梁启超在晚年对进化论有了新的诠释，他认为自然系的活动是非进化性质的，而文化系的活动则属于进化的性质。参阅梁启超：《研究文化史的几个重要同题》，《合集》文集之四十。
③ 梁启超：《论强权》，第6页。

不得不说是大谬"①

加藤弘之进一步指出，在文明开化之邦国，"君主对人民行合法之特权"，及"父对子，夫对妻所用的稳当之权利"，即此种高尚优大的权力与野蛮未开之国的"君主对人民所行的擅恣的权力，贵族对平民所施猛大之特权及奴隶主对奴隶，父对子，夫对妻所行非道之权力，同属于强者之权力"②。加藤弘之认为，"绝无根据权力粗暴猛恶或高尚优大之异而决定其是否为强者之权力的道理"。加藤弘之认为，决定强者之权利或粗暴猛恶，或高尚优大的条件，"只能由其社会的文明开否而定"③。在加藤弘之看来，强者权力有两种，一种高尚而优大，一种粗暴而猛恶，它们只有量的区别，而无质的差异，而造成程度区别的，是由其社会文明开否之度而定，换句话说，随着社会逐渐由野蛮进入文明，强者之权力也逐渐由粗暴猛恶而转到高尚优大。

梁启超对加藤弘之上述有两种强权的观点完全接受，说：

> 强权有两种，一曰大而猛者，一曰温而良者，虽然，等之为强权也。寻常学者，骤闻强权二字，辄以为专属于大而猛者，而不包有其温而良者，此实误也，猛大与温良，视乎他力与本力相对之强弱，而本力所现之象，随之而异云尔，若本力之原质，则固非有异也。此吾所以统括猛大与温良两种之权力，而概名之为强权也。④

---

① 参阅加藤弘之《強者の権利の競争》，第41页、42~43页。
② 同上。
③ 同上。
④ 梁启超：《论强权》，第5页。

而由猛大的强权演变为温良的强权的原因，梁启超则认为是由于社会的进化与双方力量的对比，在这一点上，他也承袭了加藤弘之的观点，他说：

> 在动物界与野蛮世界，其所强者，即全属体力之强也，至半文半野世界，（又有称为半开世界——原注）所谓强者，体力与智力互相胜也。文明世界，所谓强者，即全属知力之强也。自文明人以观半开野蛮之人，其强者对于弱者所施权力之大而猛，实有可惊者，如酋长国王之制其人民也，贵族之制贫民也，男子之制女子也，其权力所行，殆非同类相待所宜有，是无他，其悬隔大故也。至文明人民，则治者与被治者之间，贵族与平民之间，男子与女子之间，其强弱之悬隔不甚大，以故治者对于被治者之权力，贵族对于平民，男子对于女子之权力，不得行其暴猛，渐改而就温良，是盖由强弱之悬隔不甚远，其昔之所谓强者，不得任意振其权力。譬如以狮子遇羊，则其权力必大至无限，以狮子遇虎豹，其权力不能大至无限，然则文明之世，非治者与贵族与男子肯甘心自减杀其强者之权力也，实则被治者与平民与女子，其智力既已渐进，不复安于前此弱者之地位，而前者之强者，遂不得不变其暴猛之权力而为温良之权力。然则直谓前此之弱者渐出其强权（因弱者已渐为强者，故有强权——原注），以压制前此之强者，使不得不稍弱，殆无不可也。①

由此可见，梁启超和加藤弘之一样，将强权的发展放到进化论的理论架构中来，说明强权由猛大而变成温良，全是由于人类社会

---

① 梁启超：《论强权》，第4页。

进步所决定的。

在强权与自由权的关系上,加藤弘之认为强权与自由二者并无本质之区别,完全是同一种性质的东西。加藤弘之指出,"所谓自由权,乃是各人互不妨碍,自由自在为其所欲为,止于其所欲止之权力也"。此自由之权与"强者之权力毫无所异"。世上的学者认为强权与自由权是冰炭不相容之物,"以为自由权带有良正之性质,而强者之权力则有暴恶之性质,此实乃甚谬之见"。因此他认为:"不可不知权力、权势、强者之权力即自由权等语于学理上解释之时皆同一意义。"①他认为:"君主之权力与贵族之特权不但可以称之为强者之权利,也可称之为自由权。又如人民之自由权亦与之相同,不仅可称之为自由权,而且称之为强者之权利亦无不可也。"②加藤弘之举出康德与黑格尔将"君主专制之权,贵族之特权与人民之自由权均称为自由权"的见解来支持他的观点,说:"吾人之自由,随开化之进步渐从少数人之手移往多数人之手,此是因为,太古之时独一君主有自由权,及后世少数高等人民亦占有自由权,更至近今,全体人民皆不得不拥有自由权也。"③加藤弘之又引用李拔尔(リイベル,据梁启超说是日耳曼大儒,生卒不详)之说来印证他的理论:"不独吾人欲行为之自由,动物亦同所欲也,恣行暴逆之君主与热心主张人民自由之人俱可称之为欲自由者,唯其所异者,甲之欲自由之心甚私,而乙之欲自由之心大公。"所以加藤弘之认为,"强者之权力与自由权全应归同一意"④。加藤弘之指出:"今日文明开化立宪国之君主,对

---

① 加藤弘之,《强者の权利の竞争》,第45~47页。
② 同上。
③ 同上。
④ 同上。

人民而言或可以被看成是弱者。"为何这样说呢？那是因为，"由于人民自近世以来其知能与其富裕之进步发达，逐渐占有并扩张其自由权（强者之权利——原注），而君主逐渐限制自己之权利，而不得不对人民之自由权有所认许"。所以，从以上的观点来观察，"说人民得行使强权，而君主乃成为为人民所制之弱者，亦无不可也"①。依加藤弘之的观点，"在方今文明开化之欧洲各国，就君民关系而言，要之，因双方权力相冲突而呈互相平均，强与强相对峙之局面，殆云无有强弱，亦非不当之言也"。加藤弘之认为，"像其他的贵族与平民之关系，男子与女子之关系等也与上述之君民关系相同。今日之平民既然非服于贵族之压制之下者，平民使贵族之特权缩减，而自占有绝大的权力；又今日的女子已不甘心从属于男子特权之下，其限制男子的特权而得其权利"。加藤弘之认为，若从这方面来考虑，"贵族对于平民，男子对于女子实下降到弱者之地位，如说强强相对之状态则更加确切"②。在加藤弘之看来，"不独人民对于君主的自由权而已，即使是平民对于贵族的自由权，女子对男子的自由权，若从此种角度来观察，则俱可称为强者之权利"。他认为，"若果然如此，则对自由权与强者之权力同归一意不敢置疑也"③。

加藤弘之的这种强权与自由权本为一物之思想，梁启超几乎是全部接受。梁启超说：

> 曰强权，曰权力，闻者莫不憎而厌之，曰，此乃上位施于下位无道之举动也，人群之蟊贼也。曰自由权，曰人权，闻者莫不

---

① 加藤弘之，《强者の权利の竞争》，第47~49页。
② 同上。
③ 同上。

爱而责之。曰此乃人民防拒在上之压制，当然之职分也，人群之祥云也。虽然，就前章界说之定义言之，知强权与自由权其本体必非二物也，其名虽异，要之，其所主者在排除他力之妨碍，以得己之所欲，此则无毫厘之异者也。不过因其所遇之他力而异其状，因以异其名云尔。彼野蛮与半开之国，统治者之知识，远优于被治者，其驾驭被治者也甚易，故其权力势不得不猛大，至文明国则被治者之智识，不劣于统治者，于是伸张其权力以应统治者，两力相遇，殆将平均，于是各皆不得不出其温良，若是者谓之自由。①

梁启超所引康德与李拔尔之论也受加藤弘之启发，梁启超说：

昔康德氏最知此意，其言曰：统治者对于被治者等，贵族对于贱族，所施之权力，即自由权也，盖康氏之意，以为野蛮之国，惟统治者得有自由，古代希腊罗马，则统治者与贵族得有自由。今日之文明国，则一切人民皆得有自由。又李拔尔之说亦大略相同，其意谓专制国之君主，与自由国之人民，皆热心贪望自由权者也，故自由权可谓全为私利计耳云云。康氏李氏皆日耳曼大儒也。其论如此，可谓中时矣。要而论之，前此惟在上位者有自由权，今则在下位者亦有自由权。前此惟在上位者有强权，今则在下位者亦有强权。然则强权与自由权绝非二物，昭昭然矣。若其原因，则由前此惟在上位者乃为强者，今则在下位者亦为强者耳。故或有见人民伸其自由权以拒压制之强权，以为此强弱迭代也，不知乃两强相遇，两权并行，因两强相消，故两权平等，故谓

---

① 梁启超：《论强权》，第5页。

自由权与强权同一物,骤闻之似甚可骇,细思之实无可疑也。①

当然,梁启超也并不是在各方面都祖述加藤弘之之说,在强权发达的问题上,梁启超即与加藤弘之稍有区别。加藤弘之认为,"凡吾人之权利不外由社会上竞争结果的强者之权利而产生"。强者最初虽受其敌手的抵抗,但由于其过分强大,结果其权利不得已遂被认许,所以"从来唯恃天然力的强者之权利遂变成制度上的权利"②。换句话说,"甲之权力(强者之权利——原注),最早至完全不受乙之抵抗之时,即甲之权利以不可抵抗之势得弱者之承认(多数自然是默许——原注),而成为制度上正当之权利之日"。加藤弘之认为,此种情况见于未开之社会,因而将其称为"强者权利之偏颇的进步"③。但当社会进步发达,"如被治者、下等族、不自由民、女子等弱者亦渐渐变为强者",而能与从前之强者即"治者、上等族、自由民、男子等相对峙",从而呈现"强强相对之局面",而"从前之强者也不能将新进之强者压倒",故至此,"两强之权力(强者之权利——原注),不得不互相冲突,而其冲突之极,不得不互相平均",其结果"从前之强者不得不承认新进之强者的权力"④。所以,加藤弘之认为,以上的状况乃是"两个强者的权力互相认可的状态",这样的情况只能在今日之文明国才能看见,因而加藤弘之称此为"强者权利之遍通之进步"⑤。加藤弘之指出,"邦国与邦国之间所发生的强者权利的竞争,与在国内

---

① 梁启超:《论强权》,第5页。
② 加藤弘之:《强者の权利の竞争》,第239～240页。
③ 同上。
④ 同上。
⑤ 同上书,第241页、243～244页。

所发生的强者权利的竞争的道理完全相同,但因邦国之间无过多共同利害,所以未能相合而成为一大社会,即一大有机物,因而其间所发生的强者之间的竞争,殆与动物界相同,多不免带有猛暴之性质"①。但是,若从各文明国之间带有法律性质的交际日渐进步发达,以及进步各国的共同利害逐渐增进等方面来考虑,"宇内统一国(一大有机物)结成之机运",则"为必然之势"②。

梁启超与加藤弘之不同,他用公羊三世的理论来解释强者权利的发达。其云:

> (强者)发达之次序,亦有可言焉,在禽兽世界,其强权之所施,惟在此种属与他种属之间而已,若其同一种属之间,其强权不甚发达。野蛮人亦然,当草昧未开之时,同一人群内之竞争,而出其强权者甚稀,其始惟人类对于动植物而施其强权,其继则此群对于彼群而施其强权,其后乃一群之中之各人,甲对于乙,乙对于丙而有强权。盖由人群进步发达,而生存竞争之趋向,日渐增加,而强者之权利,乃日渐增大。于何证之,如一人群之初立,其统治者与被治者之差别殆无有,故君主对于人民之强权,亦几于无有,是为第一界,亦谓之据乱世。其后差别日积日显,而其强权亦次第发达,贵族之对于平民亦然,男子之对于妇人亦然,是为第二界,亦谓之升平世。至世运愈进步,人智愈发达,而被治者与平民与妇人,昔之所谓弱者,亦渐有其强权与昔之强者抗,而至于平等,使猛大之强权,变为温和之强权,是为强权发达之极则,是为第三界亦谓之太平世。③

---

① 加藤弘之:《强者の権利の竞争》,第241页、243～244页。
② 同上。
③ 梁启超:《论强权》,第6页。

由此可见，梁启超与加藤弘之一样，是用进化的眼光来看待强权的发达，所不同的是，加藤弘之认为由带有粗暴猛恶的强权向带有优大稳和性质的强权的进步，即由"偏颇的进步"向"遍通的进步"过渡，最后形成"宇内统一国"（一大有机物）。而梁启超则认为，随着世运的进步与人智的发达，经历"据乱世""升平世""太平世"，强权则由猛大之强权而变为温和之强权。此后再经资生革命（日本所谓经济革命——原注）与女权革命而达到"人人皆有强权"的境界，"斯为强权发展之极"，最后群与群竞，至"群群之强相等，然后群群之权相等"的局面，并认为这种局面"是谓太平之太平"①。可见，加藤弘之与梁启超是用两种不同的理论体系在解释强权的发达，加藤弘之是用纯进化论的观点来解释强权之发达，而梁启超当时虽已接受了进化论思想，但他还未忘了用公羊派春秋三世说来附会强权之发达。

如前所述，梁启超写《论强权》等文章时，正是他亡命日本的前几年。那时，他一方面通过日本接受了西洋的自由民权主义思想，认为人生来平等，人权出于天授；而另一方面，又受到了日本国家主义思潮的影响，认为强权政治在支配着国际政治。这两种思想交织于他的胸中挥而不去，在梁启超看来，此两种理论分别代表了两大学派，"一曰平权派，卢梭之徒为民约论者代表之，二曰强权派，斯宾塞之徒为进化论者代表之"②。而此两学派，又分别成为民族主义与民族帝国主义的理论基础。关于平权派，梁启超说："平权派之言曰，人权者出于天授者也，故人人皆有自主之权，人

---

① 梁启超：《论强权》，第7页。
② 梁启超：《国家思想变迁异同论》，《合集》文集之六，第19页。

人皆平等,国家者,由人民之合意结契约而成立者也,故人民当有无限之权,而政府不可不顺从民意,是即民族主义之原动力也。其为效也,能增个人强立之气,以助人群之进步。及其弊也,陷于无政府党以坏国家之秩序。"①关于强权派,他解释道:"强权派之言曰,天下无天授之权利,惟有强者之权利而已,故众生有天然之不平等,自由之权当以血汗而获得之,国家者,由竞争淘汰不得已而合群以对外敌者也,故政府当有无限之权,而人民不可不服从其义务,是即新帝国主义之原动力也。其为效也,能确立法治(以法治国谓之法治——原注)之主格,以保团体之利益。及其弊也,陷于侵略主义,蹂躏世界和平。"②

在梁启超看来,这两种观点虽各有利弊,但按中国当时的情况来看,还是应该采用平权派的理论,这其中的原因乃是在于梁启超是用进化的阶段论来考虑问题。他说:

> 凡国未经民族主义阶段者,不得谓之为国,譬诸人然,民族主义者,自胚胎以至成童所必不可缺之材料也。由民族主义而变为民族帝国主义,则成人以后谋生建业所当有事也,今欧美列强皆挟其方刚之膂力,以与我竞争,而吾国所谓民族主义者,犹未胚胎焉。③

梁启超这种观点的重要来源,在于本书第五章第二节里所介绍的灵绶。因为按灵绶的理论,人类的历史,乃为一股潮流所推动,民族帝国主义是由民族主义发展极致而来的。所以,他认为"今日

---

① 梁启超:《国家思想变迁异同论》,《合集》文集之六,第19页。
② 同上书,第19页、22页。
③ 同上。

之欧美，则民族主义与民族帝国主义相嬗之时代也，今日之亚洲则帝国主义与民族主义相嬗之时代也"①。而作为"民族主义犹未胚胎"的中国，自应速汲汲"养成我所固有的民族主义"，以抵抗他人之民族帝国主义。因而梁启超当时对于加藤弘之，虽"夙爱读其书"，但"不欲介绍其学术于中国，盖虑所益不足偿所损也"②。

然而，从梁启超当时所处的历史背景来看，日本的自由民权运动，因政府弹压及其本身的原因已销声匿迹，而日本的国家主义却正处于向帝国主义突入的阶段。日本通过数十年的努力，其"富国强兵"的目标已基本完成，此时日本所追求的目标，已不是单纯地建设民族国家，"与万国对峙"，而是如何在"生存竞争，优胜劣败"的国际环境中扩展与膨胀，跻身于帝国主义列强的行列。所以，当时帝国主义之声，嚣张于国内。在这种影响和刺激下，梁启超的思想逐渐向后者倾斜。他指出："民族主义者，世界最光明正大公平之主义也。不使他族侵我之自由，我亦毋侵他族之自由。其在于本国也，人之独立，其在于世界也，国之独立。使能率由此主义，各明其界限以及于未来永劫，岂非天地间一大快事。虽然，正理与时势，亦常有不并容者。自有天演以来即有竞争，有竞争则有优劣，有优劣则有胜败。于是强权之意，虽非公理，而不得不成为公理。"③而且，"民族主义发达之既极，其所求增进本族之幸福者，无有厌足，内力既充，而不得不伸之于外，故曰两平等相遇，无所谓权力，道理即权力也，两不平等者相遇，无所谓道理，权力即道理也。由前者之说，民族主义所以行也，欧洲各国相交则然也。由后之说，帝国主义之所以行也，欧洲诸国与欧外诸国相交则

---

① 梁启超：《国家思想变迁异同论》，第19页、22页。
② 梁启超：《加藤博士天则百话》，《合集》专集之二，第92页。
③ 梁启超：《加藤博士天则百话》，第20~21页。

然也"①。梁启超接着指出:"新帝国主义之既行,不惟对外之方略一变而已,即对内之思想,亦随之而大变,盖民族主义者,谓国家恃人民而存立者也,故宁牺牲凡百之利益以为人民。"而"帝国主义者,言人民恃国家而存立者也,故宁牺牲凡百之利益,以为国家,强干而弱枝,重团体而轻个人,于是前者以政府为调人为赘疣者,一反响间,而政府万能之语,遂遍于大地。甚者如俄罗斯之专制政体,反得以机敏活泼,为万国所歆慕,而人权民约之旧论,几于萧条门巷,无人问矣"②。

果然,到了1903年,梁启超自美洲归日本后,他便提出了不必以卢梭学说"为过渡时代不可避之一阶段","径向国家正鹄而进的主张"③。而到了1906年,梁启超则更明确地提出了"今日欲救中国,惟有昌国家主义,其他民族主义社会主义皆当诎于国家主义之下"的主张,提倡起开明专制论来。这里面当然有很多原因,但是,日本国家主义思潮对梁启超的影响,应是重要一点。

---

① 梁启超:《加藤博士天则百话》,第20~21页。
② 同上。
③ 梁启超:《政治学大家伯伦知理之学说》,《合集》文集之十三,第69页。

第六章　国家有机体论与梁启超

第一节　梁启超与平田东助、平塚定二郎译的《国家论》

梁启超最早接触伯伦知理的著作,也是通过他的老师康有为。在第一章中我们已经谈过,康有为自其二十多岁起即对日本的急速富强发生兴趣,他在《上清帝第一书》中,已向清帝提出了借鉴日本变法经验的建议,此后一直没有放松对日本的关注与研究,至光绪二十二年(1896)他已积累了数量可观的日本书籍,此中的一大部分是他托人从日本购置的。这一年,康有为将此主要部分"令其长女同薇译之",其后,又在其弟子们的帮助下,将这些书籍编成《日本书目志》十五卷,而平田东助与平塚定二郎合译的伯伦知理的《国家论》,即收在《日本书目志》第五卷的政治门中[①]。梁启超曾仔细地读过老师编纂的《日本书目志》。通过康有为的书,梁

---

① 参阅康有为《日本书目志》卷五,蒋贵麟主编《康南海先生遗著汇刊》第十一册所收,第179页。

启超眼界大开,从中了解了很多日本名著与译著。后来,他在《时务报》上发表《读日本书目志书后》一文,对这批日文书籍加以介绍。当时,梁启超虽不见得全读过这些书,但伯伦知理的《国家论》,无疑会给一向以国法学而自负的梁启超留下深刻的印象①。

梁启超最初是通过他老师所购置的日本译著而接触伯伦知理学说的。所以,在此有必要将日本翻译伯伦知理著作的情况做一个简要的叙述。

据稻田正次的《明治宪法成立史》,伯伦知理的《国法泛论》(*Allgemeines Staatsrecht*)在德国曾出版六次,自明治五年(1872)始,加藤弘之根据原著的第三版和第四版,将其总论、第六卷至第九卷翻译成日文(随后,又有明治八年、九年、十三年版,但缺国家论、议会制度等部分),书名叫《国法泛论》。

此后,加藤弘之又根据原著的第四版,将其第一卷至第四卷的第十三章(国家论之部分)翻译成日文(明治九年至十二年版),书名仍为《国法泛论》。

明治二十一年(1888年)八月,平田东助根据原著的第四版,将其自第四卷的第十四章起至第五卷(政体、议会制度)译成日文。之后,平田东助又将其剩下的第十卷至第十二卷于明治二十三年陆续译完,分册出版,书名还叫《国法泛论》。自此,加藤弘之与平田东助已经先后全部翻译完了伯伦知理的《国法泛论》。

在这期间,石津可辅于明治十三年(1880)根据原著的第五版

---

① 梁启超的学问虽广泛涉及各个领域,但纵观其一生,因他有经世之志故,所以对这两种学问还是有所偏爱,并且,在这两种学问上,他曾下过不少功夫。他在给其弟启勋的信中曾说:"兄前此诸学,悉泛滥涉猎,无一专精,故终无所得。今虽不尽除好博之病,然稍稍定所归向,大约国法与生计二学,为我巢穴矣。"参阅梁启超1901年8月22日致梁启勋书,梁启超未刊书信,中华书局藏。

将其第五卷译成日文,书名叫《国会泛论》①。

此外,平田东助又于明治十四年(1881)将原著的第一卷翻译成日文,取书名为《国家论》②。

平田东助③年轻时曾留学德国海德堡大学,受业于伯伦知理门下,后被授予学士称号④。平田东助归国后,即将其师的著作翻译成日文,明治十四年他将自己翻译的《国家论》寄给伯伦知理,伯伦知理于6月27日回信给平田东助,信在海上走了两个多月,于九月份才到达平田东助的手里。伯伦知理在信中说,"夫殊国隔海之

---

① 稻田正次:《明治宪法成立史》下卷,有斐阁,昭和四十四年十一月三十日,第896页。
② 安世舟:《明治初期におけるドイツ国家思想の受容に関する一考察——ブルンチュリと加藤弘之を中心として》,第145页上。又平田东助在《国家论》的凡例中说:"此书原为德意志海德堡大学大博士兼巴丁大公顾问伯伦知理所著,1874年12月8日出版发行。翌年3月,先生将曩之所著《国法泛论》(原名スターツレヒト——原注)增补改版之际,亦将此书略加增补,而以之为其书第一卷。然予得到后版之时,已在从事此书翻译之后。暂先凭前版译之,若夫书中理论事项,前后两版无有抵牾,唯有详略之差耳。"ヨハン・カスパルト・ブルンチュリー著、平田东助译《国家论》例言,第1页。因种种原因,笔者未能见到明治十四年刊《国家论》。笔者手边的《国家论》是明治十五年三月刊行的版本,平田东助为译者兼出版人。它分为上、下两卷。上卷题为《国家的性质及目的》,共分为五节,第一节《国家意义之沿革》,第二节《当今国家之宗旨》,第三节《国家之创立、沿革及其灭亡》,第四节《立国之本源》,第五节《国家之目的》;下卷题为《国民及国土》,共分为四节,第一节《族民及国民》,第二节《国民及社会》,第三节《中古之等族》,第四节《近世之社会》。在上卷中,有平田东助写的《凡例》,后有"明治十四年三月"的字样。下卷的平田东助写的《ブルンチュリー先生小传序》中有"去岁值本书第一卷刊行时,先将其一部寄赠先生"等语。如将这两者结合起来看,明治十四年版《国家论》,应是明治十五年版《国家论》的上卷。
③ 平田东助(1849~1925)是明治、大正时期的官僚、政治家,他出生于日本出羽米泽的一个藩士的家庭,旧姓伊藤,后毕业于大学南校。明治四年(1871年)他曾随岩仓遣外使节团访问欧美列国,后历任太政官大书记官,法制局参事官,枢密院书记官长,明治三十一年时任法制局长官,明治三十四年为第一次桂内阁的农商务大臣,大逆事件时为第二次桂内阁的内务大臣。大正十一年的内务大臣,贵族院议员,枢密顾问官,被封为伯爵。
④ 参阅品川弥二郎:《国家论序》,ヨハン・カスパルト・ブルンチュリー著、平田东助译:《国家论》上卷,明治十五年三月十日。

士，而意见相符，论说相同，默契神交者，不唯独斯学之幸，亦将来协同世界各国，使有同胞之思之媒介也"①。伯伦知理寄信给平田东助时，正担任巴丁国宗教议会的议长，10月21日伯伦知理率领议员去巴丁大公府，车至宫门时突然昏倒在车中，众人惊骇往救，时已人事不省，20分钟后即与世长辞②。平田东助的译著，对伯伦知理来说无疑是十分珍贵的，他在最后的日记中（1881年6月24日）曾这样写着："我在海德堡大学时代的学生，日本人平田东助已将我的《国法学》的最初部分翻译成了十分流畅的日本语，此书四月份已由东京出版，他把这部译著寄给了我。"③

明治十五年三月，平田东助在十四年版的基础上，又将伯伦知理原著的《国民及国土》部分翻译成日文，书名也定为《国家论》。

明治二十二年，平田东助又与平塚定二郎一起，将伯伦知理原著的第二卷、第四卷、第六卷的一部分、第九卷的一部分翻译成日文，与平田于明治十四年、十五年所译的《国家论》合成一部新书，仍以《国家论》为书名，由东京的春阳堂出版④。

综上所述，至明治二十二年止，伯伦知理的《国法泛论》翻译成日本语的应包括如下数种：

1．明治五年至十二年版的加藤弘之译的《国法泛论》。
2．明治二十一年至二十三年版的平田东助译的《国法泛论》。
3．明治十三年版的石津可辅译的《国会泛论》。
4．明治十四年版的平田东助译的《国家论》。

---

① 平田东助：《ブルンチュリー先生小传序》，同上书，下卷所收，第1页。
② 参阅平田东助《ブルンチュリー先生小传》，同上书，下卷所收，第8页。
③ J.C. Bluntschli, D. a. m. L. Bd. 3., S.489., 转引自安世舟同上书，第145页上。
④ 安世舟：《明治初期におけるドイツ国家思想の受容に关する一考察——ブルンチュリと加藤弘之を中心として》，第145页上。

5. 明治十五年三月版的平田东助译的《国家论》。

6. 明治二十二年十一月二十六日平田东助与平塚定二郎合译的《国家论》。

其中，平田东助与平塚定二郎合译的《国家论》共包括五卷，而平田东助明治十四年和十五年所译的《国家论》分别作为其书的第一、第二卷收在其中，也就是说，平田与平塚译的五卷本的《国家论》包括了平田十四年版和十五年版的内容，该书的主要内容如下：

卷一题为《国家的性质及目的》，共分为五章。主要叙述了国家的性质及其发展的历史，当今国家的性质，国家的产生发展与消亡，立国之本源与国家之目的。

卷二题为《国民及国土》，它分为六章。主要讨论了民族与国民的问题，国民与社会的问题，中古等族的问题，近世社会的问题，以及人民的问题，其中主要包括外国人，本国人及公民的问题，最后还讨论了国土的问题。

卷三题为《国体》，共分为十章。其中讨论了国体的四种基本形式（依据统治者来区分）与四种附属形式（依据人民参政来区分）、两种近代形式（君主立宪制与民主共和制）、君主立宪制之端绪、君主立宪制的新兴及其传播、君主立宪制的意义、民主共和制的沿革、民主共和制的本质及其价值等问题，最后讨论了国体的变迁与国家之联合。

卷四题为《公权及其作用》，共分为五章。其中讨论了最高权与国权的问题，国家主权（国民主权）与君主主权（政府之主权）的问题，公权的区别问题，国家的事务员及国家官吏的问题，最后讨论了自治制度的问题。

卷五题为《国家及教会》，共分为六章。其中讨论了历史上国家与教会关系的沿革，近世的学说及国家与教会之主权等问题。

由以上可以看出，平田东助所译的《国家论》，集中体现了伯伦知理国家学说的主要精神，加之他是伯伦知理的弟子，因而在翻译时更能领会老师的原意，所以这部书可被称为是介绍伯伦知理学说的较好读物。前述康有为在戊戌变法前托人从日本购置的，正是平田东助与平塚定二郎合译的这部《国家论》。

　　自《清议报》的十一期至第三十一期，梁启超开始陆续刊登伯伦知理的《国家论》。《清议报》登载《国家论》时并没有标明译者的名字，只在题目下注明是德国伯伦知理著。而且光绪二十七年（1901）十月广智书局所作的《已译待印书目》的广告中，《国家论》一书的译者一项已标明为本局同人译①。由此，《清议报》上所刊登的伯伦知理的《国家论》，极有可能不是梁启超翻译的，但此问题并未引起学界的重视，以致讨论到此问题的文章不多，只是最近法国的巴斯蒂等学者发表论文，才将此问题的研究推进了一步②。巴斯蒂氏文章的一个重要的观点是：发表在《清议报》上的《国家论》并非梁启超所译，梁启超所本乃是1899年12月13日由东京善邻译书馆·国光社出版的吾妻兵治的《国家学》。在此问题上，巴斯蒂氏已作了很多的研究，笔者毋庸赘述，在此仅想就伯伦知理对梁启超的影响，作一些初步的探讨。

　　前已谈到，巴斯蒂氏指出梁启超刊登在《清议报》上的《国家论》是本于吾妻兵治的《国家学》，那么，《国家学》又是一部什么样的书呢？它虽为日本人所译，但它是一部汉文译著，笔者曾将其与平田东助与平塚定二郎合译的《国家论》作过一番比较，发现

---

① 参阅光绪二十七年十月二十一日《清议报》上所刊登的《广智书局已译待印书目》。

② 参阅巴斯蒂：《中国近代国家观念溯源——关于伯伦知理〈国家论〉的翻译》，《近代史研究》；日本学者狭间直树氏曾发表过《梁启超研究与日本》一文，也涉及此问题。

吾妻本与平田本不但在卷数章节上完全一致，甚至遣词造句上也无太大的区别，因此几乎可以说是平田本的直译。以下试将此二书论述文明国家之部分相比较，先看吾妻本：

> 今之文明诸邦，即民人国家也。民人国家者，凡国中之民，相合成一体，自断其理非，自宣布其意志，以自行其政之谓也。故阖国民人之意志，即国家之精神，宪法为其体，诸官衙议院为其四支五官，以明国家为活物也，由是观之，国家之本体，可一言定矣，曰无民人，则无真个国家。①

再看平田本：

> 方今开明诸国者，人民国家也。人民国家者，凡属其国之民，相合而成一共同体，自断其事理，自宣布其意见，以自行其是之谓也。盖国民一般之精神，即国家之魂魄，宪法为其体，诸官衙议院为其四肢五官，以示国家为生活体也。故今据此意，而定国家之要义，曰，无国民，则无真国家也。②

我们再来看吾妻本的一例：

> 国家之组织，非如夫天造如禽兽者比，国家者，元系人类之所建造，欲由以利人类也。故组织中自含有人类之性情，盖高等

---

① 伯伦知理著、吾妻兵治译：《国家学》，善邻译书馆·国光社，明治三十二年十二月十三日，第6页。
② ヨハン・カスパルト・ブルンチュリー著、平田东助译、荏原和校：《国家论》，春阳堂，明治二十二年十一月二十六日。原著为日文，此系笔者据原文直译，第15页。

组织体，而亦一个人也，详明言之，则自觉，自决，自语，且随自己意志而动作之一物体耳。①

我们再来对照一下平田本：

> 国家之组织，非如天造之禽兽相比也。国家者，本为人类所自创造，以供其利用耳。故其组织中全含有人类之性情矣，盖国家即高等组织化之一人体也。详言之，则不外乎一自觉，自决，自语，且虽自己心思而动作之物体耳。②

像这样例子俯拾皆是。所以，可以说吾妻本并不是据伯伦知理的原著翻译过来的，而很可能是以平田的日文本为底本翻译的。这样，对梁启超摄取伯伦知理的学说来说，无论是据平田本，还是据吾妻本，在内容方面都不会有太大的出入。

从梁启超刊登在《清议报》上的《国家论》和他所写的《政治学大家伯伦知理之学说》来看，梁启超所采用的是吾妻本或平田本③。而梁启超刊登在《清议报》上的伯伦知理的《国家论》也并非日文译著《国家论》的全文。

---

① ヨハン・カスパルト・ブルンチュリー著、平田东助译、荏原和校：《国家论》，春阳堂，明治二十二年十一月二十六日。原著为日文，此系笔者据原文直译，第7页。
② ヨハン・カスパルト・ブルンチュリー著、平田东助、平塚定二郎译、荏原和校：《国家论》，第20页。
③ 吾妻兵治译《国家学》是在明治三十二年十二月出版的，而最初载有梁译《国家论》的《清议报》第十一册，则是明治三十二年四月十日出版的，最后的第三十一册的出版时间是明治三十二年十月二十五日，所以狭间直树先生认为梁启超所依据的肯定不是正式出版后的吾妻兵治所译《国家学》，而必是吾妻氏的原稿、清样或抄本。参阅狭间直树：《梁启超研究与日本》，第5页。

平田本的《国家论》①共五卷，梁启超在《清议报》上仅刊登了其中的三卷，缺第二卷《国民及国土》和第五卷《国家及教会》，并且所刊登的三卷中也并没有完全登齐，如第三卷《国体》共有十章，而梁启超仅刊登到第四章中部；第四卷《公权及其作用》共有五章，而梁启超在《清议报》上也仅刊登到第三章的一半。为什么会发生这些现象，这当然和他当时忙于各种政治斗争的生活有关系，但也不能不和他的思想有关，所以，为了搞清这个问题，不得不对伯伦知理的国家思想作一番简要的介绍。

第二节　伯伦知理和他的《国家论》以及对日本的影响

伯伦知理（Bluntschli Johann Caspar），1808年3月7日生于瑞士的苏黎世府，1827年入柏林大学，受业于德国历史法学派巨子萨维尼（Savigny Friedrich Karl，1779.2.21~1861.10.25），此后于1828~1829年转到波恩大学，师事尼布尔（Niebuhr Barthold Georg，1776.8.27~1831.1.2）等，随后以《罗马法之相续关系》②的论文取得博士学位。毕业后，他回到故乡苏黎世，历任区法院判事等职，1833年任新建苏黎世大学副教授。1836年，伯伦知理27岁那年，他被提升为罗马法的正教授。当时，他一方面从事教育工作，另一方面从事改革苏黎世府都市与农村议员选举制度的不均衡现象。他标榜司法独立，以自由主义的改革主张而活跃于政界，又于1837年当选为大评议会（议会）的议员。当时，政界分为两大

---

① 因"吾妻本"与"平田本"二者几乎相同，为了便于行文，所以以"平田本"为例。
② 或一说为《遗言相续辨妄》，参阅ヨハン・カスパルト・ブルンチュリー著、平田东助、平塚定二郎译，荏原和校《国家论》的（ブルンチュリー先生小传），春阳堂，明治二十二年十一月二十六日。

派,一是彻底要求民主化的自由急进派,一是捍卫都市资产阶级特权的守旧派。伯伦知理十分担心由于急进派与保守派的对立日益激化,会导致自下而上的大众革命,或者与之相反的都市资产阶级专制的可能性,而为了免除此两种可能,他企图引导两大政党中的稳健派进行自由主义的改革,以谋求政治上的安定。于是,伯伦知理为了与自由急进派和保守派两大政党抗衡,创立了自由保守党(Liberal—conservative Partei)①。由于当时伯伦知理于两派中均有举足轻重的地位,故1838年自由急进派政府倒台后,伯伦知理随即入阁,担任内务大臣。在职期间,他一方面为驱逐德国共产主义者魏特林(Weitling Wilhelm,1808.10.5~1871.1.22)等扼制共产主义的工作尽力,另一方面,又由于当时瑞士各州政府有每年轮流兼任中央政府工作的制度,而曾一度成为瑞士的最高指导者②。1844年12月的府长大选中,伯伦知理以97∶99的两票之差败给了自由急进派的钱代尔(チユーンデル,生卒不详)③。后来,他虽被选为大评议会的议长,但是政治情况已向其期待的相反方向发展。所以,伯伦知理于同年一度由政界中退出。

1847年,苏黎世革命爆发,急进主义取得了胜利。在革命即将爆发之前,伯伦知理移居慕尼黑,同年末,他入慕尼黑大学担任德意志私法和国法教授。1861年,转入海德堡大学担任国家学教授。在此以前的13年,伯伦知理一直是在慕尼黑度过的,这是伯伦知理在学问上硕果累累的时代,也是他的国家思想形成的时代。首先,1852年系统描述其国家思想的《一般国家法》

---

① 安世舟:《明治初期におけるドイツ国家思想の受容に関する一考察——ブルンチュリと加藤弘之を中心として》,第121页。
② 同上书,第121页。
③ 平田东助:《ブルンチュリー先生小传》,第1~2页。

(*Allgemeines Staatsrecht*，或译为《国法泛论》）刊行。翌年，他的将历史法学派的方法论用于德意志私法，以克服罗马法及其概念在德意志私法领域内的支配现象的《德意志私法》（*Deutsches Privatrecht*）出版。1857年至1970年，伯伦知理与巴拉特（Karl Brater, 1819~1869）共同编集的《德意志国家辞典》（*Deutsches Staatswörterbuch*）十一卷连续出版。伯伦知理住在慕尼黑的最后时期，他又为拜哀伦①王立学院历史委员会编集的《德意志学术源流》的第一卷撰写了《一般国法学及政治学史》（*Geschichtedes Allgemeinen Staatsrechts und der Polilik*）②。

伯伦知理从1861年至1881年去世为止，主要活动在海德堡，此期间与慕尼黑时代的学者生活相比，他生活的侧重点又已转向政治。伯伦知理转到海德堡大学后不久，即被选为巴丁邦国下议院的议员。1868年当选为官税议会议员。1873年被选为巴丁国上议院议员，同时又被选为议长。另一方面，1865年，全德意志新教教会的统一组织"德意志新教协会"成立，当时，他对巴丁的新教教会会议起了不可忽视的领导作用。在学问方面，也反映出他强烈的经世倾向，1866年的普奥战争，使他的注意力从国内政治转移到国际方面。1866年他著《文明诸国之近代的战争权》（*Das moderne kriegsrecht der civilisiertens Staaten*），1868年他又著《文明诸国之近代的国际法》（*Das modere Völkerrecht der civilisierten staaten*）。这两部书，都力图使国际法体系化。1873年，伯伦知理于白耳义（Belgium）的干特（Ghent）设立国际法研究所（Institut

---

① Bayern系德意志南部的一州，面积约76000平方公里，人口110 000人，农耕、畜牧业发达，矿产丰富，以啤酒酿造闻名世界，首府慕尼黑。
② 参阅安世舟：《明治初期におけるドイツ国家思想の受容に関する一考察——ブルンチュリと加藤弘之を中心として》，第122页。

du Droit Internationale），并自任所长。1877年，伯伦知理被选为海德堡大学校长代理（Prorector）。就这样，海德堡时代对伯伦知理一生来说，是有重要意义的时代。在这一时期中，他从小国瑞士的学者政治家，成长为欧洲强国德意志的支配党国民自由党的代表及学者政治家。随着他的主要著作《一般国法学》被用世界多国语言出版，德意志具有代表性的国家学者和国际法学者，伯伦知理的名字也在世界上广为人知[①]。

如上所述，瑞士时代的伯伦知理所持的是自由、保守的政治立场，来到德国以后，基本的政治立场依然没有改变。他到达慕尼黑以后，目睹了1848年的革命，更坚定了他原来的立场。在《自传》中他这样写道："我确信，瑞士革命是德意志革命的序幕，1848年对德意志，1847年对瑞士来说都同样是决定性的一年。由于我认识到德意志诸势力的性质和分配状况与瑞士不同，与瑞士的大抵危险的运动是由下发生的相反，德意志最大的危险是诸邦政府与官僚的反动的诸党的绝对主义的矛盾，所以对我来说也没有什么可惊奇的。反而我在德意志比在瑞士时更明确地展现了自由主义的性格。""我在瑞士时，总是采取首先击退急进主义，其次，用自由主义的改革自上而下将革命压制下去的思想来行动，但因此，也证实了保守主义者的过于软弱，由于我们的抵抗，革命逐渐减弱和缓下来，结局是我们获得了完全的胜利。在德意志，我一边对瑞士的经验有所顾虑，不考虑对革命实行瑞士那样的斗争，而专考虑发挥革命中的自由主义的内容，换言之，我们结束维持旧状态，而于急进主义洪水之后，再建立新秩序。此种立场，比瑞士时代的

---

① 参阅安世舟：《明治初期におけるドイツ国家思想の受容に関する一考察——ブルンチュリと加藤弘之を中心として》，第122页下～123页上。

立场，有不可估量的优点，手段虽然不同，但目的依然未变。"①从伯伦知理的自述可以清楚地看出，到德意志以后，他感到德意志与瑞士的政治情况有着很大的区别，德意志不像瑞士那样，其最大的危险是自下而起的自由主义革命，而它最大的危险乃在于专制主义制度。因此，他采取了和瑞士时期不同的策略，即支持革命，努力发挥革命中自由主义的内容，集中力量打击专制主义制度。他希望经过一番革命和破坏后，再建立新制度。因此可见，伯伦知理到达德国以后，他改变了其在瑞士时期的反对人民民主主义革命的立场，而是将其政治目标的重点，放到反对专制主义，进行自由主义改革上来。这样，伯伦知理的政治态度代表了当时德意志资产阶级主流的思想倾向。众所周知，德意志国民统一国家的确立是在德国资产阶级与半封建容克地主结成同盟的基础上实现的。从王权＝国家权利的角度来说，由于德国资产阶级的协助，国民国家才有可能成立，而且由于资本主义的发展，德意志德国才能逐步地向近代国家转化，在德意志帝国中，资产阶级已成为举足轻重的力量，国家权力需要资产阶级的支持，所以，王权对资产阶级采取了让步的政策，实行了表面的立宪主义体制，使德国资产阶级的自上而下的自由主义改革得以实行。从资产阶级的角度来说，为了发展资本主义，既需要国家权力从外部来抵制外国资本的侵入以保护其权益，又需要其在国内帮助镇压日益兴起的社会主义劳动运动，从这种意义上说，德国资产阶级也离不开王权的保护，所以尽管王权专制主义日益加强，德意志帝国议会自成立以来形同虚设，德国资产阶级还是不得不暂且委屈于王权之下。但是对于资产阶级来说，忍受王

---

① 转引自安世舟：《明治初期におけるドイツ国家思想の受容に関する一考察——ブルンチュリと加藤弘之を中心として》，第123页上～下。

权的恣意横行确实是件十分痛苦的事。从此种意义上来说，王权在某种程度上虽保护了资产阶级的利益，而同时又在很大程度上限制了他们的自由。因此，如何在尽可能的范围之内对王权加以限制，使资产阶级在政治和经济领域中获得更广泛的自由，同时又维护王权的存在，使全国人民自觉地服从王权，以便使资本主义顺利地发展，这成了摆在当时德国资产阶级面前的重要课题。而解决这个课题的理论，则需要满足两方面的要求，其一，从限制王权的角度出发，要对中世纪的家产国家论、专制主义国家论加以批判。其二，从维护王权与国民国家安定的角度出发，也需对民主主义革命的指导原理——卢梭学说及人民主权论加以否定。而伯伦知理的国家学说，正能满足了这两方面的要求。

如所周知，伯伦知理国家理论的核心部分是他的国家有机体说，这种学说利用自然科学研究的成果，将国家比喻成一个具有法人格的有机体，伯伦知理说："德意志政治学者反对那些以国民为社会，以国家为个人之集合，而将其视为全部各分子之集合体的学说，他们认为，国家乃是有机的组织体。"①因为"徒抹五彩之染料不得谓之图画，徒堆积蜡石碎片不得谓之石像，又徒集合线纬血球不得谓之人类。彼者必相依相待始成一体"，所以"国民者非特众人集合之谓，而国家者，亦非独制度充积之谓也"②。国家应当是"自处理其政务于一定国土之上，而组织成的人民团体也"③。伯伦知理认为，国家虽然谓之有机体，但"国家又非如动植物那样是天造的有机体"，它是由"国民古来之沿革而创造者也"，而

---

① ヨハン・カスパルト・ブルンチュリー著、平田东助译：《国家论》，平田东助出版（译者兼出版人），明治十五年三月十日，第25~26页。
② ヨハン・カスパルト・ブルンチュリー著、平田东助译：《国家论》上卷，第26~28页，32页。
③ 同上。

"其沿革之所自来有二端,一曰其国固有之关系与所以促成此沿革之势。二曰君主之所为,与从之民众之补翼"①。

按伯伦知理的观点,国家既为有机体,就应该能生长发育,并有自己的意志和目的。所以伯伦知理说:"应知国家原与无生气之器械殊异,盖器械虽亦备各部各节,然无如国家有肢体五官,且更不能发育生长,唯从其定则为一定不变之运动耳,非随其心之所欲而备有临机应变之能力也。"②这样,伯伦知理通过他的国家有机体说,提出了一个既包括统治者、也包括被统治者利益的群体利益至上的、国家至上的理论。

因此,伯伦知理认为,若要建设这样一个近代的国民国家,则首先要区别国民(Volk)概念与民族(Nation)概念的不同。他指出:"民族(Nation)与国民(Volk)虽其意义甚相类似,且相感通,然全非同一之物。德意志语所谓民族者,谓相同种族之民众。国民者,谓居住于同一国土内之民众,故有一族之民分居数国者,亦有一国包含数种民族者。而国民则不然,其常居于国境之内,即居住于一定国土之上,有参政权者,尽皆包括之。"③伯伦知理认为,"民族由民俗沿革之结果而成",而"非如彼社会契约因人工而成者比也"④。他认为,"最初有居住于一地之人群,而当其风俗言语及生活之状况同一之时,民族方渐萌芽,而后久之驯熟,为世袭之习惯,遂使一定固有之种族,至是始得成立"⑤。他进一步

---

① ヨハン・カスパルト・ブルンチュリー著、平田东助译:《国家论》上卷,第26~28页、32页。
② 同上。
③ ヨハン・カスパルト・ブルンチュリー著、平田东助译:《国家论)下卷,第1~2页。
④ 同上。
⑤ 同上。

解释说:"人始生于一家也,亦与此家共归于其民族,据其血统,从其教育,而自禀其民固有之性质。作为此民族固有之性质,子孙相袭,陈陈相因,而不至湮灭者,固多种原因使之然也。初众民互相群居,随时光之流逝,日积月累,其生计风俗渐一,其肢体容貌渐相类,其宗教语言亦相同,于是自与他群众相隔离,而造成一个固有之团体,及一度造成此固有之性质,子孙相传,永世保存,或虽欲变更之,亦复不可动也。"①伯伦知理认为,具备此种性质的,才叫民族。

国民则与民族不同,伯伦知理从国家有机体论的立场出发,将国民比作一个人,他说:"国民者,一人体也。"为什么这样说呢?他解释道:"国民有国家这样一有机体,以发其意志,定其权利,而得以保持之也。"②他又解释说:

> 国民者,生存于国家中的一个法律体也,夫原来曰国民,曰国家,均谓完全合一且永生之活动共同体,虽以其义无异通常谓国民者,即指建立一国家人民之共同心也。国家者,谓依国宪而成立的国民之共同体也。然此形体,必以活动之国民为其精神,而后始成一全体,故有国民,才有国家,无国家,国民亦不能存,此二者毕竟异名而同物也。③

伯伦知理认为:"民族者,其言语风俗,即其精神气质皆同,而由是感发出共同心时,是其民渐欲匡合其势力及意志之前兆也,

---

① ヨハン・カスパルト・ブルンチュリー著、平田东助译:《国家论》下卷,第1~2页。
② 同上。
③ ヨハン・カスパルト・ブルンチュリー著,平田东助译:《国家论》下卷,第2~3页、7~8页。

要而言之，渐为创立国家之阶梯也，故当时欧洲诸国之所以倾向民族国家，不外欲利用此自然之势也。"①

伯伦知理指出："古代之国家，其规模概成于市府，中古之国家，其政专出于王室及等族，十八世纪君主专制时代，直认政府为国家，至法兰西大革命时代，认社会为国家，且千八百十四年乃至十五年的维也纳会盟（诸国会于维也纳府，曩日为拿破仑一世灭绝消夺之旧国尽恢复之，而定其境界——原注）亦唯止于恢复旧国，而对其民族关系，则未加注意，至千八百四十年以来，世态渐移，其政略专带民族精神。"伯伦知理认为，凡此种种皆因不明白国家与民族概念所致，他认为世之论国家者或偏重民族，以民族为建国之不二法门，此是以偏概全之论。他指出："夫民族之于国家，其势有利有害，民族有时抵抗国家，限制国权，所以对民族问题，必慎之又慎而不可忽视。"②

民族既然不同于国民，所以，伯伦知理接着论述了不必民族建国的理由。他说："第一，无论何民族，一般无完备健全之建国之能力。第二，又有民族，其心志强盛，虽足以立国，但其人民议论不合，方向各殊，势不得不分立数国，往时德意志民族实分裂为许多邦国，而后创立德意志帝国，至联合全民族，而奥地利、瑞士人原同种同族，而由于其地势与历史之不同，不又从其邦国中分离出耶？又盎格鲁、撒克逊民族，其种族言语风俗皆同，而于东西两半球，创立两个不同国体之国，在欧洲，则建立立宪君主制国（英国），而在美洲，不亦经始代议共和制（北美合众国）耶？"③伯

---

① ヨハン・カスパルト・ブルンチュリー著，平田东助译：《国家论》下卷，第2~3页、7~8页。
② 同上书，第9页、10~12页、14页。
③ 同上。

伦知理指出，"征诸古今实迹，天下无论何国之创立；皆由多种原因感化集成，而未有由一个单纯的原因而创立"，所以，"国家不外由众多势力相击相争而成之结果也"。但是，"方今之立国，以民族之共同心为最大之原因，虽不待论，但如谓立国之原因止于兹，则非也"。因为"当一国中含有多少异族之时，则其间自生一种民情。又人民中一部特倾心于政治，热心立国，而其他一部则无此种热忱，或两部之民，意见相殊等，立国之际，有多种原因异样原因杂陈，且其民有因袭传统时，此际其感召力殊强，经久而不灭"。因此"今日旧国，欲保存其传统，于立国之际，往往反同族合一之势，所以有试抵抗者出也"①。况且"新国家建立之时，战事不已，为其渠帅君主者，定其国境之时，必无仅限于其同族居住之地而不及他族领地之理，而是审时度势，依照自国安全而定，况古今之境界，屡屡变迁，一胜忽张大，一败忽蹙小"，所以"国家之创立，单归于民族共同心，甚不得其当"②。伯伦知理指出，"国家者，基于人之性质而创立，其百般之构造殆与人体之构造相仿佛"。所以"国家之规模，不必以一民族为限"，而应"合数民族之力，方能有完备其精神形体之能力"。因为"世界之文明，由诸种民族相教相导方能前进，而一国之政务，亦得他民族之补翼，方能愈良，譬如货币，铸造之时，不用纯质金银而混入少许其他金属时，则字绘鲜明，形质坚硬也。民族问题亦然，一民族中混入异民族以建国时，方能互通有无，而政务日举也"③。由此可见，在伯伦知理看来，以前论国家的学者，偏重于民族主义，全是由于

---

① ヨハン・カスパルト・ブルンチュリー著，平田东助译：《国家论》下卷，第9页、10~12页、14页。
② ヨハン・カスパルト・ブルンチュリー著、平田东助译：《国家论》下卷，第14~15页、22~23页。
③ 同上。

分不清民族与国家的概念，而近代国家，必融合数个乃至数十个民族，它们互相砥砺改进，才能使政治日趋良善。

伯伦知理在论述了建国不必非走民族建国道路之后，又论述了国民与社会的区别和民族与社会的区别。在分别国民与社会的概念方面，他指出，法国人论国家，概不区别国家与社会，直认国家为社会，其弊也，致使法国国家基础不固，变动不止，而吾德人则反之，细分国家与社会之区别，而不使之相混。他认为："国民者，一定不动之全体也，而社会，不过是变动不定之集合体也。又国民者，循国家之规模而组成，在法律上为一个人体也。社会则无组织，亦非法律上之人体。国民者，有一定之意志，又有威力，而能行其心志。社会则无共同之心志及威力，唯据一般舆论陈述其意见及愿望等，其对政府，唯有间接之影响耳。"所以，伯伦知理说："国民者，与国家相待始终而不可分离，社会则非敢不要国家，毕竟不外国内私民之集合也。"①

伯伦知理接着又论述了民族与社会的区别，他认为："民族者，由于其语言相同，因而具有一个共同心。社会者，则各为其方便，而使用其本族之语，却不别有社会共同之语言。民族者，一民族分属数国的情况甚多，而社会，概常指居住于一国版图内之民。"②伯伦知理又解释说，世虽有欧洲社会之语，这仅仅是泛言文明诸国而已，又区分一国之民，称某某社会，盖分别风俗职业而称各团体也，非分别民族之谓也③。

伯伦知理认为："不论何种社会，均带有一种共同的性质，

---

① ヨハン・カスパルト・ブルンチュリー著、平田东助译：《国家论》下卷，第14～15页、22～23页。
② 同上。
③ 同上书，第23～24页、27～29页。

即平等、自由与教育也。"①所谓平等，伯伦知理解释道："于大都会之社会，又一国之社会，若就各人而视之，有贫有富，有智有愚，有位望高大者，有寒素清贫者，纷然杂处，不能平等，然社会非基于此差别而成者，故各自相互之间亦无有权利之差别，社会视个人皆同一，于其交际，欲力保其平等也。"②对于自由，伯伦知理认为，"社会本是众人随意的同盟，大之，则为全国民随意之同盟，故入社退社，唯随个人之所欲，人若觉不满意而退社，亦无有权利及法度可制止者"③。对于教育，伯伦知理指出："今日之社会者，道德文化发育成长之结果也，唯其然，故脱蒙昧蠢氓之境界，而为公议与舆论之渊薮也。"④

伯伦知理认为，卢梭和法国革命党人并不懂以上国民与社会和民族与社会的差别，因而也不了解国家与社会的区别，他们视国家与社会为同一之物，以为国家乃同等之众私民的随意结社，"且卢梭等辈唯偏热衷于平等自由，反不顾至紧要之教育，其弊也，足致凶暴残酷之祸而不自知也"⑤。由此可见，在伯伦知理看来，法国大革命所带来的后果，完全是卢梭的民约论不区别国家与社会所致。他明确指出："国家者，有机的组织体也，国民者，惟一无二之全体也。"⑥他之所以将国家和国民区别于众庶聚集的社会，用他自己的话来说，"是预防卢梭理论之误谬于未然也"⑦。由此可见，伯伦知理反对卢梭理论，是反映了德国资产阶级惧怕人民革命的心理。

---

① ヨハン・カスパルト・ブルンチュリー著、平田东助译：《国家论》下卷，第23～24页、27～29页。
② 同上。
③ 同上。
④ 同上。
⑤ 同上。
⑥ 同上。
⑦ 同上。

伯伦知理认为，国家既然是有机体，便会有自己的目的。在论述国家目的方面，学者分为两派，一派为旧说，其宣称"先有国家，然后始有个人，故以国家为人生之终极目的而尊崇之"①。另一派为新近而起的曼彻斯特派，其专为英国学者所构成，"此说认为国家只不过是供各私人使用之器具"②。伯伦知理认为，此二说均偏颇而不完全。近世的曼彻斯特学派之说"重个人之权利，其明言国家有不可不为人民谋公共安全幸福之义务，此见解甚为有理"。但另一方面，它却"蔑视贵重国民之公体，将其看作是供私人使用的一器具"，其结果是"摧残人民之爱国心，且至湮灭人民对国家之忠义心及所应负之责任"③。旧说"认国家为代表一般人民生活之公体，且国家有其固有之目的，不为各私人之思想所拘束"，此"虽固属真理"，但是另一方面，"个人又特非仅为国家而生活，人生于此外尚应尽从天命之职分，而不必为国家所束缚，是言又殊不甚了悟也"④。在伯伦知理看来，旧说与曼彻斯特学派，都是只看到事物的一方面，而忘记了另一方面，所以都不确切。伯伦知理认为，"要使国家既不忘其天然的制限，又不敢干涉与之能力不相称及无权利之事，应明确区分国家之目的"⑤。伯伦知理将国家之目的分为两种，其一是"国家自己之目的，此直接关系全国之利害"，其二是"国家之义务，此间接关系社会及各私人之利害"⑥。

---

① ヨハン・カスパルト・ブルンチュリ一著、平田东助译：《国家论》上卷，第70~71页。
② 同上书，第70~72页、80页、82~83页。
③ 同上。
④ 同上。
⑤ 同上。
⑥ 同上。

对于国家自己之目的，伯伦知理解释说："国家自己之目的者何，曰国家之存立及政令，曰国民之改良及开明是也。"他将其大别为六条：

其一，司经济事务以谋人民之利用厚生；

其二，司教育事务，导民以开明；

其三，司法律之事务，以判明是非而公布公平方便之法规；

其四，司兵制及外交事务，以宣扬国威于内外；

其五，养成人民参政之自由；

其六，施行一般政令①。

对于国家应尽之义务，伯伦知理将其大别为三条：

其一，保护众庶，使他人不得妄戕害其权利及生命，且谋使众庶免天然之灾害；

其二，保护个人之自由；

其三，保护社会之幸福②。

因此可见，伯伦知理的国家目的学说完全是从维护德国资产阶级利益的角度出发的。当时，德国资产阶级既要反对王权的专恣，以使资本主义有更广阔的发展空间，同时又要维护国民国家的存在，以使其免受外国资本与本国劳动阶级的侵害。而伯伦知理的国家目的学说正好满足了这两方面的要求，伯伦知理所提出的"国家自己的目的"的六条原则，既保证了国民国家的正常运行，同时又有效地限制了王权的专横。他提出的"国家应尽义务"的三条准则，则保护了民众的自由，使资本主义得以尽情地发展。上文已经提到，1871年的德意志帝国是在德国资产阶级与容克地主结成联盟

---

① ヨハン・カスパルト・ブルンチュリー著、平田东助译：《国家论》上卷，第70~72页、80页、82~83页。

② 同上书，第85~88页。

的基础上建立的,资产阶级为了其自身的利益,一方面既要利用王权,与王权保持千丝万缕的联系,使全国人民自觉地服从王权;同时,一方面又要对王权加以限制,使王权不能妨碍资本主义经济自由发展,因此,这在理论上就需要既反对民主主义革命的指导原理,又反对中世纪以来的专制的君主主权论,而伯伦知理的学说恰好满足了这两方面的要求。伯伦知理认为:"以无限之国权归于君主,此专制主义者流之国家论也;以无限之权力归于庶民,即公民之多数者,此过激者流之国家论也。凡最可畏之谬妄之论,盖无不胚胎于此学说也。"①伯伦知理指出,在学术上讲究主权之意义,并集其大成者,当以法国人为先。16世纪时,法国人博丹(Jean Bodin, 1530~1596)即主张国权为无限,并使国王握之,这种学说"混同国家首长与国家全体,或竟招致极险之结局",因此"苟混同之,则无论在实际或理论上,举国家本来之权势,并国家中存在的权势,使之尽归于君主一身,而君主又将其扩张于无限专恣之域,则举等族及被治者之权利牺牲于君主矣"②。在伯伦知理看来,是博丹开了专制君主国家论的先河。自博丹以后,世人混同了国家元首与国家全体之区别。于是"17世纪及18世纪上半叶,各国政体专以专制主义为根基,盖以君主为国家之妄说之鼓动所致也"③。伯伦知理认为"博丹基于国家之意义释主权为国权,固谓得其当",但后来奉行专制主义者之辈,务妄尊重主权,使君主居于国家之上,宣称:"国家依君主之力而创造,君主之于国家,犹天神之于人类,可恣意主宰之,于是,国家与主权之真理,可谓全体颠倒矣。"④

---

① ヨハン・カスパルト・ブルンチュリー著、平田东助、平塚定二郎译、荏原和校:《国家论》卷四,春阳堂,明治二十二年十一月二十六日,第276页。
② 同上书,第267~268页。
③ 同上书,第268页、270页。
④ 同上。

伯伦知理认为，与专制的君主主权论相对的是专制的国民主权论，此理论的代表人物是卢梭。伯伦知理指出，卢梭理论的实质是"反对专制的君主主权，而代之以专制之国民主权耳"①。伯伦知理将卢梭的理论称之为"偏理的国法论"，伯伦知理认为，研究国法学的理论有数种，其中大别有二，即"探理的国法论"（哲学的方法论）与"探迹的国法论"（历史的方法论）。所谓"探理的国法论"是指"单就性理而说国法"，此派认为，"若唯理是穷，则国法学兹成矣"。"探迹的国法论"则是指"专门探讨古今事迹之沿革的学派"。伯伦知理认为，"以上诸派之所见，各执一偏而不得其中"。依他之见，"凡国家之事，既不能单从性理的角度上来研究，又不能仅从古今事迹沿革上来考虑"，而应该"经常着意于性理及事迹沿革这两方面"，认为"如能基于此，方甚可也"。但是，事实上这一点很难做到。不仅如此，在实际中反而从"探理国法论"与"探迹国法论"中变生出"更为偏倚"的二种方法论。这即是从"探迹国法论"中派生出"偏迹国法论"，从"探理国法论"中变生出"偏理国法论"；而"偏理国法论"的鼻祖正是卢梭②。

伯伦知理指出："法原本以性理为其精神，所以，法中不可不含有理义，但至于实际之运用，又非有适于今日之形式不可，然如偏理国法论者，全不知法必须有适合今日之重要，因而绝不注意之，故论国法时，唯理之当否是求，而绝不着眼于是否适合于国家之实际。"③依照伯伦知理的理论，"国家乃是含有道义的

---

① ヨハン・カスパルト・ブルンチュリー著、平田东助、平塚定二郎译、荏原和校：《国家论》卷四，第268页、270页。
② 参阅イ・カ・ブルンチュリ著、加藤弘之译：《国法泛论》首卷第四节及第十节，文部省，明治壬申五月刊行。
③ イ・カ・ブルンチュリ著、加藤弘之译：《国法泛论》首卷，第44页。

有机体"，所以"绝无仅由性理而生的理由，其法亦绝非集录性理之论而成"，所以"偏理国法论于学科研究上终属于无用之长物"①。

伯伦知理在理论上指出"偏理国法论"在理论上的不足之后，又进一步指出此理论在实际操作上所发生的弊害：

> （偏理国法论）于实际实施时，实生可怖之灾害，可使现立法破碎，国家方将倾覆时，民心暴然发动，依据如此之理论，以欲破坏现立宪法愈盛之情，而得此论强盛之威力，其势宛如恶鬼，遂至倾倒万类。法国之倾覆，民心暴然发动，实乃此偏理论之实际实施者也。此乃此论说不误之明证也。拿破仑所云"性理者流，遂使法国倾倒"一语，可谓确实矣。②

伯伦知理指出："在法国，性理学家盛赞自由，主张平等、权利，遂流血以灌之，而使法国瓦解。德意志的学者，又过度主张君主政体之论，因而限制人民公事自由之权利（人民集会的权利、结社的权利、请愿的权利及其他人民参与国事之权利——原注）。又欧洲列国，各过分主张其国论，遂妨碍欧洲和平，由是观之，纵令十分确实之论，实对国家有益之理论，若单据理而讲求之，加之以褊短狭隘之见，而欲施之于实际时，其害不言而喻矣。"③

由此可见，伯伦知理在主权的归属问题上，既反对君主专制的君主主权论，也反对以卢梭为代表的专制的国民主权论。他从国家有机体论的立场出发，主张主权应当"独立不羁"。主权既"不独

---

① イ・カ・ブルンチュリ著、加藤弘之译：《国法泛论》首卷，第45~46页。
② 同上。
③ 同上。

属于君主，不独属于社会，又不存于国家之外，及社会之上"。他认为"主权必基于国法上之意义，故现存之国家与其所制定之宪法即主权之所由出，而主权之有无，实在于此"①。

为了寻求一种适合资产阶级发展的国体，伯伦知理在国体问题上动了一番脑筋。在国体的划分上，伯伦知理对希腊人的分法稍加补充，分为四类，说："古代希腊人别国体为三种，学者至今依据之，曰君主政治，曰贵族合议政治，曰庶民合议政治，后亚里士多德稍改其名，曰君主政治、贵族政治、合众政治。"②伯伦知理认为，上述分法，未能称完全无罅，因为"于此三种之外，尚有神道政治一种，加之，始得其全"③。因此，伯伦知理将政体分为四种，且称此四种为国体的正体。伯伦知理认为，在国体问题上，"有名异而其实相类者，亦有名同而其实相反者"④。他举了君主立宪制的例子来说明这个问题，认为立宪君主制与代议共和制此两种国体，从表面看"其名称虽异"，但在实质上，由于这两种政治"均能将自由权交与国民"，所以在其施政措施上"大有相似之处"。相反，君主立宪制与昔日专制君主制等相比，虽在表面上其名称相同，但在实际内容方面已大相径庭，"此昭昭然不容置疑也"⑤。

伯伦知理认为，以往的国家学者，主要是以统治者为标准来区分国体，所以才得出上述结论，为了更准确地区分国体的名与

---

① ヨハン・カスパルト・ブルンチュリー著、平田東助、平塚定二郎译、荏原和校：《国家论》卷四，第270页。
② ヨハン・カスパルト・ブルンチュリー著、平田東助、平塚定二郎译、荏原和校：《国家论》卷三，第131页、133页、141～143页。
③ 同上。
④ 同上。
⑤ 同上。

实，不得不对以往的区分方法加以补充。他认为，如果从被治者的角度也可以区分国体。按伯伦知理的说法，即是"随被治者参政之方法，与其参政权之大小，定其国民状态，而别其国体属于何种也"①。伯伦知理指出，如按此种方式区分国体，可得出四种变体。

> 其一，被治者常受统治者之制御，不能脱其羁绊，唯统治者之命是从，不唯无参政之权，亦无行政监督之权，举其政权尽付于治者掌中，如是者，谓之无自由之国。②

伯伦知理指出，此种国家，可谓列国中居最下位者。他认为，"国家者，法律也，国家之组织者，宪典也。苟无法律，国家亦不得立"。所以，"彼非洲黑人之国，亚洲未开诸邦，往往行无限专制之政治，可谓未成真正国家之体裁，若假之以国家之名，是亵渎国家之荣名也"③。

> 其二，被治者之一部，即彼有咸望、居高位者有参与立法，监督行政及参与政事之权，其他部分，即寻常庶民，自始即不能参预政事，且未能达自由之地位，凡政治之事，视为贵族之特权，如此之国，称之为半自由之国。
> 其三，大凡不问贵贱，无论贫富，人民皆有参政权之国家，谓之自由国。古罗马人所用republic（共同体之意——原注）原有此

---

① ヨハン・カスパルト・ブルンチュリー著、平田东助、平塚定二郎译、荏原和校：《国家论》卷三，第131页、133页、141～143页。
② 同上。
③ 同上。

意。故在当时，以王侯为君长，总揽政务，亦不害其为republic。①

关于第四种变体，伯伦知理认为，应再细分为两种，此两种虽都属于自由国，但是其人民的参政方式不同。一种是"国民皆直接参与立法，监督行政"，另一种是"使所选代议士参与政事，而国民间接行参政及监督之权"②。伯伦知理指出，第一种专行于往古共和政治之国，今日瑞士之偏远山村之宪法中尚存其遗制。第二种则欲教育之利与自由之权兼而有之，于国民中，选举有教育有学识者为议员，使政府免妄说暴议之弊。所以，如今代议政体广为世人所认同。伯伦知理指出：

"用以上所述的国家四种变体（无自由国，半自由国，往古国民直接参政之自由国及方今代议政体国——原注）与四种国家政体相对照，则可见两者或有相同，或有相反，而两者相联，实可以生出一种新国体。"③

如上所述，伯伦知理在区别国体的问题上，弥补了传统国家学者的不足，他划分国体时不再像以往一样，仅考虑统治者的条件，而是将统治者与被统治者两方面的条件加以综合考虑，从而确定国体优劣。他认为，这样区分，既可以免去名实不副之虞，又可以互相结合，而生出一种新国体。他举例说，在神道之国，统治者独以赫赫威灵君临被统治者，恣横专制，所以，神道政治之国列于无自由之国当属无疑。但是，事情也不那么简单，比如古昔犹太国的"耶和华"神则付国民以政权，或结条约，或设制度，使国民中的

---

① ヨハン・カスバルト・ブルンチユリー著、平田东助、平塚定二郎译、荏原和校：《国家论》卷三，第143页、145~146页。
② 同上。
③ 同上。

老成者,如家长、军人等享有议政权,由此看来,犹太的神道政治也带有不少共和政治的性质。

伯伦知理指出,不仅神道政治国体的国家有上述情况,在贵族政治之国也有类似现象,比如古罗马人第二世纪以后,设民众代议会,置平民代议士,允许平民做官等举措即属于这种情况。

他进一步指出,君主立宪制与代议共和制若从表面上看,虽名称不同,但究其本质,均给国民以自由权,其施政精神又绝相似,这是"因为二者均属于第四种变体",即属于代议政国。而君主立宪制与无限君主专制政治虽同属于君主政治,从表面上看,名称相同,但究其实质,"君主专制政治属于第一种变体",即列于无自由国,所以在施政上大相径庭。因此,伯伦知理认为,在区分国家国体性质上,"应对照国家正变两体来观察",即不但要看其形式,更要区分其内容,如这样,"则其名实相反者,或名实相副者,定能一目了然"①。

在各类政体中,伯伦知理认为君主立宪制为最良者。他说,"各种政体中,未有如君主立宪制完且备者",因为君主立宪制"取各种政体之所长,集政治上各种力量以保护宪法,使宪法无有徒归于空文之虞"②。伯伦知理认为,君主立宪制虽属于君主政治,但它"既能防君主陷于专恣暴虐之恶弊,又能使国中富且有威望者受人尊重,而能尽力国事,且付国民代议士以参与立法及监督行政之权,以培植爱好民主政治之势力,此种政体如从尊崇宪法的角度而言,可谓兼备智术政治之性质"。所以,伯伦知理认为,"君主立宪政治是欲集合政治上各种势力与主义而调合之也",因

---

① ヨハン・カスパルト・ブルンチュリー著、平田东助、平塚定二郎译、荏原和校:《国家论》卷三,第149页、210~211页。
② 同上。

而"是各种政体中最完备的政体"①。

综上所述,伯伦知理的国家学,从维护德国资产阶级的利益的角度出发,对中世纪的家产国家论、专制主义国家论以及以卢梭为代表的社会契约论和人民主权论进行了激烈的批判。他将生物研究的自然科学方法用于国家学,提出了国家有机体说,认为国家乃是一个有机体,能生长发育,并有自己的意志和目的。在论及国家目的时,他既反对先有国家然后始有个人,以国家为人生终极目的的传统学说,又反对曼彻斯特学派的"国家只是供私人使用之器具"的学说,他认为国家应有自己的目的,因为这直接关系了全国的利害,而与此同时,国家也应该尽国家之义务,因为这关系着社会与各私人的利益。这样,伯伦知理的理论,在维护了德意志国的权威和存在的同时,又有效地限制了王权,使资产阶级的发展有了更广泛的自由。

伯伦知理在国家主权的归属问题上,也从德国资产阶级的立场出发,既反对卢梭的人民主权论,也反对中世纪的君主专制论。当时,君主专制论已渐为世人所唾弃,而自下而上的民主主义运动正方兴未艾,因此,伯伦知理在批判以卢梭为代表的社会契约论和人民主权论上下了很大的功夫。他称卢梭理论为"偏理国法论",只重理论而不切合实际,于实际操作时倾倒万类,造成法国大革命的灾难。他认为,国家主权应独立不羁,既不属于君主,又不属于社会,主权应出于现存之国家与其所定之宪法。这样,伯伦知理的理论在反对君主专制论与人民专制论的同时,为资产阶级争取政治权利制定了理论基础。

---

① ヨハン・カスパルト・ブルンチュリー著、平田东助、平塚定二郎译、荏原和校:《国家论》卷三,第149页、210~211页。

伯伦知理为了反对社会契约论，他致力于区分民族与国民的概念，提出建立国家时，不必以一民族为限，而应合数民族之力，方能得到优良政治的观点。同时，他又努力区分国民与社会和民族与社会的区别，以反对卢梭及法国革命党人视国家为社会的观点。

伯伦知理又对以前的国体论加以补充，他认为以前的学者划分国体时仅从统治者的角度进行划分，这样往往造成名实不副。他主张在划分国体时要将统治者和被统治者双方的情况进行综合考虑，这样才能名副其实。他认为众多国体中，应以君主立宪制为最良，因为其能调和政治上的种种势力与主义来保证宪法的权威性，而使之不归于一纸空文。总而言之，伯伦知理的国家学说代表了德国资产阶级的利益，其中既有反对专制主义统治，建立近代国民国家的进步性，同时也存在着反对人民革命的保守性。

伯伦知理的理论被介绍到日本以后，其国家学说中的进步性与保守性也对日本发生了影响。以加藤弘之为例，他在写《真政大意》和《国体新论》等著作时，就将伯伦知理《国法泛论》中的近代的国家观念，立宪主义两政体的统治方式，以及国民的权利及义务等近代国家的进步性的因素融化到自己的著作中去，对日本的近代国家的形成发生了深刻的影响。但是，不久后加藤弘之又对自己的《立宪政体略》《真政大意》《国体新论》等提出绝版的请求，使日本仅受到的一点伯伦知理的进步主义影响又受到一次打击。所以，一些日本学者认为，伯伦知理的国家思想也对日本立宪主义思想的发展产生了消极的影响[①]。由于伯伦知理学说中有着极强的国家至上的倾向，它不久即被明治政府看中，而成了明治政府官僚

---

① 参阅松本三之介《天皇制国家と政治思想》，未来社，1969年10月4日，第256页。

主义国家思想的理论基础，当明治宪法起草之际，伊藤博文与井上毅便大量地参考了伯伦知理的《国法泛论》。井上毅在起草案法的过程中，无论是在东京、金泽或者箱根，都常携此书，精读此书，这也早为世人所知。他曾在明治十三年版的此书上写着："二十年二月读""二十年八月读之""二月在函山读了""八月在金泽读""九月上旬读""二十一年二月读"等字样，而且，若从宪法说明–义解的第四条、第八条、第十三条、第三十一条、第三十三条等处来看，也可以明显感到其参照伯伦知理《国法泛论》的痕迹[①]。由此可见，尽管伯伦知理的思想有着这样的进步与保守的双重性，但其学说被介绍到日本以后，其进步性的方面并没有得到发扬，而其保守性的方面却被大加利用，使明治政府用这种理论建立了一个国权优于民权的国家。那么，这样具有双重性的学说究竟对梁启超产生了如何的影响，我们在下节予以讨论。

第三节　伯伦知理学说对梁启超的影响

前文已经提到，梁启超最早接触伯伦知理著作是通过他的老师康有为，但那仅是印象而已，谈不上了解。梁启超真正读伯伦知理的书还是在他到日本以后，当时登载在《清议报》上的伯伦知理的《国家论》虽然不是梁启超所译，但他仔细读过是毫无疑问的，并且，他登载在《清议报》上对伯伦知理学说的取舍，也与他当时的思想有很大的关系。

梁启超流亡日本以后，一切事情并非他想象的那样顺利，首先是对其变法维新表同情态度的大隈内阁的倒台，使他和他的老师

---

① 参阅稻田正次《明治宪法成立史》上卷，第897页。

失去了日本政府的支持，而新上台的山县内阁不仅不对他们师徒表示同情，反而为了谋求日清关系的改善，而迫使康有为离开日本。更使梁启超感到不能容忍的是，在他和康有为以之为变法样板的日本，一些人士对戊戌变法却甚不理解，认为变法失败是他们师徒急激所致。所有的这一切，都使梁启超愤懑不平，尽管他在日本曾受到过一些友好人士的热情帮助，但他不希望过受人保护的日子，他曾说"欧人日本人动曰保全支那，吾生平最不喜闻此言"①。他希望建设一个强大的国家以对付列强的侵略。梁启超在他的老师康有为被迫离开日本以后，即与同学罗孝高去箱根读书，开始了他国民国家问题的探索。当时日本的译著十分丰富，梁启超认为有用之书总"不下数千种"，使之"若行山阴道上，应接不暇"。加之当时十分严峻的政治斗争，使他很难静下心来仔细地思考问题。就在康有为离开日本后不久，梁启超便在《清议报》上刊登伯伦知理的《国家论》。如前所述，《国家论》并不是全文刊登，而是有所取舍。《国家论》共五卷，整卷未登的共两卷，这就是第二卷《国民及国土》和第五卷《国家及教会》，剩下三卷除第一卷刊登全文以外都是仅刊登了该卷前边的一部分。我们从梁启超所做的取舍上，便能发现他思想变化的情况。《国家论》的第一卷主要叙述了近代国家的性质和目的，这当然是梁启超所急于研究的，所以，他在《清议报》全文登载了第一卷。卷三《国体》仅刊登了一半，卷五《国家及教会》未刊登，这可能和梁启超有意识地取舍及兴趣有关，因为伯伦知理在《国体》的前三章中已阐述了他的主要意思，如全部登载可能太占篇幅，而第五卷中伯伦知理所论述的教会等问题又显然不是梁启超兴趣之所在。关键是第二卷《国民及国土》全文未载与

---

① 梁启超：《保全支那》，《合集》专集之二，第40页。

第四卷《公权及其作用》中途断掉的问题倒是值得研究。关于未登载第二卷《国民及国土》的问题，笔者认为是这样的，《国家论》的第一卷一直刊登到《清议报》的二十三册方才登完。而在这一段时间里，情况也在不断地发生着变化，变化之一即是康有为去加拿大以后，梁启超与孙中山的过从逐渐密切，在孙中山的影响下，梁启超开始倾向革命，而极力主张排满破坏；变化之二即是他随着对西方思想了解的深入，已开始对卢梭的民约论思想发生了兴趣。而伯伦知理《国家论》的第二卷，正是批判卢梭不知国民与社会的区别，视社会为国家的部分，在这卷中，伯伦知理将造成法国动荡不定、酿出法国大革命的惨祸的责任归结于卢梭的民约论。这种学说，对当时正热衷卢梭理论的梁启超来说，无疑是不感兴趣的，笔者以为这恐怕是梁启超未刊登《国家论》第二卷的主要原因。

至于第四卷《公权及其作用》中途断掉的原因可能是这样的，《清议报》最后一次登载伯伦知理《国家论》是在第三十一册上，出版日期是光绪二十五年九月二十一日（1899年10月25日）。文章并没有完，页末也注有"此稿未毕"的字样，照理还将继续刊登下去。但事实是，《清议报》以后再也未继续刊登这篇文章，笔者以为这可能和两天后（光绪二十五年九月二十三日，1899年10月27日）的《清议报》大火有关[①]。据《清议报》的《本馆告白》说，《清议报》因火灾故，将迁往横滨山下町二百五十三番地，报馆被迫迁移，估计当时火灾不小。而梁启超当时经常住在报馆，报馆被火，稿件自然荡然无存，加之梁启超不久（1899年12月31日）即离开日本而去檀香山，《清议报》的主笔由欧榘甲和麦孟华担任，所以刊登伯伦知理《国家论》一事自然就不了了之了。

---

① 参阅光绪二十五年十一月十一日《清议报》《本馆告白》。

以上是梁启超初到日本时接受伯伦知理学说的情况，伯伦知理的学说虽然给了他一定的影响，但当时他的主要兴趣还是放在卢梭的学说上，认为卢梭的学说才是中国的救时良药。就在他在《清议报》上刊登伯伦知理《国家论》的同时，他在他的《自由书》中，对卢梭思想大加赞扬：

> 欧洲近世医国之手不下数十家。吾视其方最适于今日之中国者，其惟卢梭先生之民约论乎。是方也，当前世纪及今世纪之上半，施之于欧洲全洲而效。当明治六、七年至十五、六年之间，施之于日本而效。今先生于欧洲与日本，既已功成而身退矣，精灵未沫，吾道其东，大旗觥觥，大鼓冬冬，大潮汹汹，大风蓬蓬，卷土挟浪，飞沙走石，杂以闪电，驱以万马，尚其来东。呜乎！民约论，尚其来东。东方大陆，文明之母，神灵之宫。惟今世纪，地球万国，国国自主，人人独立，尚余此一土，以殿诸邦，此土一通，时乃大同，呜乎！民约论兮，尚其来东，大同大同兮，时汝之功。①

由此可见，梁启超初到日本时，虽受到伯伦知理的影响，但并不是很深刻，还远不及卢梭那种具有浪漫色彩思想对他的影响。

但是，由于明治维新以后的日本帝国，是建立在伯伦知理国家学说之上的。当时的日本藩阀政府，依照伯伦知理学说中的国家权力高于一切的理论，建立起了一个国权高于民权的国家，而生活在此国家中的梁启超自然无形中受到它的影响。所以，尽管当时梁启超十分醉心于卢梭学说，并把他的民约论当成救中国的唯一良药，可是随着梁启超在日本居住时间的加长，日本那种在与帝国主义列

---

① 梁启超：《破坏主义》，光绪二十五年九月十一日《清议报》，第6页。

强角逐中所表现出的群体至上的精神,又使梁启超开始倾向于伯伦知理的国家全权论。他在1902年12月2日的《新民丛报》第十七号上发表《干涉与放任》一文,对以卢梭为首的放任主义和以伯伦知理为首的干涉主义学说,作了如下的阐述:

> 古今言治术者不外两大主义。一曰干涉,二曰放任。干涉主义者,谓当集权于中央,凡百皆以政府之监督之,助长之,其所重者在秩序。放任主义者,谓当散权于个人,凡百皆听民间自择焉,自治焉,自进焉,其所重者在自由。其两派学者各是其所是,非其所非,皆有颠扑不破之学理,以神明其说,泰西数千年历史,实不过此两主义之迭为胜负而已,于政治界有然,于生计界亦有然。大抵中世纪史纯为干涉主义之时代。十六七世纪,为放任主义与干涉主义竞争时代。十八世纪与十九世纪之上半,为放任主义全盛时代。十九世纪下半,为干涉主义与放任主义竞争时代。二十世纪,又将为干涉主义全胜时代。请言政治界中,中世纪之时,无所谓政治上之自由也,及南欧市府勃兴,独立自治之风略起,而后霍布士、陆克诸哲,渐倡民约论,然霍布士犹主张君权。及卢梭兴,而所以掊击干涉主义者,不遗余力,全世界靡然应之,演成十九世纪之局。近儒如约翰弥勒,如斯宾塞,犹以干涉主义为进化之敌焉。而伯伦知理之国家全权论,亦起于放任主义极盛之际,不数十年已有取而代之势,畴昔谓国家恃人民而存立,宁牺牲凡百之利益以为人民者,今则谓人民恃国家而存立,宁牺牲凡百之利益以为国家矣。自今以往,帝国主义益大行,有断然也。帝国主义者,干涉主义之别名也。[1]

---

[1] 梁启超:《干涉与放任》,《合集》专集之二,第86~87页。

在这里，梁启超将古今政治史看成是干涉与放任互相循环、迭为胜负的历史。而在评价此两种政策时，梁启超认为应"各随其地，各随其时，而异其用，用之适于其时与其地者则为优，反是则为劣"①。依他看来，"今日中国之弊在宜干涉者而放任，宜放任者而干涉"，故"治今日之中国，当操放任主义十之三"，而中国在何处应放任、何处应干涉的问题上，梁启超并未作具体回答，只说了"至其部分条理，则非片言能尽也"②，便结束了这篇文章。但是，若从他采用干涉主义与放任主义的比例上看，在中国当采用的政策上，他当时显然是倾向于干涉主义。3个月后，他又在1903年2月11日的《新民丛报》上发表文章，再一次涉及此问题：

> 民权自由之义，放诸四海而准，俟诸百世而不惑。今日欧美各国，除将爆裂之俄罗斯，奄奄就死之土耳奇，未有敢以此义为非者也，然今之言此者，与十八世纪之言颇异，盖十八世纪时代，人民运动之范围，各在本国，今则运动之范围，普及于天下。今世之识者，以为欲保护一国中人人之自由，不可不先保护一国之自由。苟国家之自由失，则国民之自由亦无所附，当此帝国主义盛行之日，非厚集其力于中央，则国家终不可得安固。故近世如伯伦知理之徒，大唱国家主义，以为人民当各自牺牲其利益以为国家，皆此之由也。今世之国家，使全国如一军队然，军队中不自由亦甚矣，而究其实，则亦为全队之利益而已。近日言平等言自由者，诚不如十八世纪末十九世纪初之盛，卢梭民约论

---

① 梁启超：《干涉与放任》，第87页。
② 同上。

等学说,诚为西人所刍狗,然其精神则固一贯也。一贯者何,曰皆以谋最大多数之最大幸福而已。此就今日之泰西言之也,至于中国,则未可语于此,盖必先经民族主义时代,乃能入民族帝国主义时代,今泰西诸国,竞集权于中央者,集之以与外竞也,然必集多数有权之人,然后国权乃始强,若一国人民皆无权,则虽集之,庸有力乎?数学最浅之理,言0加0仍为0。虽加至四万万0,犹不能变为一,集之何补。故医今日之中国,必先使人人知有权,人人知有自由,然后可,民约论正中国独一无二之良药也。寒暑异宜,则袭葛殊用,宁得曰欧洲文明之人,今方衣葛,我亦脱重袭以步趋之耶?若夫帝国主义之一阶级,吾中国终必于达之之一日,西人经百年而始达,我国今承风潮之极点,或十年,或廿年而遽达焉,盖未可定要之,欲躐此一级而升焉,吾有以知必不能也,何也,无其本也。①

由此可见,梁启超是用前述灵绥进化的阶段论观点来解释历史的。在梁启超看来,世界的历史是一个不断地由低级向高级发展的过程,人类社会必先经民族主义时代,才能进入民族帝国主义时代,而配合着这两个时代,在政治上也有着不同的支配思想。民族主义时代,政治上的支配思想是以卢梭的《民约论》为代表的放任主义;而到了民族帝国主义时代,以伯伦知理国家学说为代表的干涉主义又占据了支配地位。梁启超认为当时的欧美各国已进入帝国主义阶段,所以大倡伯伦知理的国家主义,使集权于中央而与外竞。而中国现在正向民族主义时代迈进,所以仍需以提倡自由民权

---

① 梁启超:《答某君问法国禁止民权自由之说》,《合集》文集之十四,第30~31页。

之说的卢梭理论为支配思想。但是,又由于中国终必有一日达到帝国主义之一日,所以也必有讲国家主义之时,只是不能不经过民族主义时代而躐级而进而已。

然而,没隔多久,梁启超的思想又发生了变化,那是在他1903年访问美国之后。经过这次旅行,他开始对他所向往的民主共和政体的楷模有了更深一层的认识,开始感到美国的现实同他的理想有很大的差距,特别是共和政体中的一些弊病,使他"深叹共和政体实不如君主立宪者流弊少而运用灵也"①。而即使是这样的政体,也不是轻易就可效仿的。梁启超认为当时的中国人有四大缺点:"一曰有族民资格而无市民资格。二曰有村落思想而无国家思想。三曰只能受专制不能享自由。四曰无高尚之目的。"②像这样的国民,梁启超希望中国"得如管子,商君,来喀瓦士,克林威尔其人者生于今日,雷厉风行,以铁以火,陶冶锻炼吾国民二十年三十年乃至五十年,夫然后与之读卢梭之书,夫然后与之谈华盛顿之事"③。

游美的经历还使梁启超感到了资本主义发展对中国产生的威胁,他预感到,美国的托拉斯"自今以往,且由国内托辣斯进为国际托辣斯,而受害最剧者,必在我中国"④。凡此种种,都使他越来越感到建立一个强有力统一政府的重要。他说:

> 深察祖国之大患,莫痛乎有部民资格而无国民资格,以视欧洲各国,承希腊罗马政治之团结,经中古近古政治家之干涉者,

---

① 梁启超:《新大陆游记节录》,《合集》专集之二十二,第65页、121~124页。
② 同上。
③ 梁启超:《新大陆游记节录》,第26页、124页。
④ 同上。

> 其受病根源，大有所异，故我中国今日所最缺点而最急需者，在有机之统一与有力之秩序，而自由平等直其次耳，何也，必先铸部民使成国民，然后国民之幸福乃可得言也。①

基于以上的认识，梁启超不能不从原来拥护自由民主的立场上退却下来，转而强调统一和秩序②，而伯伦知理学说中的强调有机的统一与有力秩序的部分，又正好满足了梁启超的这种需要，于是，梁启超不得不又一次拿起伯伦知理的书来。

1903年，梁启超在《新民丛报》三十八、三十九合刊上发表《政治学大家伯伦知理之学说》一文，对他曾极力推崇的卢梭学说是否能适应中国的问题，开始持否定态度：

> 卢梭学说于百年政界变动最有力者也，而伯伦知理学说则卢梭学说之反对也，二者孰切真理，曰，卢氏之言药也，伯氏之言粟也，痼疾即深，固非持粟之所以得瘳，然药能已病，亦能生病，且使药症相反，则旧病未得豁，而新病且滋生，故用药不可不慎也。五年以来，卢氏学说稍输入我祖国，彼达识之士，其孳孳尽瘁以期输入之者，非不知其在欧洲已成陈言也，以为是或足以起今日中国之废疾，而欲假之以作过渡也，顾其说之大受欢迎于我社会之一部分者，亦既有年，而所谓达识之士，其希望之目的，未睹因此而达于万一，而因缘相生之病，则已渐萌芽而渐弥漫一国中，现在未来不可思议之险象，已隐现出没，致识微者盖焉尤之。岂此药果不适于此病耶，抑徒药不足以善其后耶？③

---

① 梁启超：《政治学大家伯伦知理之学说》，《合集》文集之十三，第69页。
② 耿云志、崔志海：《梁启超》，广东人民出版社，1994年，第147~148页。
③ 梁启超：《政治学大家伯伦知理之学说》，《合集》所收，第67~69页。

这里,梁启超解释了他移植和放弃卢梭学说的原因。按梁启超以往的思想而言,国家必经民族主义阶段,才能达到民族帝国主义阶段,在他看来,当时的欧美列强,已经进入民族帝国主义阶段,而中国"于所谓民族主义者,犹未胚胎焉"。所以,作为民族主义时代支配思想的卢梭学说,尽管"在欧洲已成陈言",但是还应挚挚尽瘁以输入我国,"以为是或足以起今日中国之废疾,而欲假之以作过渡也"。但是,自从卢梭学说输入以来,五年过去了,中国的情况不但未有丝毫好转,反而更加险象环生,这用梁启超的话来说,是"不意此久经腐败之社会,遂非文明学说所遽能移植"[①]。于是,"自由之说入,不以之增幸福,而以破秩序;平等之说入,不以之荷义务,而以蔑制裁;竞争之说入,不以之敌外界,而以之散内团;权利之说入,不以之图公益,而以之文私见;破坏之说入,不以之篑膏肓,而以之灭国粹"[②]。基于上述情况,梁启超原来那种中国必经民族主义阶段才能过渡到民族帝国主义的思想改变了,他说:

> 中国号称有国,而国之形体不具,则与无国同,爱国之士,睊睊然忧之,其研究学说也,实欲乞灵前哲,而求所以立国之道也。法国革命,开百年欧洲政界之新幕,而其种子实卢梭播之,卢氏之药,足以已病,无疑义也,近则病既去,而药已为荃蹄,其缺点率见是正于后人,谬想与真理所判,昭昭不足为讳也。独吾党今日欲救吾国,其必经谬想而后入真理,以卢氏学说为过渡

---

① 梁启超:《新民说》,《合集》专集之四,第127~128页。
② 同上。

时代必不可避之一阶梯乎,抑无须尔尔,径向于国家之正鹄而进乎,此一大问题也。卢氏之说,其有功于天下者固多,其误天下者抑亦不少。今吾中国采之,将利余于弊乎,亦弊余于利乎,能以药已病,而为立国之过渡乎,抑且以药生病,反而失立国之目的乎,此又一大问题也。①

梁启超在访美归来之后,感受最深刻的一点,即是欧洲各国的历史渊源与中国不同。他认为"祖国之大患,莫痛于有部民资格而无国民资格",但是"欧洲各国,承希腊罗马政治之团结,经中古政家之干涉者,其受病根源,大有所异"。在梁启超看来,"中国今日所最缺点而最急需者,在有机之统一与有力之秩序,而自由平等直其次耳"。他认为"必先铸部民使成国民,然后国民之幸福乃可得言也"。他认为正像伯伦知理所说的那样,"民约论者,适于社会而不适于国家,苟弗善用之,则将散国民复为部民,而非能铸部民使成国民也"。所以梁启超断言,用卢梭的学说医治"欧洲当时干涉过度之积病,固见其效,而移植于散无友纪之中国,未知其利害之足以相偿否也"②。他认为当时所谓有新思想的青年,"滥用自由平等之语,思想过度,而能力不足以副之",自治能力极低,与欧洲的情况迥然不同。中国的"芸芸志士,曾不能组织一巩固之团体,或偶成矣,而旋集旋散,诚有如近人所谓,无三人以上之法团,无能支一年党派者"③。他认为若凭此种资格,而想创造一个国家,以立于当时物竞天择最剧烈的世界,是绝不可能的。梁启超认为,伯伦知理学说中的理论恰好能克服卢梭学说所产生的弊

---

① 梁启超:《政治学大家伯伦知理之学说》,《合集》所收,第67~69页。
② 梁启超:《政治学大家伯伦知理之学说》,第69页。
③ 同上。

病，于是他开始放弃作为医治中国废病之药的卢梭学说，而拣起保养中国躯体之粟的伯伦知理学说。

以上为梁启超采用伯伦知理学说的原因，至于伯伦知理对梁启超的影响，笔者认为首先表现在他的国家有机体论上。上文已经谈到，伯伦知理的国家有机体论，是将自然科学上的研究方法运用于国家关系上，而将国家类比成人体的一种理论。这种理论强调国家与国民的同一性，视国民与国家为同一之物，而将全体国民（包括统治者与被统治者）的群体利益放在高于一切的地位。伯伦知理的这种理论，受到梁启超的重视并不是没有理由的。众所周知，梁启超所追求的政治目标表现在两个方面：对内要求自由和民权，反对专制主义政体；对外则主张建立富强进步的国家，以与帝国主义列强竞争于天演界。而伯伦知理的理论恰好能满足梁启超这两方面的要求。伯伦知理的国家有机体论强调的是国家=群体的利益，认为国家的主权既不属于君主，也不属于社会，而是出于"国家现存及其所制定之宪法"，并且国家有自己的意志和目的，这种目的既"直接地关系到全国的利害"，又"间接地关系社会及各私人的利害"。因此，伯伦知理的这种主张，能在限制皇权的同时又能对人民做出让步，同时也很容易集权力于中央，以便与帝国主义竞争，而这一切又都同梁启超的政治理想吻合，所以梁启超当时就很自然地接受了伯伦知理的国家有机体论。伯伦知理的这一理论对梁启超的影响极深，它进入了梁启超思想基础的"知层"[①]，以致梁启超在很多文章中都继续坚持国家有机体论的观点。如在与革命党人的论战中，由于以孙中山为首的革命党人曾认为选择政治制度就像选

---

① 所谓"知层"是与"地层"相类似的造语，狭间直树先生在《梁启超与"日本"》卜文中曾经使用过，现袭用其意。

择机器一样,选择最优良的政治制度,中国就可以一蹴而至共和,梁启超即用国家有机体论来批评这种理论。

此后,随着梁启超对西方和日本国家学摄取的增多,他已经逐渐地形成了他自己的理论体系,并开始灵活地用自己的理论来批评他曾十分崇拜的西方学者,但我们如果仔细阅读梁启超的著作,就会发现伯伦知理的国家有机体论在他思想上深深的印记。这种例子很多,我们仅举梁启超于宣统二年(1910)所写的《宪政浅说》一文来说明这个问题。在论及国家的目的时,他首先批评了新旧两说:

> 国家目的之一问题,实数千年来未能解决之宿题也,在昔古代专制国,认国家为君主一人之私产,则有谓国家最大之目的,在于拥护君位者,而其政治方针,即循此目的以行……此说也,与国家之性质国家之功用全相反背,其悖谬固不俟辩矣,反之,而中外贤哲,多有谓国家专以利民为目的者,如孟子曰:民为贵,社稷次之,君为轻,其余儒家道家言类此者,不可枚举。而泰西十八九世纪之交,卢梭、孟德斯鸠诸哲所持论,大率认国家为人民之公产,谓国家最大之目的,在于使人民得其所欲,即现今英国中多数人民,亦尚主此说,近世硕学边沁、斯宾塞辈,其代表也。此说也,固含有一面真理,其所举者,原不失为国家目的之一种,然谓国家舍此别无目的,或谓此为国家目的中之最大者,则皆误也。①

梁启超在指出两说的错误之后,又从国家有机体论的角度进一步分析其中的弊病。在梁启超看来,"原两说之弊,皆由误视国

---

① 梁启超:《宪政浅说》《合集》文集之二十三,第43~44页。

家为一物,而不知国家实为一人"。他指出:"曰私产曰公产,皆民法上所谓物权也,为权利之客体者也",但是"国家则有人格也,为权利之主体者也",只有有人格者,"为能自有其目的,若夫物则只以供人之目的而已"。所以梁启超指出:"如甲说,则国家者,君主所资以达其目的之具也;如乙说,则国家者,个人所资以达其目的之具也",但是"国家则块然绝无目的者也"。他认为"充甲说之弊,则君主可以蹂躏国家,以自佐其娱;可以将国家之全部或一部移赠于人,以自救其困危。充乙说之弊,则国家虽当然危险之时,人民有不欲战者,不能强使战,国家虽当极贫困之时,人民有不欲纳税者,不能强使纳"。因此,梁启超表示,学说一误,则事实随之,必须及早辨明是非。他指出,国家"其第一目的,则其本身(即国家全体—原注)之利益是也,其第二目的,则其构成分子(即国民个人—原注)之利益是也"。他认为,既然国家的功用如此重大,所以"欲常全此功用勿使失坠,则第一义必当先使此国家常存于天壤",而且"不惟常存而已,又必当使之发荣滋长,常能应于时势,而尽其职,譬诸人然,既以吾身为足以系天下之重,则必自爱惜而毋或妄戕贼之",而且"不惟毋戕贼而已,而又必思所以日进其强健之度,此所谓本身之利益也"[①]。但是,若从另一个角度来说。梁启超则认为:"国家之功用,凡以其为国民所托命而已,而国民苟不存,则所谓国家者,亦不可得见,故国家常当兢兢焉,惟国民之利益是图,此事理之易睹者也,譬诸爱身者,务使四肢百体,各得其所,而为相当之发达,各肢体之苦乐,即全身之苦乐也,此所谓构成分子之利益也。"[②]梁启超指

---

① 梁启超:《宪政浅说》,《合集》文集之二十三,第43~44页。
② 同上。

出:"政治也者,即所以求达此目的之具也,夫政治则曷为而有美恶乎?曰其由之而能达此目的者美也;其由之而不能达此目的者恶也,此两种目的能骈进而调合者美也,此两种目的或偏举而相妨者恶也。"①在梁启超看来,评价一国政治的好坏,应以其是否能达到国家目的(国家全体的利益与国民个人利益)而定。显而易见,梁启超直至离开日本归国的前一年,还完全用伯伦知理的国家有机体说来解释国家的目的,可见伯伦知理学说对他影响的深刻。

伯伦知理给梁启超的另一个重要影响,则是伯氏的国民与民族关系的理论。自1899年到1903年,梁启超在许多重大的问题上与他的老师康有为产生了严重的分歧,其中最主要的一点便是在坚持民族主义,主张排满革命上。他在光绪二十八年(1902)给康有为的信中说:"今日民族主义最发达之时代,非有此精神,决不能立国,弟子誓焦舌秃笔以倡之,决不能弃去者也。而所以唤起民族精神者,势不得不攻满洲,日本以讨幕为最适宜之主义,中国以讨满为最适宜之主义。"②梁启超给他的老师写这封信时,正是他醉心于卢梭自由民权之说,鼓吹排满破坏的时候。他的革命言论,曾给保皇会带来了很大的混乱,他的老师康有为见状大为恼火,于1902年先后写了两封题为《复美洲华侨论中国只可行君主立宪不可行革命书》《与同学诸子梁启超等论印度亡国由于各省自立书》的长信,责备梁启超的言论是"攻数百年一体忘怀之满洲,以糜烂其同胞,而甘分数千年一统大同之中国,以待灭于强国"③。随后,康有为因愤梁启超等提倡革命等主张,头疼大作,旧疾复发,写信以

---

① 梁启超:《宪政浅说》,第44页。
② 梁启超:光绪二十八年四月《与夫子大人书》,丁文江、赵丰田编《梁启超年谱长编》。
③ 康有为:《光绪二十八年六月南海康先生〈辨革命书〉》,《新民丛报》第十六号。

断绝师生关系相威胁。在康有为的逼迫之下，为了老师的健康，梁启超虽表面表示悔改，但实际仍未放弃排满革命的主张。他真正地改变排满革命的主张，乃是在访美归来，重温伯伦知理学说之后。他认为，伯伦知理虽然也极崇拜民族主义，但是，他"立论根据于历史，案于实际，不以民族主义为建国独一无二之法门"。伯伦知理之所以这样主张，是因为"国家所最渴需者，为国民资格"①，而并不是民族主义，因此不能将国民与民族混为一谈。他认为革命党人仅强调民族主义并不能达到建立国家的目的，他向革命党人提出三个问题，其一是："爱国志士之所志，果以排满为究竟之目的耶？抑以立国为究竟之目的耶？"其二是："排满者以其为满人而排之乎？抑以其为恶政府而排之乎？"其三是："必离满洲民族然后可以建国乎？抑融满洲民族，乃至蒙、苗、回、藏诸民族而亦可以建国乎？"②

梁启超认为，若按革命党的行动而言，是很难回答他所提出的问题，因此他对这几个问题一一做出回答。

对于第一个问题，梁启超的回答是，排满并不是目的，而立国才是真正的目的，但是在他看来，当时自己的民族并没有立国的能力，所以他不主张革命。

对于第二个问题，梁启超则认为"今日中国，实非贵族政体而为独裁政体，其蠹国殃民者，非芸芸坐食之满人，而其大多数乃在阉姎无耻媚兹一人汉族也"。他们之所以这样做，并不是为了媚满族，而是为了媚独裁，假使独裁者换成汉人，他们一样会媚独裁之汉人，一样蠹国殃民。所以，梁启超指出："今日当以集全国之锋

---

① 梁启超：《政治学大家伯伦知理之学说》，第74页。
② 同上书，第74~76页。

刃，向于恶政府为第一义，而排满不过其战术之一枝线，认偏师为正文，大不可也。"①

在第三个问题上，梁启超不同意革命党人的排满主张，他认为"中国言民族者，当于小民族主义之外，更提倡大民族主义"，所谓的小民族主义，是指汉族对于国内其他民族而言，而所谓的大民族主义，则是指合国内本部属部之诸族以对于国外之诸族而言。在他看来，当时的满族人几乎已经同化于汉人，即使不是这样，"苟汉人有可以自成国民之资格，则满人势不得不融而入于一炉"。他指出："自今以往，中国而亡则已，中国而不亡，则此后所以对于世界者，势不得不取帝国政略，合汉合满合蒙合回合苗合藏，组成一大民族，提全球三分有一之人类，以高掌远跖于五大陆之上。"②他认为这才是中国有志之士所共同心醉之事，而欲要达此目的，必先摈弃狭隘的民族复仇主义，取国民建国主义，以广阔的胸襟，吸收融合国内的各少数民族，培养汉族的立国能力，建立一个多数民族的国民国家。因此可见，梁启超所谓的大民族，是指生活在中国境内的各个民族，是指以汉族为中心的包括满、蒙、回、苗、藏各少数民族在内的中华民族的概念。他的这种理论，虽来自伯伦知理，但是符合中华民族发展的历史，在当时列强环视的国际环境中，有利于维护国家的统一。

第三，伯伦知理的政体论也对梁启超产生了深刻的影响。由于伯伦知理的理论代表的是德国资产阶级的利益，所以，为了保证资本主义的发展，它既有反对专制主义的部分，也有反对人民革命的部分，因此，伯伦知理不赞成共和政体，认为共和政体容易造成

---

① 梁启超：《政治学大家伯伦知理之学说》，第74~76页。
② 同上。

国家基础不固和暴民政治。在这个问题上,他给了梁启超很大的影响。访美之前,梁启超虽然也有一段时间倾心于共和政体,但是他自美国归来以后,深感中国国民不具备共和条件,所以他逐渐倾向于伯伦知理的见解,他在《政治学大家伯伦知理之学说》中借伯伦知理之口指出了共和政体的弊病:

> 伯氏以为主治权与奉行权分离,是共和政体之特色也。主治之权,掌之于多数之选择者(即国民——原注);奉行之权,委之于少数被选择者(即大统领及官吏——原注)。以故奉行者虽为臣仆,而反常治人;主治者虽为主人,而反常治于人。以牵制之得宜,故无滥用国权之弊,而多数国民得所庇焉,此其所长也。虽然,坐是之故,而国权或渐即微弱,侪国家于一公司,加以众民之意响,变动靡常,而国之基础,因以不固,此其所短也,故行此政体而能食其利者,必其人民于共和诸德,具足圆满,不惜牺牲其利其财,以应国家之用,且已藉普及之学制,常受完备之教育,苟如是,其庶几矣。若其人民侵染衰废之俗,务私欲而不顾公益,气力微弱,教育缺乏,而欲实有此政体,则未睹其利,而先已不胜其弊矣,其也,必至变为亚里士多德所谓暴民政治者,而国或以亡。[①]

如此看来,共和政体只适合那些具有共和诸品德的国民,按梁启超的意见,当时的中国人是不具备这些品德的,所以梁启超自美国归来之后,虽一度曾"梦俄罗斯者也"[②],但是,他最终还是同

---

① 梁启超:《政治学大家伯伦知理之学说》,第77页。
② 同上书,第86页。

伯伦知理一样,选择了君主立宪制度。应当指出,自1903年到辛亥革命,梁启超的政治主张也发生过一些变化,最初主张君主立宪,又主张过开明专制,也主张过英国式的虚君共和,最后在辛亥革命时又拥护民主共和。这如从表面上看,未免有"流质易变"之嫌,但仔细分析起来,他和伯伦知理一样,所追求的仍是一个以大众参与政治为基本特征的民主政体和一个统一的强有力的国家。梁启超曾仔细地区分过国体和政体,他说:

> 国体之区分,以最高机关所在为标准,前人大率分为君主国体、贵族国体、民主国体三种,但今贵族国体殆已绝迹于世界,所存者惟君主、民主两种而已。①

所谓政体,梁启超解释说:

> 政体之区分,以直接机关单复为标准,其仅有一直接机关,而行使国权绝无制限者,谓之专制政体,其有两直接机关而行使国权互相制限者,谓之立宪政体。②

所以,梁启超指出:"立宪与专制之异,不在乎国体之为君主为民主,而在乎国权行使有无制限,夫制限之表示于形式者,则两直接机关对峙而各行其权是也。"③他声称:"夫立宪与非立宪,政体之名词也,共和与非共和,则国体之名词也,吾侪平昔持论只问政体,不问国体,故以为政体诚能立宪则无论国体为君主为共

---

① 梁启超:《宪政浅说》,第37~38页。
② 同上。
③ 同上。

和，无一不可也，政体而非立宪，则无论国体为君主为共和，无一而可也。"①由此可见，尽管梁启超的政治主张屡有变异，但是他追求的宪政精神并没有改变。

应当指出，梁启超是在日本的土地上，通过日文的译书接受伯伦知理学说的，而这种学说自进入日本后，又成了明治政府的官僚主义国家的思想支柱，日本的藩阀政府用这种学说建立了一个国权优于民权的国家②。但当时身居日本的梁启超，对这点似乎并未介意，相反，他认为日本无论是在官僚政治方面，还是在伸张民权方面，均应是中国效法的蓝本。他说："谓日本尊崇君主则可，谓日本尊崇君权有语病矣，至谓其裁抑民权，又梦呓之言也。"③他指出，按日本宪法"凡政府政策，如在议院被反对者，则可以请天皇解散议会，命再选举，再选举而再被多数之反对，则可为政府大臣不孚舆望之证，必引责辞职，此英国之先例，各国所踵行，而日本亦无以易者也。宰相及各部大臣，为一国行政之长官，而黜陟此长官之权一在代表民意之议院，于此而犹谓之裁抑民权，吾不知如何而始为伸也"④。当然，梁启超也承认日本民权不及欧美，但是他仍然对日本能赶上欧美的民权水平充满信心，他说："但日本民智尚狭，民德未醇，故其民间所立之政党，殊未完备，不能与藩阀老辈代兴，此其所以下于英国一等也。虽然，此由其力不足使然，优胜劣败之公例，不得不尔，而非在上者从而裁抑之也。彼其自开国会以来，至今凡为政党内阁者两次，一曰明治三十一年宪政党之大隈内阁，一为明治三十三年立宪政友会之伊藤内阁，然皆不过半

---

① 梁启超：《盾鼻集》，《合集》专集三十三，第88页。
② 参阅狭间直树《梁启超研究与"日本"》。
③ 梁启超：《答某君问德国日本裁抑民权事》，《合集》文集之十一，第53~54页。
④ 同上。

年，遽尔崩溃，其崩溃也，皆非由反对党推倒之也，其党内自讧使然也，此可以为日本政党内力不完之明证矣，政党不完，亦即民智民德不完之表记也，故日本民权之不逮欧美也，非有裁抑之者也，初萌始达，未能一蹴以臻完备之域也，然其民日斯迈而月征焉，吾信其此后必有能如英国之一日也。"①

梁启超对日本式的官僚政治似乎也并无反感，反而觉得此种政治与中国国情极相适应，大有效法的必要。他说："夫政党政治、官僚政治各有短长，吾固未尝漫为轩轾。且官僚政治整齐严肃之效，与今日之时势极相应，而按诸我国历史，官僚政治之根柢极深，因而利用之，其于施治当较易，故吾自昔固深望我国之政治现象能如德国日本，而非欲其强效英国者也。"②

如此看来，当时梁启超对日本摄取伯伦知理学说后所形成的政治环境不但未持否定态度，而且将其当成了学习的榜样。

梁启超自从发表《政治学大家伯伦知理之学说》之后，伯伦知理学说中的国家至上的干涉主义基本在他的思想中占了主导地位，这种思想成为他民国初年的一贯立场。辛亥革命时，梁启超在《中国立国大方针》一文中明确表示：为了达到使中国进成世界国家的最大的目的，"而保育政策则期成世界的国家之一手段也，强有力之政府则实行保育政策之一手段也，政党内阁，则求得强有力政府之一手段也"③。这里梁启超虽然提出了建立一个强有力的中央政府必须以资产阶级政党政治作为前提的见解，但我们依然能看出伯伦知理的国家至上主义思想对他的深刻影响。

---

① 梁启超：《答某君问德国日本裁抑民权事》，《合集》文集之十一，第53~54页。
② 梁启超：《读十月初三日上谕感言》，《合集》文集之二十五（上），第151页。
③ 梁启超：《中国立国大方针》，《合集》文集之二十八，第76页。

第七章 结 论

封建时代的日本，无野心，无目标，浑浑噩噩，不知何为国家、国民，而维新以后，日本在明治政府富国强兵政策的推动下，突然改变其原来面貌，在短短数十年间即一跃成为帝国主义之一员，开始对外实行侵略和扩张政策，加入了其他侵略亚洲国家列强的行列[①]。

甲午一战，倨傲自大的清帝国竟败给了东洋三岛的日本，朝野上下俱为震动；迅速崛起的日本，也引起了中国知识界的强烈关注。由于列强侵入速度之猛烈，中国知识界试图寻求一种更行之有效的方法去学习西洋。当时，不仅康、梁等维新人士主张假途日本而学习西洋，清廷大吏如张之洞等也持相同主张，在他们的提倡下，效法明治维新，通过东籍来摄取西方文化，借途日本来学习西洋的道路，当时被认为是事半功倍的选择，于是，所谓"东学"，

---

① 神岛二郎：《帝国日本の思想》，桥川文三、松本三之介编《近代日本政治思想史》上册。宫泽俊义、大河内一男监修《近代日本思想史大系》之三，有斐阁，昭和五十二年九月二十日四版，第396页。

沛然而兴。当时"东学"之收效,大有超过"西学"之势。梁启超认为,就当时之中国知识界而言,治西学者,能使其学术思想输入中国者,"除严又陵外曾无一人"①,而摄取西洋文化的任务,"不得不有待于读东籍之人,是中国之不幸也,然犹有东籍以为之前驱,使今之治东学者得以干前此治西学者之蛊,是又不幸中之幸也"②。梁启超的看法基本反映了当时的情况,而他自己所走的,也正是一条通过"东学"来了解西洋的道路。梁启超在戊戌变法时期虽然主张借途日本以学习西方,并对日本已有所关注,但他对日本的了解却很有限,他的日本方面知识的取得,主要来自他的老师康有为,以及他办《时务报》时所结识的一些日本朋友,和所接触的一些译本西籍。当时,他对西方和日本充满了理想主义的色彩,称"泰西富强,甲于五洲",称日本"古之弹丸,今之雄国",古来被指为夷狄的国家,由于变法图强,如今已变为"雄国",而泱泱大国的中国,由于专制守旧,却被列国视为"新夷狄"。这种"华""夷"关系的变化,使得梁启超不得不对传统的"华夏中心主义"作一番新的解释。梁启超认为,当时一般士大夫不懂得春秋三世之义,所以也就不懂得什么是"夷狄"与"中国"。判断"夷狄"与"中国"的标准应用其政俗和行事,而不应以地域,中国在当今的形势下,只有"礼失而求诸野",积极地学习外国的长处方能自存。于是,他和其师康有为积极提倡变法维新,准备"用夷变夏"了。

应当指出,梁启超无论是主张假途日本以学西洋也好,还是重新诠释华夷之辨也好,其最终目的不外是为了抵抗列强的侵略,以

---

① 梁启超:《东籍月旦》,《合集》文集之四,第82页。
② 同上。

保中华民族的生存。那时，他认为中国只要进行一系列的政治体制改革，上述目的就会很快实现，而在当时，光绪帝又极力主张变法维新，所以，光绪帝自然成了他和他老师所依靠的对象。

戊戌变法失败以后，梁启超被日本政府派军舰救往日本，他的老师则被英国政府派船救往香港，出于这层关系，使他更加相信英日两国支持中国维新事业的立场，因此说服日本政府，使其救出光绪皇帝，以继续其未竟的维新事业，就成了梁启超到达日本后要做的主要事情。当然，这只是他们一厢情愿而已。在梁启超到日本后的第六天，他和他的老师寄以希望的大隈内阁倒台了，这使他们失去了一个有力的靠山，不单如此，新上台的山县内阁对他和他的老师态度十分冷淡，甚至为了谋求日清关系的改善，外务省还有人出面劝康有为离日。

此外，日本社会上也有一部分人不理解康有为和梁启超所领导的戊戌变法运动，日本的一些报纸甚至批评中国变法"过于急激，致误大事"。不单如此，康、梁所崇拜的明治维新功臣伊藤博文和胜海舟等也将戊戌变法看成是"年壮气锐之士轻率之举"，告诫他们不要为世界上的文明外形所幻惑，而搞急剧的变革。而当梁启超和他的老师给近卫笃麿写信希望日本"仗义赴难"，"急辅车之难，拯东方之局"时，近卫则把明治维新的长期准备与百日维新的仓促施行作了一番对比，而劝康、梁实行渐进的改革，这无疑是不赞成他们救光绪帝。康有为和梁启超一向把日本当成自己国家变法的榜样，没想到刚一踏上这块国土，却听到这样令人扫兴的意见，彼时之心情可想而知。但梁启超对这些并未介意，在他的老师离开日本赴加拿大后，他一面在他所办的《清议报》上发表斥责西太后、拥护光绪帝的文章，一面借助日本进步党的力量，兴办大同学校，为其维新事业培养新生力量。在开学典礼上，大隈重信曾指出孔子之教的永恒意义和普遍意义，并介绍了日本在维新时将孔子之教当成大和民族文化认同资源的成功经验，然而遗憾的是，当时梁启超却未对此看重，他的注意力仍然放在通过日本学习西方和营救光绪帝上。

于是，他又和他的老师康有为组织了一次试图以武力来营救光绪帝的行动，但这未能成功，至此，梁启超希望依靠光绪皇帝搞自上而下的改革均告失败，他只得从日本书籍中汲取营养，为他的下一步行动作准备。

在日本的启蒙思想家中，福泽谕吉对梁启超的影响是很深的。影响之一是在于福泽谕吉的文明论。在文明论中，福泽谕吉将"至大至重"的文明作为人类终极的目标。他认为，世界是一个不断地由野蛮向文明发展的历史，所以他将走在通往文明路上的国家分为三个等级：认为欧美国家走在最前列，应为最上文明国；土耳其、中国与日本走在中间部分，为半开国；非洲等国最落后，所以称为野蛮国。按照他的文明观，西洋文明自然成了日本追求的目标。梁启超对福泽谕吉的这种以西方文明为终极目标的一元化近代理论很感兴趣。这是因为，梁启超与乃师所领导的戊戌维新运动，是一场涉及政治体制的变革，他们所要效法的样本，正是欧美诸国，他们所提倡的制度，也正是西方的政治制度；西方的国会和教育制度等，正是他们所追求的目标。梁启超甚至认为，文明论中的进化观，与他从老师康有为那里学来的公羊三世说，和他从严复那里接受的进化论思想，也并无矛盾之处，而且论述得更加详尽，所以，他到日本以后，就很自然地接受了福泽谕吉的文明论。

影响之二，是福泽谕吉摄取西洋文明的方式。在日本的启蒙运动中，福泽谕吉为日本设计的现代化方式是很有特色的，它使日本在短短数十年内迅速强大，而跻身于列强的行列。福泽谕吉的方式是用一种理性的态度来对待西洋,所谓的理性态度,即是指他将西洋分成"现实的西洋"与"理念的西洋",主张应仔细把"理念西洋"中的构成要素及原理加以研究、分析,摄取其本质和精华,使日本迅速文明化,然后以文明化后的日本去对抗"现实西洋"的侵略。在福泽谕吉看来,西洋的文明不在于物质和制度层面,而在于精神层面,福泽谕吉将其称之为"气风",或"文明之精神"。他认为,正是这种"气风"才使欧亚两洲互为轩轾,因此,在摄取西洋文明的问题上,他反对那些主张以适合日本国情为标准的横向选择的摄取方式,而主张先难后易,即先使文明之气风发荣滋长,变革人心,然后波及政治制度,最后涉及有形的物质的纵向文明摄取方式,从而为日本的近代化指出了一条道路。

福泽谕吉在建设近代国家的具体操作问题上,主张每个国民都先要"独立自尊",即每个国民都要"立志向学",从"古习之惑溺"中解放出来,先做到"一人之独立",即先使每一个国民成为一个自由独立的国民,在国家中形成一个自由、平等、进取的社会环境,然后在此基础上达到"一国独立"。

梁启超流亡海外后,"肄日本之文,读日本之书",受到福泽谕吉极大的影响。他深刻地认识到,自己在戊戌变法中虽批判过变法不知本源的思想,但当时自己所倡导的改革,也只是停留在"变科举,兴学校"上,严格说来,还是停留在政治制度改革的层面,与福泽谕吉所说的"文明之精神"尚差一层。所以,随着他本人学识的增长,他也学着福泽谕吉的样子,把文明分为"精神之文明"与"形质之文明"。他所说的"精神之文明",实际上就是福泽谕吉所说的"文明之精神",梁启超把它称为"国民元气",而把"衣服饮食、器械宫室,乃至政治法律"等"耳目所闻见者",称之为"文明之形质"。从而他和福泽谕吉一样,提倡起从"文明之精神"入手的先难后易的纵向文明摄取方式来了。

对梁启超来说，这种先难后易的纵向摄取西方文明的方式，是日本已走过的道路，也可以说是成功的经验。于是，他不再提倡原来那种自上而下的改革，而变成提倡从教育人民做起，用他的话来说，是要从培养国民"元气"做起，或叫"新民"的自下而上的改革方式。

梁启超在《新民丛报》上发表的最有影响的文章是他著名的《新民说》。他在《新民说》中阐述了一个重要观点，即中国传统社会在向现代转变的过程中，应首先实现人的现代化。这种观点，如果说是受了福泽谕吉的启发，应当不算勉强。然而事实上，梁启超对福泽谕吉所再三强调的纵向文明摄取方式的宣传并不充分，他也未将福泽谕吉的这种重要思想系统地介绍给国人，他仅在《清议报》上发表了一篇未写完的短文[①]便再无下落，这不能不说是件憾事。

在日本启蒙思想家中，中村正直与福泽谕吉齐名，他对梁启超也产生过深刻的影响。他和福泽谕吉在日本幕末明初"救亡"的历史关头面前，可以说是代表了两个相反的类型。面对西洋文明，福泽谕吉把眼光集中在与西洋的"异"上，主张学习西洋文明的本质，即精神层面的东西，用他的话来说是"内之文明"或"文明之精神"，他要吸收西洋文明的精华来武装自己，以与西洋对抗。中村正直与福泽谕吉不同，他未把目光集中在"异"上，而是将目光放在"同"上。在他看来，东西洋的文明虽也有不同之处，但究其实质，并非互相对立，相反，在最基本、最本质的要素中，东西文明存在着许多相同之处。因此，他提出了"古今东西道德一致之

---

① 参阅《清议报》哀时客稿《国民十大元气论》。

说",他认为西方基督教文明的本源"敬天爱人"与东方儒教的主张并无本质的区别,汉学功底愈厚,对西学的理解愈能加深。在这种认识的基础上,他还提出"汉学不可废论",认为"儒教始终是一种通于天人之际的普遍原则"。这样,中村正直通过与西洋文明的接触,不但未得出本国的文化落后于西洋的结论,反而增强了对本国传统文化的自信。

由于福泽谕吉与中村正直这两种类型的"文化接触"相辅相成,使日本在近代化的过程中既摄取了西洋文化的长处,又保持了本民族文化的传统,因而未出现特别的动荡,在相对安定的环境中,迅速达到了"富国强兵",而跻身列强之列。

中村正直的这种用传统思想中的资源来解决日本"救亡"课题的方法,使得他为日本设计的现代化道路变得相对简单,日本既不需要对传统进行讨伐与清算,也不需要对西洋盲目地崇拜与追随,那些来自传统的价值,可以经由新的诠译变为文化认同的资源,在这种情况下,日本当时所应做的,仅仅是提高人民的品行而已。所以中村正直和明治时期的思想家一样,认为维新的真正含意并不是"政体之一新",而应是"人民之一新",换言之,维新应首先提高人民的素质,而不是急于政治制度的改革。中村正直的这种主张对梁启超有着深刻的影响,戊戌变法时期,梁启超和他的老师虽然也提出过西方富强之本在于道德的见识,但是他们更认为西方富强的原因是在于科学技术,在于声、光、化、电以及支撑在这些背后的西政,所以,他们所参加和领导的戊戌变法运动也正是一个以试图改革政治制度的自上而下的政治运动。梁启超来到日本后,周围的环境使他觉得他以前所做的存在着不小的问题,特别是中村正直的书使他清楚地认识到,如果民众素质低下、愚昧涣散,则无论如何改革制度也将无济于事。梁启超到日本后所走的一条从保皇到新民的道路，也正说明了中村正直对他的影响，当然，也不能说梁启超是全面接受了中村正直的思想，他的接受是有选择的。例如他对上述中村正直的"儒教始终是一种通于天人之际的普遍原则"的思想并不服膺。在梁启超看来，儒教"偏于私德而公德殆阙如"①，并且还认为，道德既没有永恒的意义，也没有普遍的意义，道德是进化的，他说："至其道德之外形，则随其群之进步以为比例差"，因为"群之文野不同，则其所以为利益者不同，而其所以为道德者亦自不同"。所以，"德也者，非一成而不变者也"②。如此一来，在梁启超那里，东西方文化间的冲突，传统与现代文化间的冲突，就要比中村正直那里复杂和激烈得多。

至于中村正直思想为梁启超所忠实继承的部分，也不能说是没有问题，笔者在第三章中所分析过的中村正直误译穆勒《自由之理》一事，便是个很好的例子。由于梁启超所参考的是中村正直误译的版本，所以，中村正直的误译便直接影响了梁启超，这使得梁启超无缘领会近代自由主义的主流思想，而对穆勒式的自由主义发生了很大的误解，而这一误解，又通过梁启超那枝生花妙笔，对中国的思想界产生了深远的影响。

日本的自由民权运动是在西方列强的重压下产生的，因此，它所追求的主要目标便是国家的独立与富强，职是之故，日本的自由民权运动便呈现出这样一种倾向。那就是"强调与国家权力一体性和'依靠国家的自由'的国家主义思想，优先于对权力强化的恐惧感和'远离国家的自由'这样的自由主义的思想"③。

---

① 梁启超：《新民说》，《合集》专集之四，第12页、15页。
② 同上。
③ 松本三之介：《明治思想史——近代国家の创设から个の觉醒まで》，第65页。

当然，造成这种结果的原因有很多，然而，民权理论思想家的作用也是不可忽视的，中江兆民便是这众多民权理论家中较为突出的一个。由于他是用了相当流丽的日式汉文翻译了卢梭的《社会契约论》，又在《东洋自由新闻》《政理丛谈》《自由新闻》等刊物上发表了大量宣于哲理的文章，使得卢梭的思想在日本的民权运动中获得了相当广泛的呼应，致使法国式的自由主义在日本风靡一时，而与此相对，英国式的自由主义影响却日渐式微。

因此，日本的自由民权论便出现了福泽谕吉所批评的"集体实在论"与"政权偏重论"的倾向。"集体实在论"将"民权"看成是"全体人民的权力"，它轻视集体是由个人构成的侧面，而将集体视为超越个人而存在的自然有机体，如此一来，其必然导致忽视集体中个人表达意见的程序，而将所谓集体的全体意见视为当然的真理。

福泽谕吉认为，真正的民权应当包括参政权与私权这两部分内容，而"政权偏重论"使得人们的注意力仅仅集中在参政权或打倒专制政府方面，从而忽视了其基本人权的一面。

不仅如此，上述两种倾向的背后还潜伏着更大的危险，这就是因将"民权"视为"人民"的集体权力，所以为了实现该集体的权力，很容易诱导出必须首先加强国权的理论，并且也含有以对外侵略来作为国内政治受挫的心理补偿因素。十分明显，这些倾向与危险因素同中江兆民提倡卢梭的理论，不能说没有关系。

梁启超是在日本的土地上通过中江兆民的书来接受卢梭思想的，所以，在梁启超的自由观中，很多地方都能看到中江兆民的痕迹，而细析起来，主要表现在两个方面。其一是梁启超所谓的"团体自由"方面，其二是他所谓的"个人自由"方面，梁启超这两方面的思想虽都与中江兆民有关，然而，要溯其渊源，都可以追到卢梭。

我们先来看梁启超的"团体自由"。笔者在第四章中已经分析过，在卢梭的自由观中，共有三种自由概念，其一是人类处于自然状态时的"天然的自由"，其二是人类进入社会状态后的"社会的自由"，其三是人类获得"社会自由"后而真正地成为自己主人时的"道德的自由"。对此，卢梭认为，"自然的自由"是"仅仅以个人力量为其界限"的自由，它所享受的权利是暂时的，没有任何保证的。而"社会的自由"，虽是被"公意"所束缚着的自由，但它却是正式的、被保护的。"道德的自由"则更进一步。在卢梭看来，唯有"道德的自由"才使人类成为自己的主人，因为只有嗜欲的冲动便是奴隶状态，而唯有服从人们自己为自己所规定的法律，才是自由。

卢梭的这种自由观，全部为中江兆民所继承，中江兆民在其《民约译解》中将卢梭的"天然的自由"称为"天命之自由"，将卢梭的"社会的自由"称为"人义之自由"，而将卢梭的"道德的自由"解译为"心思之自由"。

中江兆民所阐释的卢梭的自由观，与梁启超对群体问题关注的心态一拍即合，那种"自为法而自循之"的"人义的自由"，与那种不受形气驱使的做自己本心主宰的"心思的自由"，对欲改变国人一盘散沙与奴隶根性的梁启超来说，无疑具有很大的吸引力。很快，中江兆民所阐释的这种自由观，便成为梁启超的思想武器而被利用起来。梁启超在其《论自由》中有关"团体自由"部分，正是祖述着中江兆民《民约译解》里的思想。在那篇文章中，梁启超将中江兆民所说的"为血气所驱，为嗜欲是绚"的"天命之自由"称之为"野蛮之自由"，而将中江兆民所谓的"自立法自循之"的"人义之自由"称为"文明之自由"或"团体之自由"。在梁启超看来，唯有"文明之自由"才能服从"我所制定""而亦箝束我自由"的法律。他认为，人们如果服从这种为"公意所制定的法律"，就会使中国达到"群的自治"。在他看来，这种群的自治若发展到极致，就会出现一种"举其群如一军队然，进则齐进，止则齐止"的局面，只有这样才能增强群体的凝聚力，使中国在所谓的物竞天择、优胜劣汰的国际环境中取胜。

于是，卢梭的自由观，经过中江兆民顺理成章地为梁启超所接受。毫无疑问，在自由问题上，梁启超所谓的自由，也与日本自由民权运动一样，其最终的目标，是放在了"向上以求宪法""排外以伸国权"之上。

第二方面则与上述讨论紧密相连。由于梁启超通过中江兆民所接受的是法国式的自由主义，所以卢梭所谓的"道德自由"与中江兆民"心思自由"中的观点也自然地为梁启超所继承，其核心"自主"，即卢梭所说的"唯有道德自由才使人类真正成为自己的主人"与中江兆民所谓的"精神心思绝不受他物之束缚"的积极进取精神，则变为梁启超诠译"个人自由"时的武器而被使用。梁启超在其《论自由》中将人分为"精神之我"与"肉体之我"。在他看来，"肉体之我"乃"虚假的我"，而与之相对的"精神之我"才是"真实的我"，而这两者之间，"虚假的我"要绝对服从"真实的我"，因为"虚假的我"乃是一种没有理性，不能自主，是为自己本心所奴役的人。若满足其欲求，从根本上来说，乃是否定了"自主"，从而也就否定了自由。所以，梁启超认为，要获得真自由，"其必自除心中之奴隶始"。如此看来，梁启超是从道德上的克己的意义上来解释个人自由的，他的理论直接来自中江兆民，而其源头，则应上溯到卢梭，上溯到法国式的思辨的、唯理主义的自由主义理论。

张灏曾指出："（梁启超）在社会达尔文主义的构架里，从克己意义上理解的个人自由与团体自由不仅不矛盾，而且是一个必要的补充。因为既然作为一个社会有机体的国家只不过是全体国民的总合，那么每个公民人格的合理化必然有助于国家的强盛，并最终有利于国家的自由。在这种背景下，梁（启超）说，'团体自由者，个人自由之积'，也就不使人感到惊讶了。"①

日本的国家主义，随着日本回应西洋列强的侵略而产生、发展，几乎贯穿了整个明治时代，在明治思想史中占有重要的地位。这种反抗帝国主义压迫的思想，从其产生来看，本应说是具有正义意义的，但是，日本国家主义的恶性膨胀，却引导日本走上了军国主义的道路。

以上文所述的福泽谕吉和中村正直为例，在他们的思想中都包含着极危险的负面因子。福泽谕吉的文明论是一种以西洋文明为终极目标的一元化发展观，他认为西方代表了当时社会发展的最完美方式，且比中国和日本超前了一个阶段，因此"师法西方"便是顺理成章之事，"脱亚入欧"也自然成了正当的理论；而以"适者生存"的态度对待亚洲邻国也变得无可非议，因为中日甲午战争乃是"文明与野蛮的战争"。所以，福泽的思想发展到最后，其负面因素变得愈来愈明显。中村正直的思想也是一样，其发展的结果，则变成了"东西文明融合论"，此时由于"师法西方"而迅速成功的日本，"对东洋而言是西洋文明的说明者，对西洋而言则是东洋文明的代表者"②，于是，福泽谕吉和中村正直的两种思想，在承认日本在亚洲具有优越性和主导权这点上互相结合起来，而以东洋盟

---

① 张灏著，崔志海、葛夫平译：《梁启超与中国思想的过渡》，江苏人民出版社，1993年8月，第145页。
② 野村浩一：《近代日本の中国认识——アジアの航迹》，1981年4月25日，第7页。

主和东洋指导者的身份出现在亚洲,最后走上侵略别国的道路,这也是急速地奔跑在"师法西方"道路上的日本的悲剧。

此外,由于当时日本的思想界笼罩在社会达尔文主义的影响之下,同时顺应历史潮流,以西方文明为终极目标的一元化观念又得到了极端的重视,社会上出现了形形色色的国家主义,其中有高山樗牛的日本主义,德富苏峰的大日本膨胀论,山路爱山的适者生存论,浮田和民的伦理帝国主义等。而梁启超流亡日本期间,正是这些思想甚嚣尘上的时期,因此,他深受此种思潮的影响自然是不能避免的了。

在这些形形色色的思潮中,有一部书对梁启超发生了重要的影响,这便是高田早苗译的美国灵绥氏的《十九世纪末世界之政治》。从这部书中,梁启超接受了两个观念:其一,所有的社会都依一定的进化阶段而发展,按灵绥氏的观点,19世纪为民族主义时代,20世纪为民族帝国主义时代,这乃是一股不可抗拒的历史潮流。其二,民族主义对近代各国政治产生了深刻的影响,它是近代国家形成的总原因。灵绥氏的第一种观点,正好印证了梁启超来自其师康有为的公羊三世说与来自严复的进化观念。在这部书的影响下,梁启超开始用单向的进化史观解释世界,他将历史描述成为一个由家族主义时代向酋长主义时代、帝国主义时代、民族帝国主义时代,最后达到万国大同主义发展的历史,而其发展的动力乃为一股看不见的大潮、大势所驱动,为事理不得不然。灵绥氏的第二种观点,又恰好为其第一种观点作了补充。在梁启超看来,既然当时列强已到达"民族主义与民族帝国主义相嬗之时代",而我国"所谓民族主义者,犹未胚胎焉",所以,"速养成我所固有的民族主义",建立近代的民族主义国家,以抵抗民族帝国主义的侵略,自然成为当务之急的事了。

在如何建立一个民族主义国家以抵抗帝国主义侵略的问题上,

浮田和民的《国民教育论》和《帝国主义と教育》二书对梁启超的影响最大。梁启超在写《论民族竞争之大势》等文章时，无论在民族帝国主义的发生成立的原因上，还是在其分类上，都沿袭了浮田和民的观点。更主要的是，浮田和民的将日本国民教育成世界性的国民以使在与列强的角逐中获胜的思想对梁启超的启发更大，它使梁启超的养成一种特色之国民，使之为团体，以建设一个民族主义国家的思想逐渐成熟起来。

加藤弘之是日本的德国国家主义学派的代表人物。学术界一般以其思想转变的标志《人权新说》为界，将其思想分为两个时期。然而，仔细分析起来，情况也并非如此简单，从他前一段的著作中也能看出其转变的端倪。加藤弘之第一阶段的著作，民权主义中虽有大量的"天赋人权思想"，但加藤弘之的着重点并不在此。在加藤弘之看来，政治的主要目的应放在"安民"上，因而加藤弘之的前期著作实际上成了其为达成"安民"主张而向统治者上的谏书[①]。由于加藤弘之早期思想中即含有这样的因素，所以他的思想转变也不能说是突然的。

加藤弘之思想转变后，全面提倡社会达尔文主义，反对天赋人权思想，用他的话来说，即是"用属于物理学科的进化主义来反驳天赋人权主义"，"用实理来反驳妄想"。于是，加藤弘之自此用这种理论将动植物的生存竞争，自然淘汰的现象当成"永世不易的天则"而应用于人类社会，提倡"立宪的族父统治的政体"。加藤弘之的这种理论维护了藩阀政府的合理化统治，为正处在向帝国主义阶段突进前夜的日本统治阶级提供了思想武器。

梁启超到达日本之时，正是加藤弘之思想转变后的时期。那

---

① 参阅石田雄《明治政治思想史研究》，未来社，1954年11月15日，第71页。

时，他一方面接受了西洋的自由民权主义思想，而另一方面又深受日本国家主义思潮的影响。在他看来，这两种理论分别代表了两大学派，一是以卢梭的民约论为代表的平权派，二是以斯宾塞的进化论为代表的强权派，而这两学派，又分别成为民族主义与民族帝国主义的理论基础。对于这两种学说，当时梁启超虽各有褒贬，但是，他认为当时中国应取以卢梭的民约论为代表的平权派思想，这是因为，梁启超是用进化论的思想来解释历史，认为当时中国尚未到达民族主义时代，所以只能用和民族主义相适合的思想来养成民族精神，以抵抗帝国主义的侵略。所以，尽管他在很多文章中都介绍了加藤弘之的观点，但他还是心有顾虑，不愿将加藤弘之的思想介绍到中国，因为他认为加藤弘之的思想与中国国情不适，恐怕"所益不足偿所损也"。但是，梁启超当时所处的日本，其国家主义已处于向帝国主义突入的阶段。经过数十年的奋斗，日本"富国强兵"的目标已经完成，此时日本所追求的目标，已不单纯地要建设"民族国家"而"与万国对峙"，而是如何在"生存竞争，优胜劣败"的国际环境中扩展膨胀，跻身于帝国主义列强之列，故当时帝国主义的呼声充斥于国内。这种严峻的局势，加剧了梁启超为祖国担忧的焦灼心情，使得他思想的天平急速地向强权思想倾斜，他指出：前代学者大率倡"天赋人权之说"，而"及达尔文出，发明物竞天择，优胜劣败之理，谓天下惟有强权更无平权。权也者，由人自求自得之，非天赋也。于是全球之议论为一变"。在他看来，"苟能自强自优，则虽翦灭劣者弱者而不能谓无道"，这是因为"天演之公例则然也，我虽不翦灭之而彼劣弱者终亦不能自存也，故力征侵略之事，前者视为蛮暴之举，今则以为文明之常规"[①]。

---

① 梁启超：《论民族竞争之大势》，《合集》文集之十，第13页。

梁启超自1903年访美归来之后，更提出了不必以卢梭学说"为过渡时代必不可避之一阶段"的主张，而大力提倡伯伦知理的国家学说，使他成了中国的加藤弘之。

梁启超思想转变的原因有很多，其中之一，是访美使他发现欧洲的历史渊源与中国大不一样，美国的共和政体，也不是一般国家可以随便效仿的。他认为"祖国之大患，莫痛于有部民资格而无国民资格"。在他看来，"中国今日所最缺点，而最急需者，在有机之统一与有力之秩序，而自由平等直其次耳"。而且，就当时实际来看，他心目中自由民主政治楷模的美国，自由主义也逐渐受到排挤，而日趋于中央集权，并将中国作为它侵略的主要目标。所以，建立一个强有力的中央政府，以抵抗列强的侵略，便成了他顺理成章的选择。于是，他开始放弃作为过渡时代阶梯的卢梭学说，而"径向于国家之正鹄而进"了。由于梁启超放弃自由民主，转而强调统一和秩序，所以在1903年以后，梁启超即与革命党人开始了一场规模空前的论战。梁启超的这种转变当然和上述的原因有关，但如说明治时期的国家主义思潮是他这次转变的远因，也并非无稽之谈。

梁启超在日本流亡期间，对他思想影响最深的要数伯伦知理的国家学说。众所周知，伯伦知理国家学说的特色是表现在国家有机体论上，这种理论是将自然科学的研究方法运用到国家理论上，而将国家比作人体的一种学说。伯伦知理的国家有机体论强调国家与国民同一性，视国家与国民为同一之物，宣扬国民（包括统治者与被治者）的群体利益高于一切。这种理论认为，国家的主权既不属于君主，又不属于社会，而是出于"国家现存及其所制定的宪法"。并且国家与人一样，也有自己的意志和目的，这种目的既"直接地关系到全国的利害"，又"间接地关系社会及各私人的利害"。因此，伯伦知理的这种理论，既能在限制皇权的同时对人民做出让步，又容易集权于中央，以便与帝国主义相竞争，因此与梁启超的政治理想十分吻合。众所周知，梁启超自步入政界后，一直追求两个政治目标，对内他要求自由和民权，反对专制政体，对外他主张建立富强进步的国家，以反对列强的侵略。而伯伦知理的国家有机体论恰恰能满足他这两方面的要求。而且，伯伦知理的国家学说中又论述了国民与民族的关系，阐明了国民并不等同于民族的道理，并从保证资本主义发展的角度主张君主立宪政体，所有这些主张，都使梁启超在与革命党人论战的时候有了更多的思想武器，所以，梁启超对伯伦知理的学说青眼有加，在多篇文章中大加宣扬，以致在归国的前一年，还在用伯伦知理的国家有机体论来解释国家的目的。如果从梁启超在《清议报》上发表伯伦知理的《国家论》算起，到梁启超1912年归国止，尽管梁启超对伯伦知理学说有一个由浅入深的了解过程，但伯伦知理学说可以说是和梁启超流亡生活相始终的。

应当指出的是，日本学界认为伯伦知理学说自被介绍到日本以后，曾对日本的立宪主义产生过极消极的影响，这种学说中强烈的国家至上倾向被明治政府所看中，并把它当成明治政府的理论基础，用它建立起了一个国权优于民权的国家。而梁启超正是在日本的土地上，通过日本人的译著来摄取伯伦知理学说的，所以，他也深受其影响，使伯伦知理学说中的国家至上的干涉主义思想在他的思想中占据了主导地位，而他在民国初年的一贯立场，也与这种影响不无关系。

综上所述，由于甲午战败的刺激，梁启超在其师康有为的影响下，提出了一条借途日本，以学习西洋的主张。他反对当时一般士大夫的"夷夏之说"，主张"用夷变夏"。戊戌变法失败后，命运使他来到日本，他起初还为营救光绪帝而四处奔走，但他和其师所领导的戊戌变法运动不为日本人所理解，痛定思痛，他决定放弃自上而下的改革，而走民众的启蒙之路。

在日本的十数年间，他读了大量的日本书籍，几乎涉及了日本所有的思想流派。这些流派的思想对他都产生了或大或小的影响，而他又通过他的《清议报》《新民丛报》等刊物影响国人，对中国的近代产生了深远的影响。

在日本的启蒙思想家中，民六社的福泽谕吉和中村正直对日本近代化的影响可以说是最大的。梁启超虽仔细读过他们的书，并向国内介绍过他们的启蒙思想，但是，他们的思想却未能在国内被人们所接受。这原因当然有许多，但日本式的西洋思想以及梁启超的取舍，应是其中之一。

梁启超所写的大量学案，其绝大部分资料，是来源于中江兆民的《理学沿革史》，同时也涉猎了他的许多其他著作，因此梁启超是通过中江兆民接受了卢梭式的法国自由主义思想。由于接受这种思想，他一度鼓吹革命破坏，与他的老师康有为产生了极大的分歧，直到1903年访美归来后，他才放弃这种思想，但是，这种积极自由主义思想通过他的宣传，被一些青年人接受，在知识层中蔓延开来。

由于日本的近代化，是在西洋列强的外压下产生发展起来的，所以，在整个明治时期，日本朝野上下都表现出一种强烈的国家主义倾向，强调国家理性（reason of state），所以，无论是启蒙主义思想家也好，还是民权主义思想家也好，他们的思想中都或多或少地保留着一种国家主义的情绪，而这种情绪，又通过他们的著作影响了梁启超。因此，身居日本的梁启超受这种思潮的影响，就是不能避免的了。梁启超思想中的那种国家至上的倾向自然与受日本的国家主义思潮的影响有很大关系。对于这点,梁启超在民国成立以后回忆他在日本的经历时曾有反省:"梁启超居东,渐染欧日俗论,乃倡褊狭的国家主义,惭其死友矣。"①

为了抵抗西方列强的侵略,梁启超自戊戌前便在其师的影响下,为中国设计出了一条通过东洋来学习西洋的方案。而他在日本所接受的西方思想,又是一种被"日本化"的思想,所以,他所吸收的西方思想,已染上了日本的色彩,则是毫无疑问的。

---

① 梁启超:《清代学术概论》,《合集》专集之三十四,第69页。

参考文献

一、中文

1. 丁文江、赵丰田：《梁启超年谱长编》，上海人民出版社，1983年8月。
2. 吴天任：《民国梁任公先生启超年谱》，台北商务印书馆，1987年7月。
3. 蒋贵麟主编：《康南海先生遗著汇刊》，宏业书局有限公司，1986年6月再版。
4. 吴天任：《清黄公度先生遵宪年谱》，台北商务印书馆，1984年7月。
5. 《清史稿》，中华书局，1977年8月。
6. 《汪康年师友书札》，上海古籍出版社，1986年。
7. 耿云志、崔志海：《梁启超》，广东人民出版社，1994年。
8. 张灏：《梁启超与中国思想的过渡》，崔志海、葛夫平译，江苏人民出版社，1993年8月。
9. 毛以亨：《梁启超》，华世出版社，1975年。
10. 张朋园：《梁启超与清季革命》，"中研院"近代史研究所专刊第十一册，1981年6月3版。

11．黄克武：《一个被放弃的选择——梁启超调适思想之研究》，"中研院"近代史研究所，1993年2月。

12．升味准之辅：《日本政治史》，商务印书馆，1977年。

13．近代日本思想史研究会编：《近代日本思想史》，商务印书馆，1983年。

14．梁启超：《饮冰室合集》，中华书局，1989年。

15．马里乌斯·詹森：《日本与中国的辛亥革命》，《剑桥晚清中国史：1800—1911》，中国社会科学出版社，1985年。

16．中华文化复兴运动推行委员会主编：《中国近代现代史论集》，台北商务印书馆，1985年3月。

17．张之洞：《张文襄公全集》，《海王村古籍丛刊》。

18．冯自由：《中华民国开国前革命史》，世界书局，1983年8月3版。

19．弗里德利希·冯·哈耶克：《自由秩序原理》，邓正来译，生活·读书·新知三联书店，1997年12月。

20．卢梭：《社会契约论》，何兆武译，商务印书馆，2001年。

21．邦雅曼·贡斯当：《古代人的自由与现代人的自由》，阎克文、刘满贵译，商务印书馆，1999年12月。

22．伯林：《两种自由概念》，《市场逻辑与国家概念》，生活·读书·新知三联书店，1995年11月。

23．［意］圭多·德·拉吉罗：《欧洲自由主义史》，杨军据［英］R·G科林伍德英译转译中文，张晓辉校，吉林出版社，2001年1月。

24．《强学报》，中华书局影印本，1991年9月。

25．《时务报》。

26．《清议报》。

27．《新民丛报》。

二、日文

（以五十音序为顺）

1. 石田雄：《日本近代史における法と政治》，岩波書店，1976年2月27日。

2. 石田雄：《日本の政治と言葉》，東京大學出版會，1989年11月24日。

3. 石田雄：《近代日本の政治文化と言語象徵》，東京大學出版會，1988年10月31日二版。

4. 石田雄：《日本の社會科學》，東京大學出版會，1996年3月25日，第六版。

5. 石田雄：《明治政治思想史研究》，未来社，1954年11月15日。

6. 《伊藤博文関係文書》，塙書房，1980年2月28日。

7. 井田進也：《中江兆民のフランス》，岩波書店，1987年12月1日。

8. 伊藤整編：《幸德秋水》，中公バックス《日本之名著》第四十四卷，中央公論社1996年9月30日。

9. 稲田正次：《明治憲法成立史》，有斐閣，昭和四十四年十一月三十日。

10. 今永清二：《福沢諭吉の思想形成》，勁草書房，1979年5月25日。

11. 色川大吉：《近代國家の出発》，中央公論社，1992年2月20日。

12. 植手通有編：《西周・加藤弘之》，中公バックス《日本之名著》第三十四卷，中央公論社，昭和五十九年七月二十日。

13. 浮田和民：《帝國主義と教育》，民友社，明治三十四年八月一日。

14. 浮田和民：《國民教育論》，民友社，明治三十六年三月二十八日。

15. 岡義武：《國民的独立と國家理性》，岩波書店，1993年3月5日。

16. 加藤弘之：《人権新説》，谷山樓，明治十五年十月。

17．加藤弘之：《學説乞丐袋》，弘道館，明治四十四年七月十三日。

18．加藤弘之：《道德法律進化の理》，博文館，明治三十三年四月十四日。

19．加藤弘之：《強者の権利の競争》，哲學書院，明治二十六年十一月二十九日。

20．神島二郎：《帝國日本の思想》，橋川文三、松本三之介編《近代日本政治思想史》。宮沢俊義、大河内一男監修《近代日本思想史大系》之三，有斐閣，昭和五十二年九月二十日。

21．外務省編纂：《日本外務省記録》，財団法人國際連合協和，昭和三十八年二月二十八日。

22．縮微胶卷《外務省記録》，各國内政関系雑纂，支那之部，革命黨関系，《清國亡命者ニ関スル報告》，中国社会科學院近代史研究所藏。

23．近代日本思想研究會编：《近代日本思想史》，青木書店，1959年。

24．《現代日本思想大系》，筑摩書店，1964年6月15日。

25．近衛篤麿：《近衛篤麿日記》，鹿島研究所出版會，昭和四十三年六月三十日。

26．坂出祥伸：《康有為ユートピアの開化》，《中國の人と思想》第十一册，集英社，昭和六十四年四月二十四日。

27．サミュエル・スマイルズ：《西國立志編》，中村正直訳，講談社學術文庫，昭和五十一年四月六日。

28．ジョージ・アキタ：《明治立憲と伊藤博文》，荒井孝太郎、坂野潤治訳，東京大學出版會，1971年11月25日。

29．鈴木正節：《博文館〈太陽〉の研究》，アジア経済研究所，1979年5月10日。

30．隅谷三喜男：《大日本帝國の試練》，中公文庫，1991年3月25日，第十九版,《太陽》。

31. 東亞同文會編:《対支回顧録》,原書房,1981年6月25日,第二版。

32. 東亞同文會編:《續対支回顧録》,原書房,1981年7月25日。

33. 東京大學教養學部外國語科編外國語科研究紀要,中國語教室論文集,1992年第四十卷第五号。

34. 《東邦協會會報》。

35. 竹越與三郎:《明治史論集》,筑摩書房,1989年2月20日,第六版。

36. 德富蘇峰:《昭和國民讀本》,東京日日新聞社,昭和十四年二月十一日。

37. 中江兆民:《中江兆民全集》,岩波書店,1986年4月30日,第十八回配本全十七卷別卷一。

38. 永井道雄:《福沢諭吉》,中央公論社,中公バックス《日本之名著》第三十三卷,昭和五十九年。

39. 中村正直:《敬宇文集》,吉川弘文館,明治三十六年四月三十日。

40. 日本政治學會編:《日本における西欧政治思想》,岩波書店,1975年。

41. 《日本人》。

42. 《日本及日本人》。

43. 野村浩一:《近代日本の中國認識——アジアへの航跡》,研文出版社,1981年4月25日。

44. 野村浩一:《近代中國の政治と思想》,筑波書房,昭和三十九年九月十日。

45. 狹間直樹編:《梁啓超——西洋近代思想受容と明治日本》,みすず書房,1999年11月29日。

46. 橋川文三、松本三之介:《近代日本政治思想史》,有斐閣,昭和四十五年三月三十日。

47．林権助：《わが七十年を語る》，第一書房，昭和十年三月五日発行。

48．《福沢諭吉》，筑摩書房，1966年7月25日。

49．福沢諭吉：《福沢諭吉集》，筑摩書房，昭和四十一年三月十日。

50．福沢諭吉：《文明論之概略緒言》，中公バックス《日本之名著》第三十三卷《福沢諭吉》，中央公論社1995年9月20日再版。

51．古田光、作田啓一、生松敬三編：《近代日本社會思想史》，有斐閣，昭和四十三年十一月三十日。

52．伯倫知理：《國家學》，吾妻兵治訳，善鄰訳書館、國光社，明治三十二年十二月十三日。

53．増田渉：《中國文學史研究——〈文學革命〉と前夜の人々》，岩波書店，昭和四十二年七月五日。

54．松沢弘陽：《日本政治思想》，放送大學教育振興1993年3月20日改訂版。

55．松沢弘陽：《〈西國立志編〉と〈自由之理〉の世界——幕末儒學・ビトリア朝急進主義・〈文明开化〉》

56．松本三之介：《天皇制國家と政治思想》，未来社，1969年10月4日。

57．松本三之介：《明治精神の構造》，岩波書店，1995年4月20日。

58．松本三之介：《明治思想における伝統と近代》，東京大學出版會，1996年2月22日。

59．松本三之介：《明治思想史——近代國家の創設から個の覚醒まで》，新曜社，1998年3月27日。

60．丸山真男：増補版《現代政治の思想と行動》，未来社，1996年，第百五十版。

61．丸山真男：《丸山真男集》，岩波書店，1995年11月。

62．溝口雄三、伊東貴之、村田雄二郎：《中國という視座——これからの世界史》，平凡社，1995年6月19日。

63．《明六雑誌》。

64．宮崎滔天：《三十三年の夢》，平凡社，1992年5月25日。

65．宮村治雄：《理學者兆民——ある開國経験の思想史》，みすず書房，1989年。

66．明治文化研究會編：《明治文化全集》，日本評論社，昭和四十二年二月十五日，第四版第一刷。

67．ヨハン・カスパルト・ブルンチュリー：《國家論》，平田東助訳者兼出版人，明治十五年三月十日。

68．ヨハン・カスパルト・ブルンチュリー：《國家論》，平田東助、平塚定二郎訳，荏原和校，春陽堂，明治二十二年十一月二十六日。

69．イ・カ・ブルンチュリー：《國法泛論》，加藤弘之訳，文部省，明治壬申五月刊行。

70．吉野作造：《開國と明治文化》，岩波書店，1995年11月8日。

71．吉野作造：《中國論》，岩波書店，1996年9月10日。

72．レイニシユ：《十九世紀世界之政治》，高田早苗訳，東京專門學校出版部，明治三十三年～三十四年。

73．早稻田大學社會科學研究所編：《大隈文書》，早稻田大學社會科学研究所，昭和三十六年三月十五日。